解释学论丛
JIESHIXUE LUNCONG

书　目

（待续）

解释学论丛
JIESHIXUE LUNCONG

何卫平 主编

实践智慧与解释学

邵　华◎著

人民出版社

本书属于2012年度国家社科基金项目"康德与哲学解释学研究"（项目编号12CZX040）

总　序

何卫平

　　"解释学"（Hermeneutik）在西方尤其是欧陆自 20 世纪 60 年代伽达默尔出版巨著《真理与方法》以来逐成为一门显学，产生了广泛的世界性影响。它本身有着悠久的历史传统，经历了由方法、方法论到本体论的跨越，具备了深厚的学理依据，并被哲学化了。严格地讲，这种意义的"解释学"是一门西方的学问，对于我们来说属"舶来品"。中国传统虽然有着漫长的训诂、解经的历史，但过去一直缺乏理论上的总结和系统化的建构，没能形成一门与之相对应的学科，所以十几年前汤一介先生提出要"创建中国解释学"①，如果已经有之，就谈不上"创建"了。

　　自 20 世纪 70 年代末 80 年代初西方解释学被引介到中国后，将近四十年过去了，在这段不算太长的时间里，我们目睹和见证了它的进步和发展，以及对国内学术界所产生的持续而广泛的影响，虽然它从未达到过"热"的程度，但却一直"润物细无声"，这更多地是由它的性质所决定的。解释学具有这样的特点，我喜欢将其比喻为乘直升机：既能升得上去，又能降得下来。也就是说，它既能上升到很高深的学理，也能下降到很具体的应用，文史哲等诸多领域都需要它，都能以它为话题，因为人文学科离不开与文本尤其是与经典文本打交道，而解释学的产生就同这种活动分不开，并伴随着它成长。这一点与自然科学有所不同，虽然它也离不开经验，离不开对实事的关注与探讨，但处理文本的

---

① 参见汤一介：《能否创建中国解释学》（载《学人》1998 年）、《再论创建中国解释学问题》（载《中国社会科学》2000 年第 1 期）。

理解和解读却是其至关重要的工作。历史地看,文本并不活在作者的原意中,而是活在后人的解释中,就这一点来讲,文本的命运就是理解的命运、解释的命运。这对于哲学尤为如此,海德格尔说,哲学在解释中存在①,他一生的思想活动就践行并诠释了这一点。然而,理解和解释背后的"支点"或下面的"基础"却十分复杂,对它进行一种系统的反思是解释学的主要任务,在这方面,西方人做了大量卓有成效的工作,值得我们认真学习。

西方解释学有着自己的传统,从局部到一般的发展经过了漫长的时间,它伴随着哲学的不断介入,尤其是当代现象学的介入,令其别开生面,逐步成为了一门真正成熟的、名副其实的"哲学的解释学"或"解释学的哲学",而且理论层次在不断加深。具体来说,从古希腊到德国宗教改革是其预备期,伽达默尔称之为西方解释学的"前史",伴随着德国唯心主义和浪漫主义的影响,到了 19 世纪,施莱尔马赫在语文学和注经学的基础上,提升了"解释"的地位,打破了过去"解释"和"理解"的不平衡、不平等,使二者通过语言达到了统一②,并展示出理解、解释和语言的内在交叉关系和一致性,极大地推动了解释学的哲学化进程。接下来,德国历史学派和狄尔泰将其拓展到历史世界的领域,尤其是经过狄尔泰的哲学铸造,开始凸显出理解的历史性,当代的海德格尔则进一步将它纳入到现象学的存在论,使其有了全新的方向和气象,他的学生伽达默尔以此为起点,更上一层楼,使"理解"、"解释"和"应用"达到了三统一,并从语言的角度致力于解释学的普遍性的实现,打通了它和实践哲学传统的联系,进而为整个西方现代解释学奠定了坚实的基础,伽达默尔之后的解释学在这个基础上继续向前推进,硕果累累,蔚为大观。

---

① 参见海德格尔:《对亚里士多德的现象学解释》,赵卫国译,华夏出版社 2012 年版,第 36 页。

② 参见伽达默尔:《诠释学 I:真理与方法》,洪汉鼎译,商务印书馆 2007 年版,第 524、255 页。

解释学虽然起步于文本的解读,但它更深刻的依据却来自于人的生命存在或生活实践,人类在不断地改造这个世界的过程中,同时伴随着对意义的追问,此乃他的命运,在这里,理解和解释就成了人类生存在世的基本方式,所以追根寻源,上升到哲学的高度,解释学既是一个认识论—方法论的问题,更是一个本体论—生存论的问题。纵观人类文明史,解释学关乎人文科学、人文精神和人文传统的发展,涉及人类精神家园的建立,这里的"家园"是一个文化概念,而不是一个自然概念,它是我们的灵魂安身立命之所,人们在这里才能找到一种"归宿感",毫不夸张地说,解释学在营造人类精神家园中发挥着不可替代的作用。

作为一种论题性的研究,解释学体现的不是对象意识,而是反思的自我意识,也就是说它关注的不是理解什么、解释什么,而是什么是理解,什么是解释,这样解释学就无法与哲学摆脱干系了,在西方,康德之后,它伴随着"理解何以可能"这一追问逐步成熟、逐步丰富,由认识论、方法论的层面进入到本体论的层面,从而具有了一种双重性:一方面它是众学科当中的一门;另一方面它又可视为是一切学科,尤其是人文社会学科的基础。在这个广袤的领域,解释学实际上越来越代替认识论发挥作用,这是自狄尔泰后期以来逐步显明起来的一个事实,海德格尔和伽达默尔在这方面作出了突出的贡献,他们一般都不谈认识论,却大谈解释学——当然是立足于存在论的眼光,后来的罗蒂更进一步强化了它。

西方解释学走到今天从未定于一尊,虽然它主要是由大陆哲学,尤其是德国哲学传统中孕育出来的,德法现象学运动将其推向了高峰,但它的形态却一直保持着多元、多样,如局部解释学和一般解释学、认识论—方法论解释学和本体论—生存论解释学,等等,它们过去各自相对独立的发展,现在有融合的趋势。今天人们看到作为哲学的解释学或解释学的哲学从总体上讲,应当包括本体论、认识论和方法论这三个方面,或者说是这三者的统一,否则就不够全面,不够普遍,不够彻底。我们的研究应当从这三个方向展开(当然可以有所侧重)。无论将解释学仅仅看做是存在论的,还是仅仅看做是认识论和方法论的,都带片面性,即便海德格尔、伽达默尔的影响如日中天的今日也一样,本体论解释学不能替代认识论、方法论的解释学,反之亦然。但解释学最下面的基础只能是本体论,这是德国哲学在新康德主义之后的本体论的复兴给予我们的重要启示,关于这一点伽达默尔的两位老师海德格尔和尼古拉·哈特曼都讲得很明白了①。

此外,解释学发展到今天早已不再限于传统的文本诠释这个范围了,而是扩大到人类普遍的交流、交往和沟通的领域,它不仅体现在人与人之间,还包括民族与民族之间、国家与国家之间、文明与文明之间,甚至人与自然之间,从这点上看,解释学在走向一种广义的政治学,它最终和最高的善——人类的幸福之追求分不开,这是由解释学作为一门实践哲学的性质所决定的。

进入 21 世纪,全球化的进程在不断加快,今天任何一种文明的发展都不可能孤立地进行了。学习西方是为了发达我们自身,它早已过了被迫的阶段,而成了我们的自觉行为。改革开放所成就的中国经济的腾飞在文化交流方面给我们带来了更大的自由度和空间,我们正开始从经济自信走向文化自信。"它山之石,可以攻玉",从上面大体勾画的西方解释学的进程来看,它所达到的哲学高度是我们过去所未曾有过的,因此对于中国解释学的建设无疑具有重要的借鉴作用,十几年前就提出这一设想的汤一介先生就强调这项工作需要向西方取经,也就是说,在创建中国解释学的过程中,一方面要立足于我们自己的文化传统,另一方面也离不开吸收西方在解释学领域中的先进成果,这两个方面应当同步进行。当代著名海外华人学者傅伟勋、成中英先生就是这个领域的先行者,他们所建立的"创造的诠释学"、"本体诠释学"就包含有中西思想的"会通"。而这种"会通"首先是建立在对双方深刻

---

① 参见尼古拉·哈特曼:《存在学的新道路》,庞学铨、沈学琴译,同济大学出版社 2007年版,第 14 页。

的了解的基础之上的,否则就谈不上。此外,香港的刘笑敢、台湾的黄俊杰等先生也在这个领域作出了突出的贡献,对后人深有启发。

解释学作为我国改革开放以来引进最早的西方学术流派之一,它和中国历史悠久的解经、注经的传统一拍即合,已显示出巨大的亲和力,并且在人文社会科学领域中产生了连锁反应,实践证明,两者的"会通"是完全有可能的,现在的问题是如何进一步加深了解我们自己和西方。创建中国解释学绝不只是国内中学研究者的事,也是从事西学,尤其是西方哲学研究者的共同事业。目前对于西方解释学,我们不仅需要更多的翻译,同时也需要更多自己的研究。令人欣慰的是,在这个领域,经过几十年的努力,我们已经大体实现了由一般的引进、介绍到真正开始将自己摆进去,面对问题本身进行探讨的"转身",初步形成了一种国际性的眼光,并取得了一系列很有价值的成果,这些成果记录了我们在这个领域的脚印。为了进一步推动这项事业的发展,我们策划了这套丛书,它们多以博士论文为原型,在此基础上经过至少两年以上的进一步的深加工,应当说能够反映当前国内这个领域的研究水平,现在我们以论丛的形式推出这些成果,绝不只是为了追求规模效应,而是旨在为推动我国这个方面的建设以及增进海内外的学术交流尽一点绵薄之力。我们相信,在积累的基础上,只有将自己摆进去的研究,才有可能逐步与西方文化之精魂达到心心相应的"神交",进而有可能实现创造性的丰富和跨越。在这个方面,我们倡导解释学的广阔道路,期待视野开阔、扎实厚重并有真知卓见的研究,希望有更多的学者,尤其是年轻的学者加入到这个行列中来。

最后作为这套丛书的主编,我要感谢人民出版社的编辑洪琼博士,他的理解和支持使得我们的这一设想有望变成现实。

是为序。

2015 年 2 月 25 日
于武昌珞珈山南麓

目　　录

导　言

伽达默尔是当代德国继胡塞尔、海德格尔之后具有世界影响力的哲学家。他在1960年发表的《真理与方法》中建立了一个比较完备的哲学解释学体系，自那以后哲学解释学在文学、艺术、社会学、历史学、宗教神学等领域产生了广泛的影响，他也作为哲学解释学的代表人物闻名于世。不过，伽达默尔的研究兴趣并不局限于解释学，在现今出版的十卷本全集中，他关于美学、文学、精神科学、古代和近代哲学的研究占了很大部分，而且他也积极参与当代哲学问题的讨论。伽达默尔曾自称解释学和希腊哲学是他工作的两个重心。《真理与方法》是他在解释学方面的代表作，也是他公认的哲学贡献之所在，而他对希腊哲学研究的贡献却被他解释学的成就所掩盖。其实，伽达默尔最早是作为一个柏拉图研究者走上学术舞台的，他的博士论文和授课资格论文都是以柏拉图为题。在学生时代他受到海德格尔的影响，对于古希腊的文化和哲学产生了浓厚的兴趣，甚至曾一度放弃哲学研究而刻苦钻研古典语文学，成为"半个古典语文学家"，这为他的希腊哲学研究打下了坚实的基础。晚年他甚至曾半开玩笑地说自己只读两千多年前的书。他的解释学思想在某种程度上是他对希腊哲学的解释实践的总结。

在希腊哲学研究中他最关注是实践哲学方面。伽达默尔宣称自己只写过三本书：《柏拉图的辩证伦理学》(1931)、《真理与方法》(1960)、《柏拉图和亚里士多德哲学中善的理念》(1975)。可见他把这三本书作为自己思想发展过程中具有里程碑意义的著作。当然，《真理与方法》是伽达默尔的代表作，在这本书里他阐述了自己的哲学解释学思想。另外两本书则是他研究柏拉图和亚里士多德的实践哲学的著作。在《真理与方法》发表后，由于和哈贝马斯等人论战，他更加关注社会和现实问题，同时结合他长期研究柏拉图和亚里士多德的心得,在晚年出版了《科学时代的理性》、《赞美理论》等著作和文章,阐发自己的实践哲学。这种实践哲学与他的解释学思想紧密联系,可称为解释学的实践哲学。不过从伽达默尔整个思想的发展来看,对实践问题的思考贯穿了他整个学术生涯,可以说实践哲学是"伽达默尔全部哲学的起点和归宿"①。

本书并不意图全面论述伽达默尔的实践哲学思想,而是集中阐述伽达默尔实践哲学的核心概念"实践智慧"(phronesis)。伽达默尔的实践智慧概念主要来源于亚里士多德。在亚里士多德那里实践智慧表示实践方面的理智德性,相当于我们现在所说的实践理性。伽达默尔的实践哲学主要围绕着实践智慧展开论述,他提出的许多观念显得像是亚里士多德实践哲学的现代翻版。当然伽达默尔是从现代人所面临的处境和生存问题出发来占有古代的学说,体现了一个人文知识分子的现实关怀。他的目的在于通过对"实践智慧"的阐释,维护实践知识相对于科学和技术知识的独立性,批判现代科学主义盛行所导致的科学技术理性对实践领域的入侵,以及由此造成的实践理性被遮蔽的状态。

值得注意的是,20世纪下半叶以来英美伦理学界对于德性伦理学的兴趣高涨。一些学者力图复兴古代的德性伦理学传统,批判现代占主导地位的规则伦理学,而亚里士多德成为他们所借鉴的重要的思想资源。亚里士多德和康德一般被认为是两种不同伦理学模式——德性论和义务论的代表人物,两人在西方实践哲学传统中都占有重要的地位。康德对于现代伦理学的影响是巨大的,所以要在当代复兴古代的亚里士多德主义传统,就不得不考虑康德提出的问题,重新审视、批判或吸收他的思想。处于德国哲学传统中的伽达默尔就是如此,他虽然站在亚里士多德主义的立场上,但远非把康德作为对立面,而是充分吸收了康德思想的合理方面。这既与康德思想的复杂性有关,也与伽达默尔的解读方式有关。

本书虽然着眼于伽达默尔的实践哲学,但对亚里士多德和康德的实践

---

① 何卫平:《解释学与伦理学——关于伽达默尔实践哲学的核心》,载《哲学研究》2000年第12期,第60页。

哲学也进行了比较多的介绍,其目的在于表明伽达默尔的实践哲学是植根于西方实践哲学传统中的,同时又受到了 20 世纪现象学、存在主义的影响,因而既有深厚的历史渊源,又有鲜明的时代特点。当然,伽达默尔首先是一个解释学家,本书在论述伽达默尔的实践哲学时将凸显出它的解释学特色,以及这种解释学的实践哲学对现代生活的意义。实践智慧是贯穿伽达默尔实践哲学的核心概念,本书吸收了现有的一些研究成果,比较系统地梳理了实践智慧概念从亚里士多德经过海德格尔再到伽达默尔的接受过程。在分析实践智慧的过程中加入了康德的思想进行比较,从一个侧面表明康德并非极端的义务论,亚里士多德也并非极端的德性论,两人的思想有很多相通之处。而康德和伽达默尔的比较可以看做德国哲学传统内部德性伦理学和规则伦理学的对话。最终表明伽达默尔是综合了亚里士多德和康德的立场,发展出自己的思想。这样通过古代的亚里士多德、近代的康德和现代的伽达默尔大致展现了一个正—反—合的思想历程。

本书主要分为六章。第一章是相关理论背景的介绍,主要介绍了亚里士多德实践哲学在当代的复兴,包括英美和德国两种亚里士多德主义,概述了他们的共同点以及这种理论的意义。然后把焦点放在伽达默尔的实践哲学,介绍伽达默尔融合解释学和实践哲学的思想历程。

第二章是分析实践智慧概念的内涵,首先梳理实践智慧概念在亚里士多德之前的意义变化,其次分析在亚里士多德伦理学中实践智慧是如何被界定为实践的理智德性,再次介绍海德格尔对于亚里士多德伦理学的解读,特别是他对实践智慧的看法,最后介绍伽达默尔如何在海德格尔的影响下接受实践智慧概念。

第三至第五章主要围绕着实践智慧的三个方面——善、实践的考虑和伦理——展开论述。每一章都是按照时间顺序首先介绍亚里士多德的观点,然后引入康德的思想,介绍他对亚里士多德的批评,分析康德和亚里士多德的异同,最后引出伽达默尔的观点,表明他将亚里士多德和康德进行了某种综合。围绕着实践智慧概念的讨论充分展现了伦理学中"一"(规则的普遍性)和"多"(具体情况的多样性)的张力关系。康德重视"一",亚里士多德—伽达默尔更重视"多"。康德站在纯粹理性立场上,提出普遍的道德法则和义务规范,力图以"一"统摄"多",而亚里士多德—伽达默尔立足于实际伦理生活,承认人的多样性,同时也力图避免相对主义,强调对共同的善的追求,实际上是在"多"的基础上追求"一"。康德在维护道德的自明性和人的自由、反对功利主义方面与亚里士多德—伽达默尔有相通之处,但由于他立足于纯粹理性的立场,因而又有其局限性。

最后一章主要论述实践智慧对于哲学理论的影响。就实践哲学而言,实践哲学的理论特征不同于现代科学理论,这种不同主要由于它与实践智慧具有密切的联系,是对实践智慧所体现的实践合理性的反思和阐明。由此表明实践哲学的理论要以"参与"的理想来代替科学理论的"客观性"理想。然后进一步说明实践智慧在精神科学和解释学研究中发挥着作用,"参与"理想也适用于它们。从更一般的角度看,实践智慧所涉及的普遍东西的具体化为解释学成为哲学奠定了基础,而实践智慧所开启的实践真理也为修辞学成为哲学奠定了基础。

本书对涉及的哲学家尽可能作同情的理解,并作出适当的评论。当然本书不可能作出全面的比较考量,而是突出重点,以说明实践智慧为旨要。此外,本书涉及的哲学家的话语体系差异很大,因此本书并不拘泥于字句,而是力图根据自己的理解在他们之间进行思想的沟通。不可否认,这种理解也会受到本人视域的限制。

第 一 章
亚里士多德主义在当代的复兴

德性伦理学的兴起被称为 20 世纪后半叶西方伦理学发展的一个重要标志。这股德性伦理学思潮以鲜明的姿态批判占主流地位的规则伦理学，特别是功利主义（密尔）、义务论（康德）和新契约论（罗尔斯），标榜以德性伦理取代规则伦理。① 其实德性伦理学并非什么新潮的东西，它在东西方都有着悠久的传统。古希腊以来的西方伦理学主要就是德性伦理学，只是到了近代，规则伦理学才逐渐占据上风。当代的德性伦理学家们在提出自己的观点、分析当代问题时注重从古代伦理学传统中吸取资源，其中亚里士多德受到了特别的推崇，从而促进了亚里士多德主义在当代的复兴。

第一节　德性伦理学的兴起

德性伦理学是以探讨人的德性或道德品质为核心的伦理学形态。无论是中国还是西方，自古以来占主导地位的伦理学都是德性伦理学，因为应当成为什么样的人一直处于伦理学思考的中心，而且人们传统上所接受的道德教育，一个重要方面就是学习道德榜样人物，这些人物是道德品质的活生生的体现，如孝顺的舜，仁爱的孔子，为人类牺牲自己的耶稣。但是德性伦

---

① 也有人习惯把像康德主义和功利主义这样的伦理学称为规范伦理学（normative ethics），并与德性伦理学相对立。实际上德性伦理学也是有规范性的，只是这种规范性不是通过规则显示，而是通过德性显示。所以德性伦理学也可以归属于规范伦理学，与它不同的康德主义和功利主义可称为以规则为中心的规则伦理学（rule ethics）。

理学也有自身的弱点。德性作为品质是需要根据特定的社会背景和环境来理解的,从德性中能引出什么样的行为规范,似乎缺乏确定性。比如中国传统文化重视"仁"这种德性,但什么是仁,如何行事才合乎仁,孔子在不同的环境下对不同的弟子就有不同的说法。近代以来的西方哲学一直追求确定性,不仅对知识如此,对人的行动也是如此,因而规则伦理学逐渐取代德性伦理学,成为伦理学的主流。规则伦理学关注的是行为的正当和不正当,力求给出我们应当做什么的原则和标准。相比而言,规则伦理学以行为为中心,而不是以行为者为中心。德性在规则伦理学中被边缘化了,或者只是作为道德规则的补充。但是规则伦理学也有其弱点,一方面它忽视了人的内在的情操和道德品质。在道德生活中人们实际上并没有多少规则意识,道德行为往往不是人们自觉遵守规则的结果,而是道德倾向和品质的自然体现。另一方面规范伦理学是一种纯粹道德哲学,比起德性伦理学来狭隘化了。德性伦理学关注于人的生活整体,它探讨人的德性是为了使人过上良善的生活,而良善的生活既涉及道德价值也涉及诸多非道德价值,如实用、审美、情趣等方面的价值。比如,亚里士多德就认为善可区分为灵魂的善(德性的善)、身体的善(健康、强壮等)、外在的善(财富、荣誉等),这些善都是幸福生活不可或缺的,其中灵魂的善是最重要的。即使在探讨德性时,有些德性也没有严格的道德意义,如亚里士多德探讨的友爱、慷慨、坚韧等德性。这些与道德义务关系不大的价值或德性在规则伦理学中被忽视了。

在现代社会中规则伦理学在促进人类行为的规范化方面起到了积极的作用,但是片面地强调行为规则并不能满足社会以及人性的要求。现代社会的问题在于,人们已经有了各种各样、不同层次的、适用于不同生活领域的规则体系,但罪恶并不见减少。社会缺乏的是善良的人,只有培养出具有德性和高尚情操的人,道德规则才能被自觉地实行,才有可能创造出道德的社会。此外,规则伦理学体现了现代抽象的理性主义精神,但是各思想流派制定的规则体系是否真的合理,是否与普遍的道德感相容,却是值得质疑的。在现实中用过多的抽象规则约束人并不能给人带来幸福,反而让人觉得不自由,束缚重重,与他人隔阂,情感萎缩。现在人类迫切需要的是获得一种道德的存在方式,这种道德存在方式能够满足人们内心对于高尚生活的向往,给人带来幸福感。这就要求伦理学研究更加贴近人的实际感受,重视伦理生活的丰富性和复杂性,关注理性和情感的统一,重视个人与共同体、传统的关联。在这种情况下,德性伦理学的复兴也可以说是必然趋势。

现在学术界一般把 1958 年伊丽莎白·安斯库姆(G.E.M.Anscombe)发表的论文《现代道德哲学》作为当代德性伦理学复兴的起点。在这篇文章中安斯库姆试图纠正伦理学发展的方向。她认为现代伦理学所使用的道德上的对错、义务、责任之类的概念源于基督教的伦理律法观,暗示了某种法则概念和神圣立法者的存在。在已经抛弃了基督教伦理律法观的现代语境中这些概念已经丧失了实质意义,但却被继续沿用着,并伴有特别的意蕴和情感,与现代伦理学内容并不融贯一致。功利主义用功利作为应当的标准,导致与人们的道德感的明显冲突。还有些人寻求没有神圣立法者的律法观念,如社会规范、良心、契约等,但都有各自的缺陷。安斯库姆认为我们应该放弃义务与责任、道德的对错、应当等概念,或者只是在非强势的意义上使用它们,这样我们就能更好地进行伦理学思考,就像亚里士多德曾做过的一样。也就是说我们可以像传统的德性伦理学那样集中研究诸如公正、贞洁、勇敢等没有现代的严格道德意义的德性概念,并以此评价我们的行为。在规则伦理学中用道德原则评判某个行为,需要对该行为进行贴切的描述(比如一个行为是否要被描述成盗窃和谋杀?)。但规则伦理学家(如康德和密尔)都没有注意到对一个行为的贴切描述之条件的必要性。而德性伦理学则不存在这个问题,因为我们不能对德性概念给出任何一般性的解释,而只能通过给出例子来运用这些概念,这样对行为的判定就比较直接明了。"如果人们总是提出'不诚实'、'不贞的'、'不公正'这类概念,而不是'道德上错误'这样的概念,那会是一个重大的进步。我们应当不再追问做某事是否是'错误的',这是直接从对一个行为的某种描述跳向了这种观念;我们应当追问的是它是否是不公正的之类的问题。而答案有时候则会立即澄清起来。"①另外,如果离开对于人性的研究,人们也无法展开对各种美德

---

① 伊丽莎白·安斯库姆:《现代道德哲学》,载徐向东编:《美德伦理与道德要求》,江苏人民出版社 2007 年版,第 48 页。

以及相对应的恶的研究,所以某种心理哲学应该成为道德哲学的基础。我们可以从某些心理哲学概念(如行动、意图、快乐等)开始,进展到对各种美德和人类繁荣等概念的考虑,从而建立起某种伦理学。

安斯库姆的文章发表之后,有关德性的著作和论文逐渐增多,德性伦理成为当代伦理学话语中的一个重要选项。1981年,麦金太尔发表了《追寻美德》一书,这本书梳理了西方德性观念的历史,进一步系统地发展了安斯库姆的思想,成为当代德性伦理学的纲领性著作。麦金太尔指出当代道德哲学出现了深刻的危机,这体现为普遍道德标准的丧失、道德情感主义盛行、道德话语的混乱。在他看来这是启蒙运动的道德筹划失败的结果。启蒙思想家们试图为道德提供证明,他们不再诉诸上帝,而是诉诸"人性"来寻求普遍的伦理规则,但他们对人性特征的理解各不相同,有的认为是激情(如休谟、狄德罗),有的认为是趋乐避苦的欲望(功利主义者),有的认为是普遍理性(康德)。在麦金泰尔看来,传统的道德架构有三个要素:未经教化的人性、实现其目的而可能所是的人,以及使他从前一状态过渡到后一状态的道德训诫。由于目的论的衰落,"实现其目的而可能所是的人"的概念被消除了,结果只剩下没有目的的道德命令和未经教化的人性。道德命令无法从后者中推演出来,因为它是植根于旨在提升、教化人性的架构中的。因此虽然这些近代思想家试图将道德命令建立在人性的基础上,但丧失了目的论框架后从事实性前提是无法推出道德的结论的。"是"与"应当"的分离既是与古典传统决裂的标志也是启蒙筹划失败的标志。这造成了当代各种道德观念纷呈,道德语言混乱的局面。在这种相对主义的氛围中各种道德态度、道德评判都被看做是情感偏好的表达,相互之间都不可通约,这也造成社会道德文化的危机和贫乏。

在麦金太尔看来,启蒙运动以来道德筹划失败的根本原因在于拒斥了古代以亚里士多德为代表的德性伦理学传统。在这个传统中人的概念被赋予了本质的目的和功能,道德论证就涉及功能概念(如"德性")和目的概念(如"善"或"幸福")。人并不是抽象的个体,而是作为社会角色而存在,与共同体和社会环境有着内在的血肉联系。德性就是保持着一个人的角色的品质,它是当时社会环境和社会实践所要求的。善的生活就是合乎德性的生活，它只存在于公民和共同体（如城邦）的一致性中。麦金太尔尖锐地提出了"尼采或亚里士多德"的选择。尼采揭示了现代伦理学所寻求的道德的客观性不过是一种虚构，实际上表达了人的主体意志。他重估一切价值，提出了新的道德理想，这种理想体现在超人身上，而超人理想最终导致了道德上的唯我论。在麦金太尔看来在现代道德哲学失败之后人们面临着两种选择，或者是跟随后现代的尼采，或者是返回到前现代的亚里士多德。麦金太尔选择后一条路，拯救现代的道德危机就是恢复亚里士多德传统，以德性伦理取代规则伦理，强调德性在道德生活中的核心地位，不是用外在规则去要求人应该做什么，而是关心人的存在状态，人应该成为什么样的人，关注人在共同体中实现美好的生活。

在麦金太尔的激发之下，德性伦理学一时成为英美伦理学界的"显学"。不少学者投入到德性伦理学的研究，产生了一批具有影响力的德性伦理学著作。虽然各种德性伦理学观点不尽相同，但它们有一个根本的共同点，即认为伦理学中的基本判断是关于品格的判断。对这个特点可以有两种解读：一是认为至少某些关于品格的判断是独立于行为的正确或错误的判断；二是认为德性的观念证明了正确行为的观念，或者说德性概念优先于正确行动的概念。第一种观点代表了温和的立场，第二种观点代表了激进的立场，但它们都反对义务论或功利主义对德性的看法，即品格特征的价值依赖于这些特征所产生的行为的价值，正确行为的概念在理论上优先于德性概念。① 由于德性伦理学把关注的焦点从行为转向了德性，这造成了理论"范式"的转换，无异于在伦理学中引起了一场革命。当然这场"革命"是针对近代规则伦理学而言，在很大程度上是对古代德性伦理学传统的回归。与近代规则伦理学相比，德性伦理学除了以品格为中心，还具有以下的特点：它以行为者为中心，而不是以行为为中心；它关注的是人的存在而不是行动；它提出的问题是"我应该成为什么样的人"，而不是"我应当做什么"；它采用德性概念（如善、卓越、高尚）而非义务概念（正确、义务、责任）作为基本概念；它反对把伦理学变成为具体行为提供指导的一套规则或原

---

① 参见 Daniel Statman (ed.)，*Virtue Ethics*，Georgetown University Press，1997，pp.7—11。

则法典。① 如果说德性伦理学认为正确行为是靠德性来证明,那么德性本身又要靠什么证明呢? 一个普遍的观点认为是依据行为者的幸福。德性被看成是人类繁荣和幸福的必要条件或构成因素。因此,德性伦理学的首要概念是人类繁荣或幸福,从中可引出德性概念,然后再从德性出发对行为进行判断。当然德性与幸福的联系不是德性伦理学的支持者共有的观点,也不是德性伦理学的本质特征,它的本质特征还是在于德性判断或品格判断先于义务判断,先于行为的正确或错误的判断。德性伦理学对德性的关注使它比规则伦理学更重视共同体、传统、情感等因素的作用。

伦理学和政治学是紧密相连的,它们同属于实践哲学。伴随着当代德性伦理学的复兴,在政治哲学领域出现了社群主义思潮。② 社群主义批评自由主义理论过于关注个人的自由和平等的价值,而没有充分肯定共同体的价值。伦理学中的德性伦理学和规则伦理学之争在政治学中衍变为社群主义和自由主义之争。③ 我们知道 1971 年罗尔斯《正义论》的发表是当代政治哲学复兴的原点,书中阐述了平等主义的自由主义观点。受罗尔斯的影响,"正义"成为 20 世纪 70 年代政治哲学的流行话题。到了 80 年代,社群主义作为对罗尔斯的反动发展起来,"共同体"成为流行话题。除了麦金太尔之外,迈克尔·桑德尔(Michael Sandel)、丹尼尔·A.贝尔(Daniel A. Bell)、迈克尔·沃泽尔(Michael Walzer)、查尔斯·泰勒(Charles Taylor)都是重要的代表人物。社群主义者认为自由主义对权利、自由和平等的阐释是抽象的、个人主义的,忽略了人必然置身于具体的历史传统和社会关系

---

① 参见 Rosailing Hursthouse,*On Virtue Ethics*,Oxford University Press,1999,p.25。

② 本书按照学术界的习惯将"communitarianism"译成"社群主义",将"community"译成"共同体"。community 也可译成社群。社群指小范围的具有共同价值和密切关系的团体,如一个社区、村落,而共同体可以指更大范围的社会组织,如一个经济共同体、学术共同体等,community 兼有这两种意思。

③ 当然思想的事情总是很复杂的,无论是自由主义还是社群主义都是各种各样的,一些公认的社群主义者也很少使用"社群主义"这个标签。社群主义者对自由主义的批评通常是在自由相关的(freedom-related)方面,而不是平等相关的(equality-related)方面,像罗尔斯这样的平等主义的自由主义者在关注分配问题上就接近社群主义者。可参见史蒂芬·缪哈尔、亚当·斯威夫特:《自由主义者和社群主义者》,孙晓春译,吉林人民出版社 2008 年版,序言。

中,个人的选择只有在确定的社会和文化条件下才有可能实现,也忽略了共同体的价值及其对个人身份和自我认同的塑造作用。社群主义者批评自由主义过分夸大个人自主和权利而削弱了能够培育人类繁荣和自由的社群。当然自由主义也包含了对个人与社会关系的说明,但总体来说对共同体是不大重视的,或者只是把它作为自由和平等原则的衍生物。在自由主义者看来,如果社会成员是自由平等的个体,就会产生正义的理想共同体;而在社群主义者看来,共同体存在于我们的文化传统、习俗和社会共识中,它不需要被改造以适应个人权利和自由,而是需要被尊重和维护。

从自由主义和社群主义所借鉴的知识传统来看,显然洛克、康德、密尔属于自由主义传统,而像亚里士多德、黑格尔则受社群主义的青睐。当然不可能把德性伦理学或社群主义等同于亚里士多德主义,但无疑亚里士多德是其支持者所参考的重要理论资源,这些人也被称为新亚里士多德主义者。在哲学论争中他们找到了自己最大的对手——康德。当代德性伦理学和规则伦理学之争很大程度上可以被视为亚里士多德主义和康德主义之争。①比如安斯库姆和麦金太尔就把古代伦理思想和现代伦理思想尖锐对立起来,认为古代伦理学是目的论的、特殊主义的,而近代伦理学是义务论的、普遍主义的,它们的代表人物分别就是亚里士多德和康德。亚里士多德是目的论的,因为他认为所有的行为都是为了幸福,而康德是义务论的,因为他坚持道德行为应该是为了义务本身;在亚里士多德那里正确的行为是被特殊环境的要求所决定的,而康德认为义务只受理性原则的规定。威廉·布拉姆斯、麦金太尔把现代伦理学作为启蒙的合理性概念的产物,这种合理性根据的是不偏不倚的、非历史的普遍原则。他们认为有必要拒斥现代伦理思想的某些特征,恢复古代关于德性和幸福的观念。这就意味着要在亚里士多德思想中找到伦理学和政治学的基础或出发点。

① 参见 Daniel Statman(ed.), *Virtue Ethics*, Washington D.C.: Georgetown University Press, p.26. 随着研究的深入,将康德和亚里士多德对立起来的做法越来越受到质疑和修正,一些学者也开始弥合德性伦理学和规则伦理学的鸿沟。相关成果可参见 Stephen Engstrom and Jennifer Whiting(ed.) *Aristotle Kant and the Stoics* (1996), Nancy Sherman. *Making a Necessity of Virtue*: *Aristotle and Kant on Virtue* (1987) 以及 Daniel Statman(ed.) *Virtue Ethics* (1997) 等。

第二节 德国的亚里士多德主义

与英美伦理学界兴起亚里士多德主义的同时,大陆哲学界对亚里士多德的实践哲学也比较关注。这是伴随着对实践哲学兴趣的日益增长而形成的。其实实践一直是哲学家们所关注的主题,在他们抽象的理论中总是渗透着对于现实人生和社会生活的关怀。德国古典哲学中对人的主观的能动性的强调凸显出了实践精神。马克思反对抽象地思辨,主张哲学与革命的结盟,哲学不应当只是解释世界,更要致力于改造世界。在当代哲学中对实践的兴趣表现在各个方面:早期的法兰克福学派继承了马克思对资本主义社会的批判,哈贝马斯和阿佩尔等人进一步发展了交往行为理论和实用语言哲学;存在主义关注于人的生存活动;法国的列维纳斯批判传统的本体论,提出伦理学是"第一哲学"。当然也有回归亚里士多德古典实践哲学传统的,最著名的人物就是阿伦特和伽达默尔,他们都不同程度地受到20世纪20年代海德格尔对亚里士多德的阐释的影响。①

阿伦特是20世纪德国杰出的女性思想家,以其独特的政治哲学闻名于世的。作为当代共和主义重要代表,她承认每个个体的独特性和不可替代性,但是更强调公共政治生活的内在价值。她严格划分了公共领域和私人领域,私人领域是满足需要的领域,公共领域则是自由人的互动领域,也是真正的人类行动的领域。政治应当是非工具性的,是人类自由和自我实现的最高点。政治行动反映了人类的多样性,这既要求平等也要求差异,两者结合才能使人们相互对话。一个稳固的政体应以多样性为基础并培养多样性,这会成为公共生活的动力源泉。显然古希腊雅典城邦的政治形式是她理想化的典型。

---

① 从1921年开始海德格尔就在讲座中连续以亚里士多德为主题。对亚里士多德的解读在海德格尔的哲学思想形成过程中具有重要作用,伽达默尔甚至称青年海德格尔为"复活的亚里士多德"。这种解读对于德国的亚里士多德研究亦产生了深远影响,受其影响的除伽达默尔和阿伦特外,还包括 Helne Weiss、Walter Bröker、Ernst Tugendhat 等。可参见 Johen van Burn, *The Yong Heidegger*, Indiana University Press, 1994, pp.225-226。

阿伦特在其主要的哲学著作《人的境况》中对人的行为本性进行了现象学阐释。她的论述明显体现出海德格尔风格,特别是对海德格尔所分析的"在世界中"的兴趣。这本书的主要目的就是阐发古典希腊的实践—政治生活的意义,并且根据对城邦中公共领域的说明来捍卫实践生活。哈贝马斯因此称赞她复兴了亚里士多德的实践概念。她分析的核心是人类行为的三种基本层次——劳动(labour)、工作(work)和行动(action),它们分别对应着人的生命的一个基本境况。阿伦特像海德格尔一样以古希腊的模式描述了人类行为的这三种形式,并且表明了它们在现代发展中的变形。在这三种行为方式中劳动是一种生物功能,其目的是维持生命。劳动的产品被消费掉,而劳动本身不断地循环。劳动的人类条件是生命本身,它隐含着为了生物的持存而斗争,因而劳动是人类最古老和最自然的负担,同时又是我们与世界联系的最基本方式。工作指工匠的工作,它的产物是独立于制作者的,构成了一个人工的世界,人在这个世界中有家一样的感觉。工作的人的条件就是世界性,通过工作人发现自身处于世界中。工作本质上是一种创造活动,与劳动相比更有尊严、更自由。但工作的对象仍然是自然,不能完全摆脱自然性。工作还导致了物化以及世界的工具化。人类的最高自由出现在人与人的互动中,这就是行动的领域,对于阿伦特来说行动就是亚里士多德所谓的政治行动,也就是实践(praxis)。只有在行动的生命中人才完全是本真的。行动的世界表现了人类事务的最高领域,它出现在共同体和讨论中。行动既是个体的也是共同的,在共同领域中个人的成就总是出现在与他人的关系中。多样性是行动的条件,希腊人的城邦就开放了一个使人能自由地相互交流的空间,满足了多样性的条件。

阿伦特的知识背景是 20 世纪初德国兴起的现象学和存在哲学。作为海德格尔和雅斯贝尔斯的学生,她深受他们的存在哲学的影响,因此她的政治哲学有其本体论基础,"她的著作提供了一种本体论,对成为独特的人意味着什么进行理论概括"。① 这种本体论赋予了政治在人类存在中的崇高

---

① 菲利普·汉森:《历史、政治与公民权:阿伦特传》,刘佳林译,江苏人民出版社 2004年版,"导言"第 7 页。

地位,由此批判现代扭曲的政治形式和虚假的公共生活形式,特别是极权主义和消费主义。她吸收了亚里士多德以及其他古代思想家如柏拉图、奥古斯丁等人的政治学词汇,但赋予了这些词汇以现代意义,其内在动力则是存在主义对于当代人类处境的思考。就此而言,她的古典主义是服从于她的存在主义的。虽然深受海德格尔的影响,但阿伦特修正了海德格尔哲学。海德格尔实际上否定了人类社会生活的价值。周围世界或共在世界在他看来是不真实的,人的生存的真相是主观的、唯一的"此在"。孤独地向死而生才是此在的本真存在,而公共世界和政治生活则是被闲言所掩盖的现实。这样海德格尔就忽视了人类存在的政治因素。阿伦特认为海德格尔的此在概念是从浪漫主义的个人主义中发展起来的,它反映了社会中原子化的个人孤独状态。她的思想恰恰是对海德格尔的反动,旨在发展一种存在的政治理论,从共和主义的立场来捍卫自由平等的政治公共领域。她也质疑从柏拉图以来的西方传统把人的潜能的充分实现置于理论生活中。对于阿伦特来说这种对理论生活的强调导致对实践生活的背离,而海德格尔并没有脱离这个传统。鉴于海德格尔的哲学导致唯我论以及政治上的不负责任,她拓展了存在主义的政治内涵,将存在主义的"生存"与政治生活联系起来,而且她从亚里士多德关于实践、公共领域和公民身份的论述中找到了洞察当代政治问题的灵感。可以说阿伦特的政治理论本质上是亚里士多德的政治概念的复兴。正是亚里士多德把人定义为"政治的动物"。虽然亚里士多德仍然和理智主义传统一样将哲学沉思作为人的最高的实现——这正是阿伦特所极力反对的——但他把道德—政治的实践置于工具性的劳动和技艺之上,把政治活动作为人的活动的最高层次,这显然被阿伦特所接受。在某种意义上阿伦特是个当代的亚里士多德主义者。

除了阿伦特外,伽达默尔也是在德国复兴亚里士多德实践哲学的代表人物。海德格尔对亚里士多德的《尼各马可伦理学》的解读对伽达默尔有很大影响。他在晚年回忆他的思想发展之路时曾说过:"我最重要的思想则学自海德格尔。首先要提到的是 1923 年我在弗赖堡参加的关于尼各马可伦理学第六卷的第一次研讨班。那时 Phronesis,亦即'实践理性'的德性,一种 allo eidos gnōseōs,即'另一种洞见'(Einsicht)的德性,对我还是一个充满魔力的字眼。"①亚里士多德的 phronesis（实践智慧）是伽达默尔关注的中心，它表达了一种不同于理论科学的知识模式，这对于伽达默尔发展哲学解释学具有重要的启发意义。在他的代表作《真理与方法》中，他试图用"实践智慧"来说明解释学的应用问题。伽达默尔认为理解、解释和应用是解释学活动的三个不可分割的方面。对于文本的理解和解释总是要根据理解者的具体处境，受到理解者前见的制约，因而应用不是理解的附加成分，而是整个地规定了理解，是理解过程的本质要素。亚里士多德的实践智慧概念就展现了这样一种特殊的应用模式。这种应用模式不是简单地将预先给出的普遍东西应用于个别情况，而是应用过程本身就构成了普遍东西，因此特殊性是出发点并规定着普遍性的内容。不仅亚里士多德实践哲学提供了哲学解释学所参照的理论范式，伽达默尔还进一步从哲学解释学的视角发展了以实践智慧为核心的实践哲学。这是他在《真理与方法》出版之后的主要工作之一。在他看来科学主义正威胁着人类生存的基础，这表现为科学技术不仅统治了自然，也控制了人类的社会生活，由此导致了传统实践概念的衰亡。实践成为科学技术的应用，专家的知识和判断取代了实践智慧。伽达默尔批判科学技术理性对实践领域的入侵并冒充实践合理性。在他看来，这实际上会导致整个社会陷入非理性，现代社会的各种异化现象和生存危机就是明证。亚里士多德的实践智慧概念使他认识到实践理性不同于科学技术理性，人受实践理性的指导不是应用规则的事情，而是通过对复杂的情况进行正确的考虑，在自由选择中把握具体的善。虽然现代的人类生活已经离不开科学技术，但是我们不能用技术性思维去规划一切，而是需要把科学技术及其思维模式纳入实践理性的控制之下，使其服务于人类对于良善生活的追求。在他看来实践理性不是个人独白的、思辨的理性，而是以对话协商为中介的交往理性。只有在共同的生活中相互协商交流，不同思想观点碰撞融合，才能逐渐形成理性的共识。他希望在充满各种危机的现代社会，人们能够通过平等的对话协商找到人类发展的合理途径。

---

① 《伽达默尔全集》（第2卷），第485页。本书所引《伽达默尔全集》是根据德文版的十卷本。其中第一、第二卷的译文根据洪汉鼎中译本，页码指德文原版页码，可根据中文版边码查找。个别地方根据德文版修改，不再注明。

我们可以看出,伽达默尔在很大程度上是根据海德格尔"共在"概念来发展一种以人的交流共存为导向的实践哲学,这与海德格尔早年所发展的"实际性解释学"有关。他对海德格尔的"存在问题"并没有多大兴趣,反而继承和发扬了被海德格尔批判的人本主义(人道主义),成为我们这个时代杰出的人文主义者。伽达默尔始终和海德格尔思想保持了一定的距离,他远没有像海德格尔那样激进地对整个形而上学传统和人文主义传统采取批判态度,他也反对海德格尔走向诗化哲学和对于"存在本身"的玄想,而是走向实践哲学,关注人的生存,并试图在与传统的对话中寻求"真理"。

英美和大陆学界在差不多同一时期兴起了"亚里士多德主义",这并非偶然的巧合,而是体现了一种必然趋势,它们都是对现代伦理政治生活状况的反应。这些思想家们提出的各具特色的思想都可以看成是对西方社会的现代性问题进行诊断和提供解决方案。查尔斯·泰勒在他的《现代性之隐忧》中提出了现代性的三个隐忧:一是个人主义,二是工具理性的主导性,三是自由的丧失。个人主义导致人失去了更大的社会和世界视野,丧失了崇高的目标感,只关心个人的生活,追求渺小和粗鄙的快乐,生活变得平庸化和狭隘化。工具理性的主导使周围一切事物都丧失了意义,只是成为我们计划的原料或工具;社会安排和行为模式也按照效益的最大化来规定;人们遇到的各种问题越来越依赖于技术上的解决。这一切都助长了生活的狭隘和平庸。个人主义和工具理性的统治在政治上产生可怕后果:技术社会的制度和结构严重限制了我们的自由选择,人们最终成为封闭的个人,缺乏主动参与精神,宁愿享受私人生活的满足,这为现代专制主义敞开了大门,这一趋势正发生在现代高度集权化和官僚化的政治世界中。施特劳斯、伽达默尔都认为现代的根本问题是由自然科学的全面胜利所致,人的生活世界成为科学技术世界的一部分,这导致人的异化和自由的丧失。他们批判启蒙运动以来对进步的盲目信仰,这种历史观念就是要不断地反叛前人,用"进步或反动"取代了"好或坏"的标准,求新骛奇,丧失了深度和历史感,导致生活的平庸化、表面化,以致虚无主义流行。作为现代性代表的自由主义政治学只关心权利不受侵犯,而把善的问题都放在私人领域中,平等地对待所有善的主张,这导致了拉平一切,抹杀高雅和庸俗、深刻和肤浅的区别。

麦金太尔认为从目的论和等级制中解放出来的人把自己作为道德权威的主宰,导致道德情感主义流行,而主流的自由主义以权利为核心概念,把公共规则的制订作为伦理学的中心任务,忽视了道德品性,不能告诉我们如何认识自己生活的目的,并为实现善的生活培养内在德性。

这些思想家虽然关注点各不相同,但他们有着共同的倾向,这就是对于科学主义、工具理性的批判,对于自由主义实践的批判,进而对"启蒙"的批判。当然他们也关注人的权利、公正、批判精神,但这些是次要主题。他们和自由主义者一样维护人的自由,只是在如何为自由辩护和如何实现自由问题上存在分歧。他们更重视人的自我发展、自我实现意义上的积极自由,因而更强调共同体的生活、对传统的尊重、参与和团结精神。虽然这些思想家们都力图复兴古代的实践哲学传统,并且将亚里士多德作为他们借鉴的重要理论资源,但这并不意味着他们都是严格意义上的亚里士多德主义者。他们对亚里士多德的接受往往从自身的理论立场出发,各取所需,因而呈现出各自不同的特点。他们大多不是在进行纯粹的古典学研究,而是从现代人的生存处境出发,来发掘亚里士多德思想中有益于解决现代各种问题的资源,这本身体现了一种高度创造性的解释学实践。从总体上看,这些新亚里士多德主义者认为现代规则伦理的扩张导致了道德的形式化、表面化,因而需要从德性伦理入手,提升主体的道德人格。德性被至于伦理学的中心,从而凸显了道德行为与人的存在的生动关联。他们反对规则伦理学的普遍理性主义及其形而上学前设,而关注实际的道德状况以及道德情感、道德处境等经验因素。他们批评现代个人主义膨胀导致诸多弊端,如传统的社会道德理想和宗教信仰崩溃,人们过分追求金钱和感官享乐,人与人之间的关系工具化,等等,呼唤通过德性伦理重建共同体的伦理生活,弘扬人类的友爱精神,并由此实现个人精神的发展和幸福。他们也批判现代工具主义的泛滥,强调实践理性高于科学技术理性,并力图把科学技术理性纳入实践理性的控制中。

总而言之,以德性问题为中心的亚里士多德主义追求人的卓越和完善,力图实现个人的完满幸福、社会的和谐繁荣,这为我们应对现代社会的诸多问题提供了思想借鉴。当然由于置身于不同的哲学传统,英美和德国的两种亚里士多德主义在风格和内容上也具有差异性,英美方面比较重视对具体问题的细致分析,而德国方面较重思辨,伽达默尔和阿伦特等人都受过现象学传统的训练,他们的思想具有现象学色彩,而且他们都深受海德格尔的影响,吸收了他的存在哲学思想。

第三节　实践哲学和解释学的合流

从亚里士多德主义复兴的背景下我们可以更清楚地看到伽达默尔实践哲学的学理路向及其学术价值和现实意义。当然伽达默尔并不是专门的伦理学家或政治哲学家,而是作为哲学解释学的代表人物闻名于世,他在英美伦理—政治学界的影响力也远没有麦金太尔、施特劳斯或阿伦特等人大。但这并不影响他的实践哲学的价值,而且在解释学领域的深厚造诣使他的实践哲学具有自身的特点,即这种实践哲学浸透着解释学的精神,可以说伽达默尔的实践哲学是一种解释学的实践哲学。

我们知道伽达默尔是位罕见的高寿哲学家,渡过了整个 20 世纪直至2002 年以 102 岁的高龄去世。学术界一般把伽达默尔漫长的学术生涯大致分为三个阶段:早期是从 1922 年完成博士论文到 1949 年于海德堡大学任教,中期是从 1949 年到 1960 年《真理与方法》的发表,晚期是从 1960 年直到逝世。早期伽达默尔的研究中心是柏拉图,无论是博士论文还是教授资格论文都是以柏拉图为题,此外还写了一系列关于柏拉图的论文和希腊哲学的论文。其中 1931 年出版的授课资格论文《柏拉图的辩证伦理学——〈斐莱布篇〉的现象学解释》是这一阶段的主要成果。中期伽达默尔主要酝酿和写作《真理与方法》,这本书是伽达默尔的代表作,它的发表标志着哲学解释学的创立。后期伽达默尔主要对哲学解释学进行辩护、发展和应用,并且将哲学解释学和亚里士多德的实践哲学结合起来,发展出了既具有深厚历史底蕴又具有鲜明的时代特点的解释学实践哲学,以致有很多人认为伽达默尔后期发生了实践哲学转向。一般对伽达默尔实践哲学的研究集中在后期发表的《科学时代的理性》、《赞美理论》、《柏拉图—亚里士多德哲学中善的理念》等著作和文章。不可否认这些作品是他实践哲学的最成熟的表达。然而应该看到,伽达默尔是位大器晚成的思想家,发表《真理与方法》时已是 60 岁的老人,而在《真理与方法》发表之前,他的作品就已多以古典政治学为研究内容。研究伽达默尔早期思想的舒立文(Robert R.Sulli-van)甚至认为伽达默尔早年是个政治思想家,虽然不是现代意义上的。[1]可以说伽达默尔的实践哲学比他的解释学成型更早。在他那里不仅解释学影响了实践哲学,实践哲学也影响了解释学,实践哲学和解释学在他的思想发展中是一种互动的、相互启发的关系。他如何将解释学和实践哲学融合起来,最终发展出解释学的实践哲学则经历了一个漫长过程。

在伽达默尔早期的柏拉图研究中,他关注的就是伦理和政治问题。这一时期发表的短著《柏拉图和诗人》(1934)和《柏拉图的教育国家》(1942)都是对柏拉图国家学说的研究。伽达默尔认为柏拉图的理想国实际上是为了表达对现实的批判而提出的一种教育城邦的理想,柏拉图重视哲学对话在实际政治生活中的教育意义,以及辩证法在培养公民正义的政治态度方面的重要作用,这是理想城邦实现的条件。《柏拉图的辩证伦理学》的主旨也与伦理学相关,"我不是主张柏拉图的伦理学是辩证的,相反,我询问柏拉图的辩证法是否以及以什么方式是伦理学"。[2] 伽达默尔认为柏拉图所描述的辩证法是真理产生的方式,这不是对对象的严格演绎或系统推论,而是在来回的交谈中保持着开放,并被事情本身所引导。他认为通过交谈实现共同理解奠定了实践合理性的基础,受实事本身引导的自由开放的对话是达到德性的手段也是德性的表现,同时他批判了诡辩的堕落的话语形式。伽达默尔在这里其实已经提出了一种话语伦理学。

伽达默尔早期的柏拉图研究实际上是以亚里士多德为参照的,并根据亚里士多德实践哲学的形式和术语来解释柏拉图。他承认这个时期的代表作《柏拉图的辩证伦理学》"实际上是一本未明说的关于亚里士多德的

---

[1]　参见 Robert R.Sullivan, *Political Hermeneutics*, The Pennsylvania State University Press, 1980.p.10。

[2]　H.G.Gadamer, *Plato's Dialectical Ethics*, (tran.By Robert M.Wallace), Yale University Press, 1991, p.xxv.

书"①。其出发点是亚里士多德在《尼各马可伦理学》中对快乐的论述。伽达默尔认为亚里士多德对快乐的分析要与柏拉图的《斐莱布篇》联系起来才能澄清。《柏拉图的辩证伦理学》分为两大部分:第一部分是论述柏拉图的辩证法,第二部分就是运用现象学描述的方法对《斐莱布篇》进行解读。《斐莱布篇》是柏拉图晚期的一篇重要对话,它探讨的中心问题是:在人的生命中快乐还是思想是善的? 这篇对话的结论认为善是快乐和思想的混合,但思想更接近于整体(善)的原因。对话表明实践的善是具体的善而非抽象的善,对话还涉及善的等级和尺度、善的一多关系、极端之间的中道观念等。早期柏拉图的对话将德性等同于知识,认为善就是智慧,是独立自足的,与快乐相对立。后期这篇对话表明柏拉图的观点已经有了很大改变,不仅认为快乐是善的一部分,而且强调处境的复杂性和具体性,因此削弱了柏拉图早期把知识等同于德性的倾向。伽达默尔对《斐莱布篇》的分析已经预示了后来对于亚里士多德的"实践智慧"主题的接受。②

我们可以看到早期的伽达默尔主要关注辩证法和实践哲学,并力图将两者结合起来。在这一时期"解释学"主题还没有显露出来,但无疑辩证法和实践哲学的观点对他后来的解释学思想产生了重要影响,他的解释学的许多观点这时已经初见端倪。③ 比如对于辩证法的探讨就涉及如何达到对事情的理解和相互理解。《柏拉图的辩证伦理学》的英译者认为伽达默尔之所以选择《斐莱布篇》作为主题,就是因为这篇对话包含着柏拉图后期对辩证法本性的最清楚的讨论,因此也提供了一个机会表达伽达默尔自己关于"对话和理解的实行方式"的现象学,这也是对真理在对话中发生的方式的说明。同时伽达默尔考察了希腊的科学概念是如何源于柏拉图的辩证法的,他认识到真理不能建立在现代笛卡儿的工具主义的方法论之上,真正的

① 《伽达默尔全集》(第 2 卷),第 447 页。
② 伽达默尔在其希腊哲学研究中特别强调柏拉图和亚里士多德的一致性,这主要是受黑格尔、海德格尔的影响。柏拉图后期对自己前期的理念论进行了自我批判,伽达默尔认为亚里士多德对柏拉图的批判实际上是柏拉图自我批判的延续。对于实践哲学而言这种一致性突出地表现为把善的知识置于技艺和科学之上。
③ 关于伽达默尔对辩证法和解释学的融合过程可参见何卫平:《通向解释学辩证法之途》(上海三联书店 2001 年版)上篇"历时之维:解释学走向辩证法的必然"。

方法不是与事物相疏远化的,而是合乎事物本身的。这与《真理与方法》中的反科学主义精神一脉相承。伽达默尔这一时期的柏拉图研究也影响到了他后期的实践哲学。柏拉图认为认识最高的善要通过辩证法,它不同于各门技艺的专业知识,也不同于作为科学典范的数学知识。这表明善的知识区别于技艺和科学,它是最高的知识,其他的知识都应该以它为目的。柏拉图笔下的苏格拉底在对话中还揭示了那些拥有专门知识的人其实对于真正值得认识的东西即善是无知的。这启发了伽达默尔把科学技术知识从属于善的实践知识,并且反对专家政治。他还认为柏拉图笔下以雅典为代表的古典城邦的政治生活体现了一种非操纵的、自由对话的共同体理想,因而主张发展以自由交谈为核心的交往理性,反对权力和技术操纵的社会政治形式,这一观念延续到他的晚期,可以说构成了他实践哲学的核心。同时对《斐莱布篇》的研究使他注意到实践的善不是抽象知识而是由具体情况所决定,这一思想在他的晚期围绕着"实践智慧"做了更充分的研究。

　　实践智慧是伽达默尔接受亚里士多德实践哲学的核心概念。虽然他很早就受到海德格尔对亚里士多德阐释的影响,但遗憾的是他早期直接关于亚里士多德的作品并不多,主要集中在1930年的长篇论文《实践知识》,其中对实践智慧概念做了比较详细的阐述。这篇论文在伽达默尔思想发展中具有重要意义,他称这篇文章是"我思想形成时期的第一篇文章……我在那篇文章里联系《尼各马可伦理学》第6卷解释了Phronesis(实践智慧)的本质,我这样做是由于海德格尔的影响。在《真理与方法》中这个问题又取得了中心地位"。[①] 实践智慧(phronesis)在亚里士多德那里意指实践活动中的理智德性,相当于现在所说的实践理性。伽达默尔经常用实践知识、道德知识、实践理性、实践合理性等概念来表达phronesis。实践智慧的特点就是通过对具体处境的觉察,作出实践上正确的决定。因此实践知识是针对具体情况的,必须把握情况的无限多的变化。实践知识总是和具体处境相

---

① 《伽达默尔全集》(第2卷),第22页。除了显性文本之外,对亚里士多德的关注主要体现在伽达默尔的讲座和讨论班中,比如1929年他在马堡开办的第一个讲座是《古希腊伦理学的概念和历史》,而讨论班就是讨论《尼各马可伦理学》,以后又多次在讲座和讨论班中探讨亚里士多德的伦理学。

关,因而不同于抽象的理论知识。显然实践知识的特点和理解性知识相似,这对于发展解释学理论具有重要的示范意义。

在《真理与方法》中伽达默尔把解释学的应用问题作为解释学的基本问题,而亚里士多德的伦理学特别是实践智慧概念对于澄清应用问题很有帮助。传统解释学将解释学过程分为理解和解释,在理解出现麻烦和阻碍时就需要解释(比如遇到疑难字句或缺少相关的背景知识),所以解释是在偶然情况下出现的。到了浪漫派解释学如施莱尔马赫那里,理解被认为具有普遍性,哪里有理解哪里就需要解释。理解从不是直接的,而是总要通过解释进行,理解和解释不可分。应用是随后出现的,在解释学处于次要和从属的地位。伽达默尔则强调理解、解释、应用的三统一。在他看来应用要素在解释学实践中早就存在了,比如在法学解释和圣经解释中一个重要任务就是使文本的意义适用于正在对之讲述的具体情境。要把文本应用于当前情况就要根据当前情况以适当的方式表达文本的意义。所以对于法律和圣经不是以历史的方式理解,而是要考虑现在的要求,它们被应用于现在是解释的本质部分。伽达默尔把应用因素扩展到整个解释学领域,理解活动不是为了进行客观认识,而是为了与历史流传物进行沟通,获得真理性的认识,所以必然包含着应用因素。同一个流传物总是以不同方式被理解,这是基于解释者本身的历史性。解释者具有历史所规定的前见和处境,人的理解和解释总是相关于具体的历史处境发生,历史流传物总是要应用于解释者,即使应用不是解释者有意识的目的。在伽达默尔看来亚里士多德对实践智慧的分析实际上表现了一种属于解释学问题的模式,也就是说明了"应用不是理解现象的一个随后的和偶然的成分,而是从一开始就整个地规定了理解活动"。① 正如解释者要把流传的文本应用于自身的解释学处境,在实践中也要把道德知识运用到具体的情况中。道德知识不是普遍的抽象的东西,而是本质上被运用所规定,因此特殊性是出发点并规定着普遍性的内容。我们把道德知识应用到具体的情景中就涉及对道德知识的重新解释。正如理解只有在解释者的解释学视域中才能发生,因而受到解释者

---

① 《伽达默尔全集》(第2卷),第329页。

的前见的规定,道德知识也不能与特定存在相脱离,而总是被教育和习惯所规定,并且需要人根据具体情况把它实现出来。道德知识和理解知识都不是预先可教可学的,两者都包含应用的要求,应用不是指预先给出普遍的东西对特殊情况的关系,而是体现了普遍和特殊相互规定的关系。

可以说应用问题是联系解释学和实践哲学的纽带。伽达默尔在《真理与方法》中引入实践智慧是为了阐明理解的应用结构,所以他说:"对于解释学过程的结构我显然依赖亚里士多德对 phronesis(实践智慧)的分析。"①另外,由于解释学具有普遍性,理解的结构也可运用于实践智慧。实践本身就渗透着解释学的要素,实践过程也是一个实践的理解过程,对于实践知识就如同对流传物一样要求理解、解释和应用这三要素的内在统一。伽达默尔后期则致力于把解释学的成果和实践哲学传统相结合,提出了具有解释学色彩的实践哲学。值得注意的是伽达默尔的实践哲学并没有形成一套体系,而主要是阐发亚里士多德(也包括柏拉图)的实践哲学,以至于给人这样的印象,他的实践哲学只不过是亚里士多德的翻版。不过他的阐释是从现代的视域出发占有古代学说,这本身是一种高度创造性的解释学实践。他虽然标榜复兴亚里士多德的实践哲学,但这种复兴已经不是对亚里士多德的简单的回复。伽达默尔面临着现代规则伦理学的竞争,不得不与之展开批判和对话,并在一定程度上要吸收对方的思想,而亚里士多德的伦理学则不存在这个问题;亚里士多德在哲学世界观上具有目的论背景,他的伦理学也是建立在这种基础上,而伽达默尔处在科学主义时代,不可能再接受亚里士多德的世界观,因而不得不对他的概念和论断进行改造,赋予新的内涵;从社会背景来看,亚里士多德的实践哲学产生于古希腊的城邦生活,主旨是要阐明人如何在城邦共同体中展现德性、实现善的目的,而伽达默尔的生活贯穿了整个 20 世纪,他所面临的时代背景是资本主义工业化和全球化,他所复兴的亚里士多德主义是为了反思和解决当代的社会问题:比如技术理性的统治、文明的冲突、核战争的威胁、环境的破坏等。可以说伽达默尔是立足于当代生活重新诠释亚里士多德的实践哲学,体现了他本人所倡

① 《伽达默尔全集》(第 2 卷),第 422 页。

导的"视域融合"。当然实践智慧概念仍是他后期实践哲学思想的核心。他通过阐发古代的实践智慧概念来说明不同于科学技术理性的实践合理性,希望以此来引导人们的生活,把科学技术理性纳入实践合理性当中来,避免技术文明对人造成的异化,维护人类的团结、友爱和自由。

伽达默尔曾指出他的实践哲学的矛头是指向应当伦理学(Sollenethik),"因为它忽视了这样一个解释学问题:唯有对总体的具体化才赋予所谓的应当以确定的内容。"①康德显然就属于这种"应当伦理学"。他的道德法则以定言命令的形式表达了"应当"的义务要求。定义言命令一直被指责为是形式主义的、空洞的、无内容的,它忽略了情感、个人的品质,乃至偶然的运气等因素在道德活动中的作用,也忽略了具体情况的复杂性对道德推理的制约。康德的抽象的道德法则能否指导我们的实践,能否解决我们实际遇到的道德问题,历来存在很大争议。康德本人是以肯定的态度从道德法则中推导出先天义务体系,以此作为我们行动的规范。康德的批评者则认为义务总是包含经验内容,形式化的道德法则无法确证义务的合法性。康德提出的义务在应用于具体处境时并非普遍有效,总会遭到具体情况的反驳。总之在康德那里,道德原则的先天性和实践活动的经验性、道德规范的普遍性和具体情况的多样性之间形成了张力。

前面已经谈到英美的德性伦理学对于康德多有批评,伽达默尔对于康德却持肯定的态度。虽然他批评康德的道德哲学忽视了人的存在的有限性,但更承认它的积极意义,甚至认为在科学时代康德发现了实践哲学的基本问题。康德的纯粹理性批判限制了科学的范围,为自由保留了地盘。康德像亚里士多德一样维护实践理性相对于理论理性的独立性,从而把实践领域从现代的科学应用之下解救了出来。康德在道德自由的基础上奠定了道德责任,具有反功利主义的意义,后者正是计算性思维在实践中的体现。康德的道德概念具有自主性,它不是建立在其他基础上(如上帝),这和亚里士多德一样表明了实践哲学具有自己的立足点。伽达默尔虽然主要站在

---

① 伽达默尔、杜特:《解释学 美学 实践哲学——伽达默尔与杜特对谈录》,金惠敏译,商务印书馆 2005 年版,第 74 页。

亚里士多德立场上,但对康德并不是简单地否定,而是充分考虑了康德伦理学的合理方面,并且以独到的眼光对康德进行解读来发掘出与自己相一致的地方,也有学者认为在伽达默尔的实践哲学中康德和亚里士多德远非冲突,而是相互补充。① 可以说伽达默尔是站在亚里士多德的立场上力图扬弃康德的伦理学。既然伽达默尔对亚里士多德的吸收是以实践智慧概念为核心,下面有必要详细分析一下这一概念的内涵。

---

① 参见 H-G.Gadamer, *The Idea of the Good in Platonic-Aristotelian Philosophy* (trans. by P. Christopher Smith) Yale University Press, 1986, p.97. 注释 15。

第 二 章

实践智慧概念的内涵

第一节 实践智慧概念溯源

在古希腊语中 phronesis 是建立在 phronein(思考)基础上的抽象名词。在荷马史诗中 phronein(思考)的位置有时被置于心中,但通常是被置于 phrenes 中。公元前 5 世纪后期的希波克拉底学派把 phrenes 解释成"横膈膜",被当时人们所接受,而现代的一些学者将其解释为呼吸的肺。Phrenes 包含了精气或者说血液灵魂,是感受情绪和冲动的地方。在荷马时代人们对心理能力的区分还缺乏反思。虽然思考是 phrones 的活动,但它不是纯粹理智的活动,而是和其他心理活动交织在一起的。"在后来的希腊,phronein 首先具有一种理智的意义,表示'思考、理解',但在荷马那里,它更宽泛,涵盖了未分化的心理活动,是 phrenes 的活动,涉及情绪和意欲。"①正因为如此,phronesis 倾向于表示实践领域中的理智能力,因为我们的实践总是和情感、欲望联系在一起。

在现存文献中,第一次使用 phronesis 概念的哲学家是赫拉克利特。在他那里,phronesis 表示摆脱了激情欲望的纯粹的思维,它是公共的而非私人的。与 phronesis 相对应的 phronein 不是指一般的思考,而是指哲学性的思考。"思考(to phronein)是一切的事","健全的思考(sophronein)是最大的德性与智慧:行出和说出真确的东西,按照其本性来感受事物"。② 在赫拉

---

① Richard Broxton Onians, *The origins of European thought*, Cambridge University Press, 1954, p.14.

② 转引自刘宇:《实践智慧的概念史研究》,重庆出版社 2013 年版,第 41 页。

克利特那里 phronesis 并未脱离行为,而是与行为相关的知识,但这种知识又与对存在的思考不可分。这表明赫拉克利特并未区分理论知识和实践知识,在他那里实践的思考包含在对世界本性的思考中。正如耶格尔所指出的:"赫拉克利特是第一位引入 phronesis 概念的哲学家,并且将其置于sophia(智慧)的层面:也就是说,他将存在的知识与对人类价值及行为的洞见结合起来,并使前者包含后者。"①

和赫拉克利特一样,苏格拉底也没有区分 sophia 和 phronesis。色诺芬在其回忆录中谈道:"苏格拉底对于智慧(sophia)和明智(phronesis)并未加以区别,而是认为,凡是知道并且实行美好的事情,懂得什么是丑恶的事情而且加以谨慎防范的人,都是既智慧而又明智的人。"②苏格拉底不仅没有区分 phronesis 和 sohipa,还常常将 phronesis 与 episteme(知识)混用,这和当时的日常语言的习惯是一致的,但是他的 phronesis 明显地偏向实践方面的意义,因为他的哲学主要探讨是美德和实践问题。苏格拉底提出了"德性即知识"这一著名论题,根据亚里士多德的说法,这种知识就是 phronesis 意义上的实践知识。在《斐多篇》中苏格拉底说道:"实际上,使勇敢、自制、诚实,总之一句话,使真正的善得以可能的是 phronesis"(《斐多篇》69b)。在《美诺篇》中,苏格拉底谈到心灵的品质只有在知识的指导下正确地使用才是有益的,否则就可能有害,因此人需要 phronesis。phronesis 或者是德性的全体,或者是德性的一部分。(《美诺篇》,88a—89a)也许正是由于 phronesis偏向于实践,所以他经常在 phronesis 的意义上使用技艺(teche)一词,如政治技艺,但是苏格拉底又自觉地表明了伦理政治生活中的技艺与工匠中的技艺的不同。前者是为了人们生活过得幸福,是公民所必需的,而后者只是在某些方面有益于人,而且前一种技艺在价值上高于后一种技艺。在《申辩篇》中他谈道,那些诗人和工匠们虽然在技艺方面很成功,这使得他们觉得在其他重要领域也有智慧,而实际上他们无知的。可以说,苏格拉底虽尚未明确地区分实践和制作、phronesis 和 techne,但是已经有了这种区分的

---

① Werner Jaeger, *Paideia:The Ideals of Greek Culture*, *Volume I*, (trans.by Gilbert Highet), Oxford University Press, 1986, p.181.

② 色诺芬:《回忆苏格拉底》,吴永泉译,商务印书馆 1986 年版,第 116—117 页。

萌芽。

柏拉图和苏格拉底一样也没有严格区分 phronesis 和 sophia。在一些对话中他继承了苏格拉底的观点，认为德性伴随着 phronesis。但是在有些作品中 phronesis 是作为四德性之一，与勇敢、节制、正义相并立的。可见，虽然柏拉图没有明确区分伦理德性和理智德性，但已经把 phronesis 作为一种有别于伦理德性的理智德性提出来了。这样做可以克服苏格拉底的"德性即知识"所导致的一个难题：如果说没有 phronesis 就没有德性，那么一个人只要具有任何一种德性就意味着他拥有 phronesis，因而具有一切德性。这显然是种极端的看法，不易被人们接受。根据柏拉图的观点，一个人即使没有 phronesis，但可以听从其他具有 phronesis 的人而具有德性（《国家篇》590c-d）。phronesis 只是统治者的政治智慧。

柏拉图并不将哲学探讨局限于伦理生活，而是建立了一个无所不包的形而上学体系。在柏拉图看来，伦理学知识和其他知识都是同样真实、重要的，所以他的理念论不局限于伦理学，而是对整个世界的本质的探讨，这样就把对人类善的研究拓展到整个宇宙的本质的研究。一切存在和知识的终极基础是善，它也成为我们哲学思考的最终目标。虽然柏拉图从实践知识的角度使用了 phroneiss，但它也用来表示哲学的沉思，其顶点就是对善理念的直观，因而和努斯（nous）相通（《国家篇》，505a）。

亚里士多德早年对 phronesis 的使用受到柏拉图的影响。在这一时期的《劝勉》①中，phronesis 指哲学的智慧。亚里士多德认为 phronesis 是自然赋予灵魂的最后的、最高的功能，是人身上神性的、不朽东西，它的活动就是我们存在的最高目的。这个意义上的 phronesis 与 nous 同义。亚里士多德把 phronesis 对人的价值比喻成视觉之于双目，正如我们为视觉本身而爱视觉，我们爱思索胜于一切。哲学思索不是为了什么，它本身就是目的，因此 phronesis 的活动是最高的善，幸福就源于 phronesis。他强调 phronesis 只是为了求知而求知，不追求有用，因此比技艺更高贵，但是它对自然法则或理

---

① 《劝勉》是亚里士多德早年写给塞浦路斯的王子塞米松（themison）的一封信。这篇著作散轶了，不过很大部分保存在杨布利柯的同名著作中。

型的认识有助于技艺,因为技艺是模仿自然。这里的技艺概念涵盖了制作和伦理政治领域。Phronesis 虽然表示哲学的理论认识,但这种理论认识对我们的行为也有所帮助,就像视觉本身不做成任何东西,但可以按照它的指向来行动。"知识虽然是思辨的、静观的,但按照它我们就可以做大量的事情,选择某些行为而避免另一些,总而言之,其结果是获得我们所拥有的全部的善。"①在这里实践知识隶属于理论知识,或者说是从哲学知识中衍生出来的。后来的《优台谟伦理学》继承了《劝勉》对 phronesis 的用法。在《优台谟伦理学》中亚里士多德提出人所具有三种最大的善是德性、phronesis 和快乐,它们分别对应着政治家、哲学家和享乐者的生活。"哲学家向往 phronesis 和对真理的思考,政治家关注高尚的行为(这些行为是源于德性的),享乐者则追求肉体的快乐。"(1215b1-5)②Phronesis 在这里仍指哲学的思维能力。不过亚里士多德也强调 phronesis 具有实践能力,即它能控制德性作出良好的行为。

　　总而言之,在柏拉图和早期亚里士多德那里 phronesis 作为哲学智慧融合了理论理性和实践理性,它在对一般存在的思考中包含了价值的洞察。正如耶格尔所说:"《优台谟伦理学》所理解的 phronesis,就像柏拉图和《劝诫》一样,是哲学的精神能力,它在超越的沉思中看到最高的真实的价值、神并将这个沉思作为意志和行动的标准;它还同时是对超感性的存在的理论认识和实践的道德洞察。"③然而在亚里士多德更为成熟的伦理学著作《尼各马可伦理学》中,他区分了 phronesis 和 sophia,分别表示实践方面智慧和理论方面的智慧。对存在的哲学认识不再是 phronesis 的作用,拥有phronesis 的人也不再局限于哲学家。耶格尔认为,区分理论智慧和实践智慧隐藏着伦理学基本原则的转变,即不再把伦理学建立在某种形而上学的

①　苗力田主编:《亚里士多德全集》(第十卷),中国人民大学出版社 1997 年版,第170 页。

②　本书对亚里士多德著作的引用一律采用通行的边码。《尼各马可伦理学》的引文主要采用廖申白注译本,也参考了苗力田译本和英译本,其他著作主要采用中文版《亚里士多德全集》,《政治学》也参考了吴寿彭译本。

③　维尔纳·耶格尔:《亚里士多德:发展史纲要》,朱清华译,人民出版社 2013 年版,第201—202 页。

基础上,从而否定了存在和价值的统一。这是放弃柏拉图的理念论的结果。这表明亚里士多德认识到了实践知识的特殊性,使其不再从属于理论知识。借用中国哲学的术语,亚里士多德从"天人合一"走向了"天人相分"。如果说柏拉图和早期亚里士多德将人类道德活动建立在对一般存在的认识上,因而显现出一种普遍的理智主义态度,那么成熟时期的亚里士多德则将伦理学建立在人性和生活实践的洞察之上,phronesis 随之丧失了其超越性,而成为世俗的智慧,受到变动不居的生活的影响。正是因为如此,他认为思考永恒本质的 sophia 要高于 phronesis。

第二节　亚里士多德的实践智慧概念

1. 实践哲学与实践

为了澄清亚里士多德成熟时期的 phronesis 概念的含义,我们首先来看看亚里士多德是如何看待实践哲学和实践的。在《形而上学》第六卷中亚里士多德将知识分为三个部分:理论的、实践的和制作的。理论知识包括自然哲学(如物理学、灵魂学说、动物学)、数学和神学(后人称为形而上学)。制作知识则包括与技艺有关的实用性科学。实践知识是研究人的实践生活的哲学。根据所研究的实践领域,实践哲学可分为伦理学、家政学、政治学。家政学主要处理家庭关系和经济事务的问题,这方面流传下来的资料少,一般不受重视。因而亚里士多德的实践哲学主要是伦理学和政治学。从这种知识划分中我们可以看到,实践哲学首次作为一门独立的知识部门提了出来,在这个意义上亚里士多德是西方实践哲学的创始人。

当然对实践生活的思考起源很早,可以说有了社会生活人们就会有朴素的伦理思想,思想家也会对社会人生进行反思。比如古希腊早期"七贤"和前苏格拉底哲学家就有很多与社会人生有关的格言警句流传下来。在亚里士多德之前,苏格拉底、柏拉图也花费大量的精力探讨各种道德问题和政治问题。西塞罗曾说苏格拉底把哲学从天上拉回人间,也就是说他把哲学研究的重心从自然哲学转向实践哲学。有很多人因此把苏格拉底作为西方哲学史上第一个伦理学家。实际上无论苏格拉底和柏拉图都还没有学科意识,他们的实践哲学思考都未摆脱和其他知识特别是理论哲学相混杂的状态,也未提出"伦理学"这个概念。

伦理学一词源于希腊的 ethos。ethos 最早出现在荷马史诗《伊利亚特》中,原意是一群人共同居住的地方,后来引申为共同居住的人们所形成的风俗习惯。亚里士多德根据这个词第一次提出伦理学(ethika)这个概念。现代人也把伦理学称为道德哲学,而道德一词源于拉丁文 moralis,这个概念最初是用来翻译希腊的 ethos 概念,也是表示风俗习惯。在现代的用语中道德和伦理经常混用,语义差别不大,但"道德"更多地用于个人,更具有主观的意味,而伦理则多用于社会,更具有客观的意味。因此有些哲学家(如黑格尔)区分了伦理和道德。道德涉及是个人的责任、义务、意图、良心。伦理则是体现在家庭、社会和国家中的规范。有些学者认为,古代的伦理学才是真正意义上的伦理学,而现代的伦理学是更为狭隘的道德哲学。亚里士多德的伦理学就是如此。它不是探讨个体的道德规则,或者道德主体如何尽自己的义务,而是反思人类共同生活的目的,以及在社会制度中需要培养的品格类型,涉及更广泛的社会生活和客观规范。这种伦理学必然地与政治学联系在一起。

现代的政治学研究可以分成政治科学和政治哲学。政治科学是运用科学实证的方法研究政治组织和政治活动,其特点是标榜价值中立,主张采用客观的不偏不倚的态度进行描述、分析和说明,而并不作出好和坏的判别。相反,涉及价值规范的政治研究属于政治哲学,政治哲学不大关心经验性问题,而是关注根本的规范性的问题,如为何服从政府、利益应如何分配等,并常常要对某种政治信念作出辩护或批判。实际上,在古代政治学中规范因素和科学因素一直混合在一起,从近代马基雅维利开始,政治研究才开始逐渐摆脱价值束缚,直到 20 世纪才有了独立的政治科学。古代的柏拉图主要探讨理想国及其政治制度,因此规范因素占有主导地位。而在亚里士多德那里,政治学的经验实证的内容大大加强了。在他的政治学中,既有对理想国家的构想,也有对现实政体的分析以及对治理方略、政治权术的总结。据说为了研究政治学,他带领弟子调查了各城邦的政治生活,收集了 158 个城邦的宪法。亚里士多德因此被称为政治学的奠基人。在他那里,规范因素和经验因素两方面是统一的,他把政治理想建立在对现实的考察之上,因而更具有现实可行性。在研究方法上他也不同于柏拉图注重逻辑演绎和思辨,而是以经验材料为基础进行归纳总结。

虽然在现代学科划分中伦理学和政治学是相互独立的,前者研究个体的道德,后者研究群体的政治活动,但在长期的历史中两者并没有明确的区分,因为个人几乎都是某个政治共同体的成员,他的道德主要体现在与同类的相处中,个人的善和幸福或多或少与他人和社会相关,因此伦理学有一个政治的维度。同样政治学的目的要促进政治共同体的善或者实现社会的正义,因而也具有伦理学维度。在柏拉图那里政治学研究隶属于伦理学的研究,国家是个人的放大,理想国家所具有的德性对应着个体的德性。亚里士多德有所不同。他认为城邦的善是整体的善,比个人的善更高贵,而好的城邦也为个人实现善的生活提供了条件。所以伦理学对道德的讨论不仅是政治学的部分而且还是它的起点(1181b25-29)。伦理学和政治学是连续的统一体,共同构成了对人的研究。可以说在亚里士多德那里实践哲学成为了一门独立的、关于人的哲学。

实践哲学的主题就是人的活动——实践,这里的实践主要指伦理和政治的活动。实践源于灵魂的欲望部分,因为正是欲望引起了人的活动,这和动物是一样的。然而在严格意义上,实践是具有价值内涵,它涉及的是我们可以赞扬或谴责的行为,因此动物的行为不被称为实践。① 实践与功能(ergon)概念有关。根据亚里士多德的观念,任何事物都有功能,而功能就是一事物由于它而成其自身的东西。人和植物一样具有营养和生长功能,和动物一样具有感觉功能,而人特有的功能是逻各斯(理性)。人的生命是"有逻各斯的部分的实践的生命"(1098a3)。实践活动既不同于生命的营养和生长活动,也不同于动物具有的感觉的生命活动,而是有理性的活动。这里实践也

---

① 在其全部著作中亚里士多德对实践(praxis)一词的使用有不同的层次:首先,在最广泛的意义上它指一切事物的运动,包括天体运动;其次,指一切生物的运动,这既适用于人也适用于动物;再次,泛指人的活动,既包括伦理政治活动也包括制作、沉思等活动;最后,最狭义的实践指的是人的交往活动,与制作、沉思相对立。在其伦理学和政治学著作中的实践概念主要采取最狭隘的含义。马克思主义所重视的物质生产意义上的实践活动很大程度上被归入"制作"活动中。

有"实现"的意义,实践的生命就是实现人的理性本性的生命,人在实践中成其自身。"人的活动是灵魂的遵循或包含着逻各斯的实现活动。"(1098a8)可见,在对人的认识上亚里士多德继承和发扬了希腊哲学的理性主义传统,他和苏格拉底、柏拉图一样把人作为理性的动物。人除了和动物一样具有感觉能力、欲求能力外,还具有理性(逻各斯),这构成了人不同于动物的本质。实践是人所特有的,因为它是合乎逻各斯的,因而也是人的实现活动。

实践有自身的目的,这就是善。在古希腊善(agathon)作为一个价值概念,泛指好的东西,并不局限于道德意义。人类活动多种多样,因而追求的善也是五花八门,比如医术的目的是健康,战术的目的是胜利。根据其目的论哲学,亚里士多德认为有些目的从属于其他的目的,它们是作为手段而善的。善的事物根据手段—目的关系可以排成序列。如果目的序列可以无限延伸的话,那么人的欲求也会变为空洞(1094a20)。因此有一个最高的目的,也就是最高的善。亚里士多德继承了希腊人的一般观念,认为最高的善就是幸福,它是所有活动的终极目的。(1097b21)

当然说实践以善为目的,这只是就应然层面而言。现实中的实践并不一定追求善,它也可能是恶的实践。对于亚里士多德来说,善作为目的是和功能相关的,一个事物的善就在于它的功能发挥地好。就像一个吹笛手的善在于吹笛吹得好,好的实践就在于理性发挥地好,而这种把理性功能发挥得好的东西就是德性。所以亚里士多德认为,人的功能和好人的功能没有什么不同,好人不过是德性的优越加于功能之上。人的功能是灵魂的合乎逻各斯的活动,而好人就是良好高贵地实行这种活动。(1098a10-15)只有在德性指导下"良好高贵地"进行合乎逻各斯的活动才是善的实践。对亚里士多德来说,德性是在高级层次上实行功能,这种层次不是任何人都能达到的。正如余纪元指出的:"理性活动仅仅是一个必然基础,是人之所以为人的功能,少了理性肯定不行,但是,如果最终想要使理性活动有助于人类善的实现,还必须加进德性环节。理性能力自身当然可用以作恶,但只有体现德性的理性活动才是善。"①

---

①　余纪元:《亚里士多德伦理学》,中国人民大学出版社 2011 年版,第 56 页。

亚里士多德继承了柏拉图的观点,将善被分为外在的善、灵魂的善和身体的善,其中灵魂的善是最恰当、最真实的善(1098b10-15)。灵魂的善是由灵魂中的德性造成的,而幸福作为最高的善以拥有德性为最重要的条件。不过拥有德性还不能称为幸福,幸福是一种实现状态,只有把德性实现出来才可能达到幸福。"德性是灵魂的具有状态,而且,这种德性有其实现和使用;所以,它的实现和使用就应是目的。因此,幸福应存在于按照德性的生活中。"(1184b34)

我们可以看到亚里士多德作为一个目的论者,相信每一事物都有某种目的,人也有目的,这就是善,最高的善就是幸福。这个目的是通过某种特殊的功能实现的。人和植物一样具有生命,和动物一样具有感知和欲求,只有逻各斯是人所独有的。在实践活动中正因为有逻各斯,人才可能有关于对与错的意识,有价值判断和选择。逻各斯的功能要发挥得好,就需要有德性。好的实践就是德性的实现活动,它以善为目的,并且合乎逻各斯。

2. 德　性

从亚里士多德对实践的看法中我们可以看到,他的实践哲学和大多数希腊伦理思想一样,以德性和善的问题为中心。实践智慧概念在亚里士多德那里是作为一种理智德性提出来的,要澄清它的内涵,还需要进一步探讨什么是德性。"德性"(ἀρετή,拉丁写法是 aretē)①的词根 Aρης 是希腊神话中的战神阿瑞斯的名字。德性在原初意义上表示勇敢、强悍及其所体现出来的男子汉的高贵俊美。在荷马史诗中,德性不只表示勇敢,也泛指任何事物的优秀,比如善于奔跑是马的德性、肥沃是土地的德性。它在表示人的优秀时,除了伦理意义外,也可以表示自然能力或本性方面的优秀,比如跑得快显示了脚的德性。这种广义的德性概念一直延续下来。亚里士多德在使

---

① Aretē 在拉丁文中被译为 virtus。近代西语多遵循拉丁文 virtus,如在英语中被译成"virtue"。很多中文文献将"德性"(virtue)翻译成"美德"或"品德"。本书统一使用"德性",一些引文中使用的"美德"或"品德"则保持不变。

用德性一词时继承了希腊人的一般用法,即表示事物的特长、优秀或卓越之处。① 它和功能概念密切相关,拥有某种德性就意味着使某种功能发挥良好作用。

与伦理学相关的德性是灵魂的德性。亚里士多德将灵魂的德性分为伦理德性和理智德性。要理解这种划分,首先要说明灵魂问题,因为亚里士多德是把他的灵魂学说应用于对德性问题的探讨。亚里士多德把灵魂(psyche)分为有逻各斯的部分和没有逻各斯的部分。有逻各斯的部分是灵魂进行思考的部分;没有逻各斯的部分又分为植物性的部分和欲望的部分,前者是造成营养和生长的部分,它是一切生物所共有,后者是造成感觉和运动的部分,是动物和人所共有的。植物部分不会分有逻各斯,欲望部分常常走向逻各斯的反面,但也可以在听从逻各斯的意义上分有逻各斯,就像一些节制者、勇敢者的行为表现的那样,他们虽然由于欲望而行动,但他们的行动是合乎逻各斯的。这种意义上的听从就像是听从父母或朋友的意见。这样灵魂的有逻各斯的部分可分为在严格意义上具有逻各斯的部分即理智的部分,和在听从逻各斯意义上分有逻各斯的部分。(1102a25—1103a10)灵魂的这两个部分分别具有两种德性:即理智德性和伦理德性。②

亚里士多德试图给德性下个定义,在他看来灵魂有三种状态:感情、能力与品质,德性必居其一。感情是伴随着快乐与痛苦的情感,如欲望、恐惧、怜悯等,能力是使我们感受情感的东西,品质是同这些情感的好或坏的关系。德性不是感情,因为我们是由于德性或恶,而不是由于感情而被称为好人或坏人。德性包含着选择,感情则不是出于选择,人对于感情是被动的,

---

① 参见汪子嵩等:《希腊哲学史》(第 2 卷),人民出版社 1993 年版,第 167—171 页。在亚里士多德那里伦理学是用"ethika"表示的,这个词的原意是"具有特性的事物",可见古代的伦理学与德性密切关系。参见乔纳逊·伯内斯:《亚里士多德》,余继元译,中国社会科学出版社 1989 年版,第 156 页。

② 伦理德性(ethikē aretē)廖申白先生译成"道德德性",由于 ethikē 是由 ethos(伦理、习惯)而来,亚里士多德也强调伦理德性不是自然生成而是习惯造成的,故从苗力田先生的译法译为"伦理德性",实际上古希腊还没有出现现代意义上的道德(morality)概念。亚里士多德在谈论"德性"时,往往是指伦理德性,本书在论述亚里士多德的思想时也依此用法,如果指理智德性则特别指明。

人被感情所感动。德性也不是能力,我们不是由于感受这些感情的能力而被称为好人或坏人。能力是自然赋予的,但善恶却不是自然使然。所以从"种"来看,德性是品质。为了给德性下定义,还要说明"属差",即说明德性是怎样的品质。如前所述,德性与功能概念有关,"每种德性都既使得它是其德性的那事物的状态好,又使得那事物的功能完成得好。"(1106a15)比如眼睛的德性使得眼睛的状态好,又使得它看得清楚。马的德性使马的状态好,又使它跑得快,令骑手坐得稳当。"如果所有事物的德性都是这样,那么人的德性就是既使得一个人好又使得他出色地完成他的功能的品质。"(1106a20)

品质(hexis)是一种习性,表示一种持久的状态。单个德性行为并不能保证一个人有德性。判断一个人是否有某种德性就要看他是否愿意做有德性的事(1144a13 - 20,1104b13)。只有不断做善事我们才能成为好人(1105a2)。亚里士多德批判了苏格拉底—柏拉图"知识即德性"的说法,认为仅仅知道德性并不能保证人就有德性。德性是通过习惯养成的,培养德性既不出于自然也不反乎自然。自然赋予了我们接受德性的能力,这种能力要通过习惯而完善。所以亚里士多德强调德性与它的实现活动不可分,我们先运用德性而后才获得它们。一个行事公正的人就会养成公正的德性,一个行为节制的人可以培养节制的德性,"一个人的实现活动怎样,他的品质也就怎样。"(1103b20)所谓的德性行为不仅在于它具有某种德性性质,如公正、节制,行为者还必须处于某种状态,这包括他知道那种行为,并且他必须是经过选择才那样做,这种选择出于行为自身的缘故,此外他的选择是出于稳定的品质。(1105a30-1105b3)

德性作为一种好的品质,在活动中体现为选择处于两个极端的中间,它在本质上就是一种适度(mesotetos,也可翻译成"中间"或"中道")。"德性是一种选择的品质,存在于相对于我们的适度之中。"(1106b39)亚里士多德认为连续可分的事物都可以有较多、较少和相等。这三者既可以相对于事物自身而言,也可以相对于我们而言。相对于事物自身而言的中间是数学意义上的中间,离两个端点的距离相等,比如 6 是 10 和 2 的中间。但相对于我们的中间则不同,比如不能说一个人吃 10 碗饭太多,吃 2 碗饭太少,而就认为吃 6 碗饭正合适,在这种情况下所谓"相对于我们的中间"要看当事人的具体情况。实践中也存在过度、不及和适度,比如怯懦是不及,鲁莽是过度,那么勇敢就是适度。德性以求取适度为目的或者说德性就是一种适度,这种适度同样也是对于我们而言的中间。实践与感情有关,德性作为适度就是保持和感情的好的关系。"在适当的时间、适当的场合、对于适当的人、处于适当的原因、以适当的方式感受这些感情,就既是适度的又是最好的。这也就是德性的品质。"(1106b20)可见德性行为是在具体情况下考虑具体的时间、地点、人物、方式而采取的适当行为,而具有德性的人有着稳定的品质,善于在具体情况下采取这样适当的行为。不过亚里士多德指出,要在具体处境中达到适度并非易事,人总是可能过或者不及,恰到好处就像射中目标一样是很困难的,"错误是多种多样的,而正确的道路却只有一条。"(1106b30)过和不及都不完美,只有适度才完美。适度意味着正确、善(好),而过度和不及则是错误、恶(坏);相对于过和不及来说,德性也是一个极端。(1107a6)

德性能选择适度,就已经体现了理智的作用。正如上文所说,伦理德性是灵魂中没有逻各斯但可以听从逻各斯的部分的德性,它在听从逻各斯的意义上分有逻各斯,所以"这种适度是由逻各斯规定的,就是说,是像一个有实践智慧的人会做的那样地确定的。"(1107a1)一个有实践智慧的人就是能确定适度的人。亚里士多德更明确地表示,德性是由逻各斯规定的,"而正确的逻各斯也就是按照实践智慧而说出来的逻各斯……德性不仅仅是合乎正确的逻各斯,而且是与后者一起发挥作用的品质。在这些事务上,实践智慧就是正确的逻各斯。"(1144b25-30)可见德性听从的逻各斯是实践智慧给出的,这样德性听从逻各斯也就是听从实践智慧。由此亚里士多德认为苏格拉底的"德性即知识"的观点部分是对的,部分是错的,如果说德性就是实践智慧的形式,这是错的,但如果说德性离不开实践智慧这又是对的。德性和实践智慧不能等同,但也不能分离。

3. 理智德性

既然实践智慧是作为一种理智德性被提出来的,那么什么是理智德性呢？正如前面谈到过,亚里士多德把灵魂分成有逻各斯的部分和没有逻各斯的部分,有逻各斯的部分就是理智的部分。他进一步将有逻各斯的部分分为两个部分:思考始因①不变的事物的部分,即知识的(epistemonikon,或译成"科学的")部分,以及思考可变事物的部分,即推理的(logistikon)或考虑的(bouleuesthai)部分。这两个部分的活动是获得真②,但由于它们的对象不同,它们获得真的特点也有区别。知识的部分是思辨的理智,它的好坏只在于它所思考的东西的真假,与实践和制作无关。考虑的部分是实践的理智,它使欲求经过考虑和选择而合乎逻各斯,它获得的真是相应于遵循着逻各斯的欲求的真。亚里士多德还认为"实践的理智其实也是生产性活动的始因"(1139b1)。制作的目的就是做得好的、完成了的器物,它是我们欲求的对象,所以制作最终也是为了人。③ 亚里士多德对理智的两个部分的划分实际上就是后世所谓理论理性和实践理性的区分。

理智的活动是为了获得真,理智这两个部分的品质就是使其获得真的那种性质。亚里士多德认为这类品质有五种,它们是灵魂肯定或否定真的五种方式:技艺、科学、实践智慧、智慧和努斯(1139b10-15)。其中科学和智慧可归为一类,它们属于知识部分的理智,其对象是不变的、必然的、永恒的事物;技艺和实践智慧可归为另一类,它们属于推理(考虑)部分的理智,其对象是可变事物。科学可以通过演绎获得可证明的知识,这种知识是可以学习和传授,但演绎的始点科学本身不能获得,只有努斯才能获得。科学就是凭借努斯把握的始因进行证明的品质。智慧不仅从始点推出结论,而且知道始点,因此智慧是努斯与科学的结合(1141a20)。技艺涉及的是制作活动,它是"和真实制作相关的合乎逻各斯的品质"(1140a20),而实践智慧涉及的是实践活动,它是一种"同善恶相关的,合乎逻各斯的、求真的实

---

① 亚里士多德对始因(arche)一词的使用很复杂,其基本含义是起点或最初的依据,除始因外,还可译为始点、始基、本原、原则或原理。

② 古希腊的"真理"概念(aletheia)远比现在受科学主义影响的真理概念运用得广泛而复杂,为了表达这种宽泛的意义本书有时也翻译成"真"。

③ 这里实践的理智也涉及制作,因而是一种广义的实践的理智,它隐含着将生产性的技术活动纳入实践理性的考虑,为人的善目的服务的思想,这也是伽达默尔思考的主题。

践品质"（1140b6）。亚里士多德认为在理智的知识部分和考虑部分中状态最好的就是它们各自的德性（1139a1-15）。在理智的知识部分中科学不能证明自己的始点（始因），只能从这始点出发进行演绎，而智慧包含了努斯和科学在内，"有智慧的人不仅知道从始点推出的结论，而且真切地知晓那些始点"（1141a18），所以智慧是最完善的，是"关于最高等的题材、居首位的科学"。（1141a20）对于理智的考虑部分而言，技艺和实践智慧在"始因"上不同。技艺的始因即它的目的是在制作活动之外的，如完成的某个东西，而对于实践智慧而言实践活动本身就是目的——做得好就是目的。实践智慧始终将始因即人自身的善把握住，一个有实践智慧的人就是能够分辨出善事物的人。在亚里士多德看来技艺本身不是德性，而是包含着德性，因为技艺可以有好有坏；实践智慧不包含德性，它本身就是德性，因为实践智慧就是好的，它指导的行动总是正确的（1140b20-25）。由于在知识（科学）部分中智慧比科学好，在推理（考虑）部分实践智慧比技艺好，所以智慧就是知识（科学）部分的理智德性，而实践智慧是推理（考虑）部分的理智德性。这就是实践智慧概念在亚里士多德伦理学中的定位。

4. 实践智慧

那么实践智慧有什么特点呢？在亚里士多德看来，有实践智慧的人善于考虑对他自己好的或有益的事情，但是这不是指具体的方面（如健康）的好或有益，而是对于他的总体生活好或有益。当然，如果一个人在实现某个目的方面深思熟虑，我们也可以说他在那个方面有实践智慧，但这些方面不属于技艺的领域，而总体上具有实践智慧的人是善于考虑总体的善的人（1140a25-35）。亚里士多德更多地把实践智慧赋予考虑总体的善的人，特别是管理家事和国事的专家（1140b10-15）。虽然人们一般认为实践智慧是与一个人自己有关，但一个人的善离开了家庭和城邦的善就不存在，故而实践智慧应该包括家政学、立法学和政治学（1141b30-1142a10）。由于政治要考虑对全体公民有益的事情，亚里士多德就倾向于把政治方面的实践智慧看成是最高的。在他看来雅典著名政治家伯利克里就是有实践智慧的典范。

虽然实践智慧和普遍的东西(如总体的善)相关,但它考虑的是具体事实,"因为实践智慧是与实践相关的,而实践就是要处理具体的事情。"(1141b15)实践智慧的特点是善于考虑,考虑总是相关于具体的、可变的东西。因此有时候一个不知道普遍东西的人比起知道的人在实践上做得更好。实践智慧需要两种知识:关于普遍的知识和关于具体的知识,其中具体的知识尤为重要(1141b15-20)。在亚里士多德看来,具体的东西不是科学的对象,而是感知的对象。① 实践智慧的感知不同于对具体事物的感知,"而是像我们在判断出眼前的一个图形是三角形时的那种感知"(1142a29)。这表明实践智慧的感知包含了理智的成分,接近于数学的感知。这两种感知都有一个"停止点",而不会无休止地变化,如在数学感知中这个停止点就是领会到这个图形是三角形,而在实践的感知中这个停止点就表示达到的"适度"。亚里士多德又指出数学的感知更靠近具体感知而不是实践智慧,尽管它和具体感知不同(1142a30)。这里亚里士多德区分了三种感知:具体感知(感性的感知)、数学感知(数学直观)、实践智慧的感知。实践智慧的感知一方面相关于具体事物,但又不同于具体的感性感知,因为它具有理智成分,能从具体事物中把握应当做什么的"适度",从而接近于数学感知;另一方面它又与数学感知不同,因为后者只相关于对普遍东西的认识。实践智慧的感知的特殊性需要和努斯联系起来才能理解。

亚里士多德对努斯的表述有些复杂,努斯有时被等同于一般的理智。在《尼各马可伦理学》第六卷第六节论述努斯时,努斯被认为只是把握科学的始点。由于努斯相关于始点的普遍原理,而实践智慧相关于终点的具体事物,所以"实践智慧是努斯的相反者"(1142a24)。不过亚里士多德在谈到努斯把握终极的事务时,又认为终极的事务不仅包括起点,也包括终极。而"所有的实践事务都是些终极的、具体的事务"(1143a32),因此对实践的具体事务的把握也需要努斯。这样努斯不仅体现在理论中也体现在实践

① 感知(aisthesis)在廖译本和苗译本中都译成"感觉",在汪子嵩等著的《希腊哲学史》[(第3卷),人民出版社2003年版]中译成"知觉",英译本中译成perception。就这个词的意义来看译成"感知"较好,海德格尔也将它与现象学的感知(Wahrnehmung)联系起来。本书所引中译本用"感觉"的地方处都改成"感知"。

中,在理论中它把握证明的起点,在实践中它把握终极的、可变的事实,也就是说努斯从相反的两端来把握终极的事务。对实践事务的感知就体现了努斯的作用,"我们必定有对于这些具体事务的感知,这种感知也就是努斯"(1143b2)。在这种感知中实践的可变的事务"就是构成目的的始点,因为普遍的东西就出于具体"(1143b1)。这表明努斯对于实践的具体事务的感知总是相关于普遍的东西,即总体的善。正如前面谈到的,实践智慧将具体知识和普遍知识结合起来,其特点就在于通过对具体事务的感知而洞察到如何做才合乎总体的善的。

可见在灵魂有逻各斯的两个部分(知识的和考虑的)中都有努斯的作用,但努斯又不同于逻各斯。"努斯是相关于始点,对这些始点是讲不出逻各斯来的。"(1142a25)"把握起点和终点的是努斯而不是逻各斯。"(1143a35)对于终极的事务只能由努斯把握,逻各斯只能在此基础上进行科学的证明或实践的考虑。① 实践智慧不同于科学,因为考虑的对象是可变的、在人能力之内的事物,对于这些事物人才能有所作为,而科学包含证明,对于这些可变的事物科学无法作出证明,因此它们不是科学的对象。科学的对象是不变的东西、超出人能力之外的事物,人可以通过科学认识它们、获得知识,但不能考虑它们、对之有所作为。所以在题材方面就可以区分实践智慧和科学。实践智慧和技艺的题材都是可变的事物,故而它们同属于理智的考虑部分。可变化的东西包括了被制作的事物和被实践的事物。由于制作不同于实践,实践具有的逻各斯品质(实践智慧)与制作具有

---

① 关于努斯(Nous)一词的变化可参见汪子嵩等:《希腊哲学史》(第3卷),第998—1000页。希腊哲学家一般将努斯作为最高的精神活动。在柏拉图那里努斯被认为直接把握始因、第一原则,亚里士多德在《形而上学》中继承了柏拉图的看法,把神、第一推动者、最高的善和努斯等同起来。而在他的实践哲学中,努斯又被认为把握最具体的实践事务,这是对努斯概念的发展。一般将努斯翻译成"理性",但这种理性不同于逻各斯意义上的理性。努斯的理性是直观的理性,而逻各斯的理性是推论的理性。在《后分析篇》中亚里士多德认为一切知识都需要逻各斯的推论,但知识不能把握第一原理,这只能由努斯把握。虽然知识和努斯始终都是真的,但努斯比知识更精确。这表明努斯要高于逻各斯,努斯所把握的终极事物是最确定的。海德格尔在对亚里士多德的解读中,从现象学的视角把努斯和现象学直观联系起来,逻各斯所代表的知识则具有衍生的性质。下节中将介绍这方面的内容。

的逻各斯品质（技艺）也就不同。一切技艺都和事物的生成有关（比如建筑术使房子生成），它们对如何生成事物进行考虑，这种事物并不是现实存在的，也不是必然会生成或是出于自然而生成的，"技艺是一种与真的制作相关的、合乎逻各斯的品质"（1140a21）。不过技艺所考虑的只是在某个方面对人有益，比如健身术只考虑对健康有益。而实践智慧所考虑的就不是某些方面的善和有益，而是对于好生活在总体上的善和有益。实践和制作之所以是两种不同的活动，就在于它们在始因上不同（1140b5）。这里始因就是目的，制作的目的是产生某种对自己有益的东西，这是外在于制作活动，而实践的目的就是实践活动本身的善，所以"实践智慧是一种同善恶有关的、合乎逻各斯的、求真的实践品质"（1140b6）。

从实践智慧与技艺、科学的区别中我们可以更清楚地把握实践智慧的特点，这也是伽达默尔所关注的。伽达默尔对于实践智慧概念的接受受到了海德格尔的极大影响，下面就介绍一下海德格尔对亚里士多德的实践哲学特别是实践智慧的解读。

第三节　海德格尔对实践智慧概念的解读

海德格尔对亚里士多德的解读在 20 世纪希腊哲学研究中是颇具新意的解释学活动，它为我们重新理解希腊哲学提供了一个典范。在海德格尔思想的发展道路上这种解读也是具有重要意义的。海德格尔曾表示过他是通过亚里士多德的著作尤其是《形而上学》第九卷和《尼各马可伦理学》第六卷发现希腊的 alethenein 就是去蔽，而把真理标示为无蔽状态的。① 《尼各马可伦理学》第六卷主要谈理智德性，其中关于实践智慧的论述占据了主要内容。海德格尔对亚里士多德伦理学的兴趣主要就集中在《尼各马可伦理学》第六卷。早在 1922 年为了在马堡求职而提交的报告②中海德格尔

---

① 参见孙周兴选编：《海德格尔选集》，上海三联书店 1996 年版，第 1273 页。
② 学术界称之为"纳托普报告"，标题为《对亚里士多德的现象学阐释——解释学处境的显示》，这篇报告提出了亚里士多德阐释的纲要，中译文载《形式显示的现象学：海德格尔弗莱堡文选》，孙周兴编译，同济大学出版社 2004 年版，第 76—125 页。

就提出了包括《尼各马可伦理学》第六卷在内的阐释纲要。他对这一卷的兴趣一直持续了两年多,在这段时期的讲座中多有涉及。在1924—1925年冬季学期的讲座《柏拉图:智者》中又几乎逐字逐句对其作了解读。① 海德格尔对亚里士多德的阐释推动了德国实践哲学中亚里士多德主义的复兴,并且影响了他的一大批学生。听过讲座的伽达默尔就曾说过:"我从海德格尔那里学来的最重要东西,首先要提到的是1923年在弗莱堡第一次参加海德格尔讨论班,解读《尼格马可伦理学》第六卷。那时'phronesis''实践理性的德性',对于我来说真是一个有魔力的词。"②

1. 五种真理方式

海德格尔对亚里士多德的解读关注于真理问题。希腊人将真理表述为aletheia,这是种否定性的表达,表示不被隐藏、被揭示。海德格尔将其翻译成无蔽(Unverborgenheit)或揭示(Unverdecktsein)。我们知道存在的真理问题是海德格尔存在哲学的核心问题,海德格尔在探讨这一问题时总要追溯到希腊哲学,其中亚里士多德占据了中心位置,正是他在《形而上学》中对存在问题予以系统的阐述,而他的伦理学同样给予了海德格尔不少启迪。在《尼各马可伦理学》第六卷中亚里士多德提出了五种真理方式:"我们假定灵魂肯定和否定真的方式在数目上有五种,即技艺(techne)、科学(espis-teme)、实践智慧(phronesis)、智慧(sophia)和努斯(nous),观念和意见则可能发生错误。"(1139b15)在海德格尔看来,这五种真理方式实际上就是我们通向世界、经验世界的可能的道路和方向,是存在者的存在被揭示的不同方式。这些不同的真理模式具有不同的存在领域及存在规定的前见。对于这五种揭示真理的方式,海德格尔用他的思想进行解读。这首先表现在翻译上,比如技艺:"料理着—制造着的操作";科学:"观察着—谈论着—证明着的规定";实践智慧:"烦神的寻视(环视)";智慧:"本真的—观看着的理

①　现收入《海德格尔全集》(第19卷);Martin Heidegger, *Gesamtausgabe band* 19:*Platon*:*Sophistes*,Frankfurt am Main:Vittorio Klostermann,1992,以下简称GA 19。

②　Lewis Edwin Hahn(ed.), *The philosophy of Hans-Georg Gadamer*,Open Court Publishing Company,1997.p.9.

解";努斯:"纯粹的觉悟"。① 人们一般认为亚里士多德持符合论的真理观,真理即思想与对象相一致,而思想又表现为判断,真理乃是在判断中出现的东西,这种真理观奠定了知识的反映理论的基础。与这种流行的认识论解释相反,海德格尔认为从亚里士多德那里找不到真理符合论的痕迹,上述看法不过是对亚里士多德的曲解。亚里士多德提出的这几种真理方式实际上为海德格尔批判科学主义的真理观,探寻源始的存在真理打开了大门。这也影响了伽达默尔在哲学解释学中维护超越科学方法论的真理,如艺术真理、人文科学的真理、语言经验的真理,当然也包括实践的真理。

整个《尼各马可伦理学》第六卷主要探讨的是理智德性的问题。在五种真理方式中只有智慧和实践智慧才是理智德性。那么海德格尔是如何理解理智德性的呢?正如我们上节谈到过,亚里士多德把灵魂中具有逻各斯的部分(理智)分为知识的(科学的)部分和推理的(考虑的)部分。前者思考始因不变的事物,包括科学和智慧;后者思考可变的事物,包括技艺和明智。理智德性就是灵魂的知识部分和推理部分分别达到的最好状态。海德格尔认为智慧和实践智慧之所以被称为理智德性是因为它们将始因保持于视界中,其中智慧是将永恒存在者及其始因带入保真中,而实践智慧则将变化的存在者及其始因带入保真之中,因此他将理智德性理解为"对真正的存在之保真(Seinsverwahrung)的实行可能性的占有方式"②。海德格尔认为对始因的保真是努斯的最高成就,努斯是对始因的觉悟。这样理智德性就是努斯或纯粹觉悟的本真的(eigentlich)实行方式。技艺和科学也是觉悟的具体实行方式,只是不像智慧和明智那样是本真的实行方式,因为它们未能将始因带入保真中,因此只能作为努斯实行的非本真方式。

在海德格尔看来,亚里士多德对五种真理方式的分析关注两个方面的问题:一是真理模式所揭示的存在者的特征,二是这种真理模式是否揭示了这些存在者的始因。第二个方面决定了该真理是否是本真的真理。亚里士多德的分析是从最直接可见的真理模式开始,即从科学和技艺出发,同时表

① 参见《形式显示的现象学:海德格尔弗莱堡文选》,第103页。
② 《形式显示的现象学:海德格尔弗莱堡文选》,第102页。

明它们不是最高的真理,然后揭示出实践智慧和智慧才是本真的真理形式,因而是理智德性。在《柏拉图:智者》中海德格尔的解读紧密联系着亚里士多德的原文,这种解读是用现象学的眼光对五种真理模式进行描述。下面只就其主要内容做些介绍。

科学的对象是永恒的存在者,这意味着如果它们被认识,这一知识作为真理总是存在着。即使存在者不在我们面前,科学的知识仍然是寓于存在者存在(dasbeisein-beim-seinden)。所以科学的知识是保持所知的被揭示状态。科学是可学可教的,它从始点出发进行推理。但科学不能证明自己的前提,不能展示始因,所以它无法展示存在者本身。因此科学不是真理的最好的品质。

技艺是制作活动中的熟巧,它不能等同于制作本身,而是一种指导制作的知识方式。技艺指向要被制造出来而尚未存在的东西,因而技艺的对象是可变化的,它处于生成的过程中。制作者必须预见到要完成的作品会是什么样子,因而被制作物在制作活动前就被决定了。技艺的对象的始因就是"埃多斯"(eidos)。① 埃多斯作为始因其实就是目的。人首先将埃多斯表象出来作为目的,并且在实行计划中不断地顾及它。所以埃多斯存在于制作者的灵魂中,而不存在于被制作物中。当作品完成时作品就不再是制作的对象,而是脱离了技艺的控制成为某种用途的对象。对于技艺而言,作品具有"外在"(para)特征,即外在于制作活动。技艺只相关于产生过程中的事物,在技艺中对象的始因不能被技艺本身所支配,所以技艺不是本真的真理。

正如在理智的知识部分中科学是最直接的真理但不是本真的真理,在考虑部分中技艺是最熟悉的真理但不是本真的真理。对技艺和科学的分析只是为了对实践智慧和智慧的分析做准备,后两者才是本真的真理形式,即理智德性。首先来看看实践智慧。实践智慧和技艺一样都是进行考虑,因为实践智慧的对象也是某种可变的东西,两者的不同在于,技艺的考虑所关联的东西有助于其他事物的产生,而实践智慧的考虑则关系到这一产物有

---

① eidos 有形式、观念、本质等含义,这里采用它的原初含义,即事物的外观。

助于考虑者本身。比如技艺的考虑是为了产生房子,而实践智慧则考虑房子是否对人有益,因此实践智慧包含着对此在自身的揭示。实践智慧的考虑就不是为了特殊的利益,而是为了此在存在本身,即此在的正确而恰当的存在方式。对于实践而言正确的行为本身就是目的,所以在实践智慧中目的被展开和保存了。实践的目的就是实践的始因,也就是说此在是实践智慧考虑的始因。实践智慧考虑的东西不是将实践带向终点的结果,结果不构成行为的存在,而是"如何"(Wie)构成行为的存在。由于实践智慧的目的和始因是真实的此在本身或者正确的行为本身,实践智慧因此是此在的合乎逻各斯的真的品质。

在对智慧的分析中,亚里士多德认为智慧既考虑具体事物同时将其联系到始因。他将智慧作为努斯与科学的结合。智慧的真理一方面设定了努斯的真理,另一方面又具有科学的特征。智慧具有纯粹知识、纯粹沉思的实行方式。智慧是以最可通晓的东西为对象,而这最可通晓的东西是存在者获得最终定向的东西,它就是最终的目的,即善。智慧的主题是善本身,因而智慧是最高的科学,技艺和科学必须根据它而被定向。由于智慧的对象是最高的善,它既是目的又是始因,因而智慧的真理展开了始因,智慧就是知识部分的理智德性。

亚里士多德对于努斯谈得很少。努斯最主要的作用是获得始因,除努斯外其他的真理模式都不能揭示真正的始因。不过在亚里士多德看来始因有两种:一是科学演绎的始点,二是具体的实践事务,它们都是终极的东西。所以在实践智慧和智慧这两种理智德性中都有努斯的作用。海德格尔对努斯的一个突出看法就是认为,就逻各斯被理解为肯定或否定而言,努斯的真理就是没有逻各斯的。努斯和逻各斯的关系也是海德格尔关注的焦点。海德格尔认为:"所有这些不同的真理都是与逻各斯相关;除了努斯,所有都是合乎逻各斯。"①我们知道逻各斯在希腊的原初意义就是言谈。海德格尔也是这么来理解逻各斯,在他看来技艺、科学、实践智慧、智慧这四种展开方式都是在言谈中实行。努斯虽然与言谈相关,但不是在言谈中展开的。因

---

① GA 19,S.22.

为努斯不是逻辑思辨的知识,不需要在言谈中实行,而是与感知(aisthesis)相关。感知是在感性方式中的觉悟(Vernehmen),它在自身中原始地给出意向上的"何所向"之物。根据这种指向性,"错误"一词就不能应用到感知上。因为错误只能出现在综合中,而感知是没有区分和综合的直接把握,在感知中存在者朴素地是其所是地被意指,这样"对特有对象的感知始终是真实的"①。海德格尔将感知的觉悟和努斯联系起来:"noein 具有觉悟的基本特征。Nous(努斯、心灵)乃是地地道道的觉悟。"②努斯本身是没有逻各斯,因此本身是不能进行阐明的,它的对象就是 adiaireta,即不可分解、不再能阐明的终极的东西。在这个意义上努斯把握了源始真理中的存在者。在亚里士多德那里,努斯是人的最高规定,同时人又被规定为具有逻各斯的生物。对于人而言,努斯的纯粹觉悟总是一种谈论(durchsprechen),这种被实行的觉悟(noein)就是思考(dianoein,或译成"分辨性的觉悟")。逻各斯是根据事物"作为什么之规定性"来称呼某物,也就是说逻各斯具有"作为"(als)结构,把某物作为某物分辨性地谈论。逻各斯就其具有"作为"结构而言,保留着事物可能通过这种"作为"结构被歪曲因此发生欺骗的可能性,因为某物可能作为它不是的某物被给出。在纯粹的揭示即在感知、觉悟中,由于没有言谈,没有把某物作为某物的言说,也就没有欺骗的可能性。海德格尔因此反对将逻各斯作为真理的真正场所,而认为源始的真理发生在努斯中。

2. 实践智慧

本书关注的是实践智慧的概念,下面再更详细地介绍一下海德格尔对实践智慧的考察,在这种考察中他十分关注实践智慧的真理特征及其与其他真理方式的区别。正如我们说过的,技艺和实践智慧都是对可变化的事物考虑,但它们的目的不同。在制作中目的是在考虑之外的其他的某物。实践智慧指向的目的不在考虑之外,而就是考虑的对象,也就是说实践智慧

---

① 亚里士多德:《论灵魂》427b12
② 《形式显示的现象学:海德格尔弗莱堡文选》,第 107 页。

的目的和对象是同一的,即生命本身。海德格尔把"生命"($\zeta\omega\eta$)翻译成"此在"(Dasein)。"实践智慧的对象是实践、人的生命、人类此在本身。"①这里把实践和生命、此在等同起来,有把实践存在论化的倾向。

由于实践智慧的真理的对象是人本身,那么人的特征就是可能自己掩盖了自身、不能看透自身,故而需要去蔽而对自己成为透明的。被遮蔽的原因就在于人的激情。比如快乐和痛苦会毁灭人的实践判断,这时情绪使人遮蔽自身、看不清自己,所以亚里士多德说,坏的情绪会毁灭始因(1140b18)。海德格尔认为一个人可以关注于琐碎的事情而迷恋于自身,却不能真正看到自身,因而总需要实践智慧的拯救。所以此在在其真正存在中被揭示出来并非是自明的,这种真理(去蔽)必须被逼取出来。因此亚里士多德认为节制是挽救明智的东西,节制保存实践智慧以反对被遮蔽的可能性。(1140b11-12)由于快乐和痛苦是人的基本规定,人将不断地面临遮蔽自身的危险,因此需要不断地与此在的遮蔽倾向作斗争,所以实践智慧突出地表现了真理的基本意义,即被遮蔽的某物的揭示。由于快乐和痛苦所威胁的真理模式只相关于实践,所以实践智慧是只存在于实践中的真理的品质。实践智慧要采取实践态度,它的主题是人的善,而不是抽象的、理念的善,这种"善"是它考虑衡量行为的"何所愿"(Worumwillen)。实践智慧虽是一种真理,但不是独立的真理,而是为实践服务、指导行为的真理,是使行为自身透明的真理。实践智慧对于行为的正确实行而言是共构的(mit-konstitu-tive)。

实践智慧是作为一种理智德性提出来的。海德格尔认为,德性的存在论特征是完善,德性就构成了某物的完善性。那么实践智慧是否可以作为技艺的德性? 亚里士多德认为技艺有德性,而实践智慧没有德性。这表明技艺有完善而实践智慧没有完善。之所以如此是因为在技艺中熟巧的考虑有不同的发展层次,也就是说技艺有完善的可能。亚里士多德说过"在技艺上出于意愿的错误比违反意愿的错误好,在实践智慧上则如在德性上一样,出于意愿的错误更坏"(1140b22)。在海德格尔看来,试验和错误对于

---

① GA19,S.143.

技艺是正常的,正是通过错误,确定性才会形成,因此可错性是技艺的优势,在此基础上技艺才不断完善。而对于实践智慧而言,它考虑的主题是人的正确存在,任何错误都是个人的自误(sich-verfehlen)。这种自误不是为了实践智慧的完善,而恰是它的毁灭。实践智慧本身排除了错误的可能性而只有恰到好处(treffens)的可能性。实践智慧不是定向于试验和错误,在道德行为中人不能拿自己做试验,所以实践智慧的考虑受"非此即彼"的支配,也就是说实践智慧不像技艺那样可以或多或少、这样或那样,而只有确定的决断的严肃性。实践智慧具有好的目的作为不变的定向,这就是它追求的目标——"适度"。就实践智慧有好的目的而言,它不可能更完善,所以它不具有德性,而是本身就是德性。实践智慧和技艺实行的真理方式不同,实践智慧不可能是技艺的德性。

那么实践智慧会不会是科学的德性,尤其是科学的早期阶段——意见的德性?因为意见和实践智慧一样是关于可变的事物。意见具有知识的特征,而此在对纷杂的日常事务总会有某些看法和意见。有人可能会认为意见的德性是实践智慧,实践智慧的基础在于意见,但亚里士多德否定了这一点(1142b6)。因为实践智慧不是那种自主的、只是为了揭示的真理的品质,而是实践的真理的品质,意见则只是为了知识,所以实践智慧不能被认为是意见的完善。知识中的真理具有遗忘的特征,所学到的、所经验到的可能被遗忘,被揭示的东西能沉入到遮蔽中。这种遗忘能力是具有沉思(theorein)的真理的特点。实践智慧就不同了,实践智慧总是根据当下的具体处境来指导实践的,而不是根据抽象的知识来应用于具体实践,实践智慧对不同处境的看以及实践的判断是不同的,因此实践智慧总是常新的,遗忘和实践智慧没有关系。所以亚里士多德说:"实践智慧不仅仅是一个合乎逻各斯的品质。这可以由下面这个事实得证:纯粹的合乎逻各斯的品质会被遗忘,实践智慧则不会"(1140b30)。这里海德格尔提出了一个对实践智慧最核心的看法,即亚里士多德对实践智慧的阐述已经涉及了良知现象,"实践智慧就是置于运动中的良知,它使行为透明。良知不能被遗忘。"①不过

---

① GA19,S.56.

虽然良知不能被遗忘,但良知所揭示的东西可以被快乐和痛苦所扭曲并且失去效果。正因为实践智慧不具有遗忘的可能性,它就不是理论知识的真理模式,因而不是科学的德性。

前面我们谈到过,亚里士多德把实践智慧的活动作为一种感知。由此,海德格尔把实践智慧翻译成"寻视"(Umsicht)、洞见(Einsicht)或寻视的洞见(die umsichtige Einsicht),这是一种实践的看。亚里士多德对于实践智慧的说法确实运用了很多视觉隐喻,比如说实践智慧的培养需要经验而不是通过证明,"经验使他们生出了慧眼,使他们能看得正确"(1143b14)。实践智慧和(伦理)德性密不可分,"灵魂的这只眼睛离开了德性就不可能获得实践智慧的品质"(1144a30)。不过,实践智慧的感知不同于感官的感知,也不同于数学的感知。海德格尔认为,这是因为数学感知的对象是不变的和普遍的,而实践智慧是以个别事物为终极对象,它不是向理论的思辨的看,而是寻视的看。这种看的特点属于实践本身,受实践处境的偶然和特殊性的制约。在海德格尔看来实践是发生在时空中的,它不能超越处境的有限性,人不能从外在的视角来看实践。实践的处境性表明了人的生存的世界特性,即人总是在世界中存在。在理论和技艺的认识方式中,都存在着与直接在场的疏离,而对于实践智慧而言则没有这种疏离,因为实践智慧的知识是关于人的知识,揭示了此时此刻作为行为者的自身存在的真理。实践智慧是"对自己的看",在行动中我们自己看自己,自己直接呈现给自己,这种看是一种不同于理论的、没有距离和客观化的看。实践的自我不是现代意义上的主体,不能被表象出来,也就是说不能把自我作为一个不同于自己存在的对象来看。在实践智慧的"看"中,我之所以是开放的、未被规定的,"看"与自身的存在具有内在关联。

实践智慧的看既受处境的制约,但要以整体的善为前提,因而又是敞开的。实践的善不同于独立的、普遍的善的理念,因为实践的善只有通过具体处境的选择来接近。行为以选择开始,选择是欲望和理智的结合,在选择中实践的看展开了在特定时间中当下所予的事物。这种特定处境是终极的、独特的,不能被逻各斯把握,而只能被实践的感知所把握。这种"实践感"可以说是努斯的一种形式。在智慧中努斯以另一种表达方式表达出来,即把握最普遍的东西和第一原则。因此实践智慧和智慧都包含着努斯的作用,即对超越逻各斯的终极事物的把握。努斯有两种可能性,一是在最极端的具体中,二是在最极端的普遍性中,这两个方向是对立的。"实践智慧的努斯瞄准在纯粹而简单的 eschaton 意义上的终极的东西,实践智慧是对此时此刻的东西的闪见(erblicken des diesmaligen),对变化处境的具体当下的闪见。作为感知,它是对当下具体的东西,能够成为它者的东西的瞥视(der Blick des Augen)。相反,在智慧中觉悟是对总是在其同一性中在场的永恒东西的沉思。"①可见实践智慧和智慧由于各自对象不同,它们看的方式也不同,实践智慧的看出现在瞬间的一瞥中,因为它的对象是可变的具体的终极事物;智慧的觉悟就不是瞬间的看,而是持续的看,因为它的对象是不变的永恒事物。

3. 实践智慧和智慧的比较

海德格尔很关注对实践智慧和智慧进行比较。这种比较不仅出现在《尼各马可伦理学》第六卷中,更多地出现在第十卷对幸福的论述中。这种比较围绕的核心问题是:智慧和实践智慧哪一个具有优先性。亚里士多德认为,所有实践都指向最高善,即幸福。幸福作为最高目的不是因其他事物才值得欲求,而是自身就值得欲求,因此是自足的、完满的。幸福作为最高善是合乎德性的实现活动,而且是"合于最好的德性",这种最好的德性就是我们身上最高等的部分,即努斯(1177a21)。所以幸福是努斯的实现活动,而这种活动并不在于实践而是在沉思。在亚里士多德看来沉思活动比实践活动优越。沉思最为连续,而实践则随处境不断变化;沉思包含的快乐纯净而持久,实践中则没有那种快乐反而常有痛苦;沉思是自足的,而实践总要涉及和他人的关系,受条件的制约并遵循一定的规范;沉思因自身之故被人喜爱,而在实践行为中人总是寻求某种东西;幸福包含闲暇,而在实践中则没有闲暇。在他看来努斯是人身上的神性的东西,沉思的生活是一种神性的生活(1177b30),也是最好、最愉悦、最幸福的生活。人在实践上合德性的生活只是第二好的,这些德性的实现活动只是人的实现活动(1178a9)。但人毕竟不

---

① GA19,SS.163-164.

是神,人总是有各种需要,并且作为政治动物也需要和人交往。沉思只有在神那里才能完全的实现,因为神的活动只有沉思(1178b20),因而神的生活全是福祉。人的沉思只是近似于神的沉思,由于人的本性对于沉思不是自足的,人的幸福还需要外在的东西,比如健康、食物、一定的财富。

海德格尔从亚里士多德那里看到,虽然实践智慧关联到此在本身的真实存在(Wahrsein),但智慧才是人类生存的最高可能性。这是因为只有本身已经是善的人才有实践智慧,而且实践智慧是从属于实践的,它的揭示只有在实践中才可能,如果脱离实践,它就什么都不是。这表明实践智慧不是独立的,而是有条件的,因此它的优先性动摇了。相反,智慧是独立的,它的主题是永恒事物,与生成无关。但问题是恰恰由于智慧涉及的是永恒的东西,而不是人事,故而它并不是为人的此在操劳,不能对人的生存有所裨益。那么它如何能成为此在的最高的可能性呢?海德格尔认为对于智慧和实践智慧谁更高级的问题,只有将它们作为存在模式来讨论。如果我们只是根据德性能提供什么以及有什么用来讨论德性,那我们就没有达到恰当的提问。德性是类似于完善的东西,它将某种存在者带向自身存在的本真性中,所以亚里士多德是将整个讨论置于纯粹存在论的层面。实践智慧和智慧都完成了某种东西,这种完成决定了何者具有优先性,而判断标准就在于何者主宰和引导所有其他东西。答案是智慧即纯粹的看具有存在论优先性。因为哲学家的纯粹考察产生了一种成就,它不在于产生某种效果,而只在于生活在此观看中,也就是说智慧的揭示本身就是成就,这种成就是直接的,就在于它在此。亚里士多德将哲学的理论考察比之于健康,而将实践智慧比之于治疗(1145a6-10)。治疗是为了让病人恢复健康,它本身不是目的,而以健康为目的,健康的人不需要治疗,因为健康本身就是一种存在模式,它使人保持在身体存在的本真性中。与之类似,实践智慧虽然引导人的行为,但它依然依赖于不同于自身的东西,即行为本身;相反智慧是一种纯粹的看,它没有进一步的目标,只是由于自身而被实行。"纯粹的看是一种存在方式,人在其中具有他最高的存在方式:他的本真的精神健康。"①在这里我

---

① GA19,S.170.

们可以看到亚里士多德的前见：只有当人总是处于最高的可能性，即逗留于对永恒事物的纯粹沉思时，人的此在才是本真的。

既然亚里士多德将智慧作为人的最高可能性，他就必须在智慧中找到幸福。幸福在存在论意义上是作为目的，它构成了人之此在的本真性。幸福不因其他事物而值得欲求，而是自身值得欲求的实现活动，因此是自足的、完满的。就幸福作为人的存在的完成而言，它不是品质，即不是一种可能性，而是人的本真存在的实现。实现意味着"在场"(Anwesenheit)、"纯粹直接的现成存在"(reines unmittelbares Vorhandensein)。幸福是生命就其最高的存在可能性而言的"完成的在场存在"(fertiganwesendsein)。它在每一时刻都是持续的，都是其所是。只有把存在的意义理解为永恒的存在，才能理解为什么幸福只存在于沉思中以及智慧相对于实践的优先性。

总之只有从存在的意义作为永恒存在这一立场来看，智慧的优先性才能被理解。"对于希腊人而言人类生存的考察纯粹定向于存在自身的意义，即定向于在何种程度上人的此在具有永恒存在的可能性。"①所以生活于幸福中的存在者就其最高的存在可能性而言是现成在手的(vorhanden)。觉悟作为努斯的活动最满足人的生命存在的实现，即他的纯粹在场的实现。因此努斯最本真地满足幸福，人的生命之存在的本真性就在努斯中。这种本真性是在存在论上被把握的。

4. 评　价

听过海德格尔讲座的伽达默尔在后来回忆道："我当时根本不知道还可以用完全不同的方式去理解海德格尔的意见，亦即在一种对希腊人进行秘密批判的意义上去理解海德格尔的意见。"②如何理解伽达默尔所说的"对希腊人进行秘密批判"？其实，海德格尔对亚里士多德的解读并不表示就赞同亚里士多德。在他看来，古希腊人是从世界存在物方面理解存在，认为真正的存在者是永恒存在者，所以古代形而上学把存在意义理解为永恒

① GA19,S.178.
② 《伽达默尔全集》(第 2 卷)，第 485 页。

存在的在场。海德格尔是批判这种形而上学的,比如他在解读中就流露出对永恒存在者的质疑:"对于亚里士多德和希腊人以及传统而言,本真的存在者是永恒存在的东西,持续地已经在此的东西。希腊人将这弄清楚了,而现代的人们只是相信它。"①在海德格尔看来智慧和实践智慧作为揭示存在者的不同方式都是此在的存在方式,而智慧作为最高的真理模式和人的最高可能性,是由它关联对象——永恒存在者决定的。亚里士多德把沉思置于实践之上是由于受到在场形而上学的前提的制约。海德格尔认为人不是最高善的存在者,而只是向往最高善,所以人不是永恒的,"人的存在产生并消失;它有其规定的时间,它的生命时间。"②这里我们看到海德格尔其实反对希腊对人的永恒存在的可能性的看法。在他的基本思想中人是一种有死的、因而有限的存在者,人不可能永远沉思永恒的存在者,并在这种沉思中成为永恒,智慧作为对永恒存在者的认识方式不可能是人的本真存在方式。

　　另一方面海德格尔希望从实践智慧概念所启发的此在的存在模式中来寻找存在的意义。海德格尔把实践智慧阐释为"良知",在《存在与时间》中他又用"良知"作为本真存在的见证,这表明"实践"才可能是人的本真的存在方式。Taminiaux 就指出海德格尔占有了亚里士多德对制作和实践的区分,并将其转化为基础存在论即生存论分析的框架,这特别体现在《存在与时间》中本真性和非本真性的区分中。此在作为一种理解存在意义的存在者首先和通常是以非本真的方式的方式理解自己的存在,这是在日常状态中进行的,制作就属于日常的活动。在日常状态中人沉沦于世界中,并以操劳的形式和世内存在者打交道。由此存在的意义被理解为现存在场。而在本真的存在中此在从操劳的存在者回复到自身,并以最本己的能在方式理解自身。亚里士多德的实践是以自身为目的活动,就展示了此在的本真存在。这表明本真性来源于希腊的实践概念。③ 我们知道在《存在与时间》中

①　GA19,S.137.

②　GA19,S.137.

③　参见 Jacques Taminiaux,*Heidegger and the Project of Fundamental Ontology*(Translated and Edited by Michael Gendre),State University of New York Press,1991,pp.111-145。

海德格尔从此在的本真存在来理解存在的意义。这样自然就可以得出结论,存在的意义不能从理论方面理解为绝对在场,而应该从人的实践的能动性方面去理解。有些学者就认为在海德格尔的存在论语境中沉思不再被认为是最高的态度,相反实践的态度才是最高级的,它被认为是基本的存在模式,其他的规定都包含在其中。这种意义的实践就不是与其他存在方式并列的实践,而是"源始的实践",它组建了此在的存在,相当于"去存在"。与此在相关,沉思的规定对应着上手状态,而制作的规定对应着在手状态。上手状态和在手状态是此在的不同存在方式,分别意味此在(源始的实践)以观察的态度和制作的态度对待存在者。①

虽然伽达默尔意识到海德格尔对亚里士多德伦理学解读的兴趣在于存在问题而不是实践问题,但 20 世纪 30 年代以来他总是把海德格尔和亚里士多德一起放在实践哲学的背景中,并强调海德格尔对《尼各马可伦理学》解读的贡献。伽达默尔在 1968 退休后相继在美国的几所大学里任教,他的著作的英文译本在这期间相继出版,这使他在英美世界的影响迅速扩大。这一时期他的实践哲学思想也得到进一步发展。从他的著作中转述的海德格尔式的亚里士多德广为人知,所以人们往往是用伽达默尔的眼光来看海德格尔。但随着研究的深入,伽达默尔和海德格尔之间的区别越来越明显了。总体上而言,海德格尔关注的是存在问题,并根据存在问题来理解人的生存,而伽达默尔则对抽象的存在意义问题并没有多大兴趣,而是关注于人的生存,并且从人文主义传统切入生存理解。这使他与施莱尔马赫、狄尔泰的解释学传统和生命哲学相近。② 海德格尔对伽达默尔的启发主要在于对实践的现象学阐释,以及对各种行为的生存论的解读,这给他提供了把握人在世的各种生存方式的洞见,为他发展实践哲学提供了基础。下面我们就来看看伽达默尔在海德格尔影响下如何接受"实践智慧"概念的。

---

① 参见 Franco Volpi, Dasein as praxis: the Heideggerian assimilation and the radicalization of the practical philosophy of Aristotle, in *Martin Heidegger: Critical Assessments*, Vol Ⅱ, (edited by Christopher Macann), Routledge: London and New York, 1992, pp.90-130。

② 参见 Ted Sadler, *Heidegger and Aristotle*, Athlone: London&Atlantic Highlands, NJ, pp. 141-150。

第四节　伽达默尔对实践智慧概念的接受

伽达默尔从 1923 年就已经开始跟随海德格尔学习,参与了海德格尔关于亚里士多德的大部分讲座。海德格尔对亚里士多德的实践哲学,特别是对实践智慧的阐释对他产生了深刻的影响。那么伽达默尔从海德格尔的实践智慧阐释中到底接受了什么呢?

1. 对实践知识的分析

正如我们谈到过,早年的伽达默尔主要研究柏拉图,对于亚里士多德的专门论著不多。他对亚里士多德伦理学的论述集中体现在 1930 年所写的《实践知识》一文。[①] 从这篇文章中我们可以看到青年伽达默尔的第一次(也是唯一的一次)系统地对《尼各马可伦理学》第六卷中有关实践智慧的文本进行了较为详细的、"海德格尔式"的解读。这篇文章对实践智慧的阐释所包含的观点一直延续了下来,可以说集中地反映了他早年在海德格尔影响下是如何接受实践智慧概念的。下面就对此做一些介绍。

伽达默尔从亚里士多德那里看到,对有益事物的实践考虑明显地不同于对永恒持存事物的理论沉思,所以他对实践智慧内涵的分析主要不是根据实践知识与理论知识的关系,而是根据实践知识与技艺知识的关系。[②]技艺知识不同于理论证明的知识,而是属于实践的考虑,但它与实践知识考虑的对象不同,技艺知识考虑的对象是某种技艺的作品,而实践知识考虑的是"实践的生存本身"(praktischer Existenz selbst)。技艺知识的何所愿(Worumwillen)是一个作品,实践知识的何所愿是"好的实践"。在伽达默

---

① 现收入《伽达默尔全集》(第 5 卷),第 230—249 页。

② 知识(Wissen)一词具有较广泛的含义,即可以表示系统的理论知识,也可以表示经验性的知识,或者对于具体情况的觉知、觉察。总之 Wissen 表达了人的理智的活动,可直接翻译成"知",特别是对于实践而言,实践的知识不同于理论知识或技艺知识,而是和具体处境以及人的选择、决断不可分离的非抽象化的知识。伽达默尔的实践哲学就是要把不同的"知"的形式区别开来,阐明实践的知(识)的特点,而实践的知(识)产生于实践智慧的活动。

尔看来,对象的区分不是区分实践知识和技艺知识的唯一标准,否则的话,我们可能把实践智慧也当成一种技艺,即不是一种产生其他东西的技艺,而是产生自身的技艺,一种生存的技艺。伽达默尔明确地否定这一点。技艺知识是用以达到对事物的拥有和控制、从而支配事物的制造手段,它使制造获得了可靠的成就,它的本质在于"通过对正确手段的先行知识尽可能地为制造服务的探究方式"①。人可以从他人那里学习并且传授如何制造某物的技艺知识,但是人不能从他人那里学习应如何去生存,人的生存要由自己的实践智慧去指导。"phronesis 是这种理性的反思能力,它有益于某人本身,即有益于本己的生存(eigenen Existieren)。"②实践智慧作为一种实践的理性反思能力,不像技艺那样先行规定具体的事情,因为并没有关于本己的"善的生存"的先行支配性知识。人总是在具体情况中寻求有益于人的生存的东西,我们也总是称某人在确定事情上具有实践智慧。实践领域就是要不断地根据具体情况重新考虑的领域,在这里没有专家。实践智慧指导人在具体情况中寻求自己善的生存,因此实践智慧是善的自为知识(Für-sich-Wissen des Guten)。实践智慧是为了人自身的存在而意识到善事物。技艺虽也意识到善的东西即正确的手段,但这只是对一个作品而言,这个作品首先表现为被使用的他物。

技艺的知识是所有人都能认识和学习的,在这种知识中包含了控制的理想。人由于这种卓越的技艺而能确定地支配制造过程,并不必然需要怀疑和思考。实践智慧给出的则不是对本己生存的卓越控制,因为人不可能预先知道了最好的东西,而是要根据具体情况来质询自身,寻求最好的东西,所以伽达默尔又把实践智慧称为"对自身的操心的觉醒状态"(Wach-samkeit der Sorgen um sich selbst)。它是使人能够本真地存在的东西,因此它是德性。德性被翻译成"最好状态"(Bestheit)。作为德性的实践智慧不像技艺那样在它的知识和实践应用之间存在着分裂,相反,它的知识与其运用不可分,"它的知识不是一种普遍的先有的知识(Vor-wissen)(这种先有

---

① 《伽达默尔全集》(第 5 卷),第 241 页。
② 《伽达默尔全集》(第 5 卷),第 241 页。

的知识在决定的当下可能无效），而是在所有实践的生存中关于可能的和有益的东西的向来开放的看"。① 实践知识在当下总是新的，这并不意味着它是无历史的。毕竟实践智慧作为一种理智德性是在伦理生活中培养出来的，"不仅实践智慧的视域作为意愿的正确性和定向是总是通过伦理被历史地给予，而且在此视域中向来新的善知识本身尤其是历史性的"。② 实践智慧作为从有益的方面正确地判断个别事物并找到正确路径的能力，总是出于生命经验，即源自一种前知识（Vorwissen）。在我们的具体考虑中这种前知识总是被带进来。不过伽达默尔强调实践智慧的本质还是在于当下的看中（Blick für den Augenblick），前知识是次要的。前知识只是一种实践经验，只有在当下的具体考虑中才能够发挥作用。

实践知识作为对本己最好状态的考虑，不像技艺那样有一种知识的距离，从而能够选择可以应用还是不可以应用。人能选择和放弃某种职业及其技艺，但人不能选择作为一个人存在，他总是已经存在。所以实践知识与人的存在不可分离。它也不像理论知识那样纯粹地具有一种观点（Eine-Ansich-haben），而是在实践中向来当前的看（je gegenwärtige Sicht）。这种自为的知识涉及一种持久的态度（Haltung）。人能够遗忘他具有的某种观点，遗忘他从事物中得出的知识，但人不会遗忘对本己存在进行考虑的操心态度。这种态度持久地存在于这种操心中，人由此保持本真的存在。

由于实践智慧保持着对自身以及本己最好状态的感觉，它又被称为实践感（praktischen Sinn）。实践感的实行方式明显与科学不同，它关乎的是个别的东西，即可行的东西。可行的东西不是在关乎普遍东西的逻各斯中，而是通过直接的感知被给出来。但这种感知不是感性的感知，而是具有理智的成分，即它包含着努斯的作用。实践感的实行过程是协商（Raten），这种协商会遇到一种飞跃，这时没有逻各斯和计算的引导，这就从实践的考虑达到了对于可行的东西的决定。无疑，实践感不同于可证明的知识，可行的东西不是被证明，而是协商得出的。实践智慧的正确实行就是计算地找到

① 《伽达默尔全集》（第5卷），第242页。
② 《伽达默尔全集》（第5卷），第242页。

可行的东西,这标示了实践智能的实行结构,"它是在本己事情中的自我协商(Sich-beraten)"①。

从伽达默尔对实践智慧的分析中我们可以看到,他基本上沿着海德格尔的生存论方向来解读实践智慧。不过他没有像海德格尔那样从实践智慧所体现的人的存在方式及其时间性出发来寻求存在本身的意义,也没有试图对在场形而上学进行批判。伽达默尔关心的是人的存在问题,而不是存在本身的意义或真理问题。为了说明人的生存问题,他力图用现象学描述的方式来区别实践智慧和技艺。实践智慧具有的实践知识之所以不同于技艺知识,就在于它与人的存在密切相关。这种知识不像技艺知识那样是可教可学的先有的知识,而是与具体情况不可分离,也就是说与此在的此时此刻的存在不可分。因此它表示此在自身的觉醒状态,这是一种生存论意义上的知,此在由此本真地存在。虽然实践知识具有当下性,但实践智慧作为一种品质具有由历史和伦理所规定的视域,实践知识就植根于这种视域中。所以实践智慧源于生命经验,离不开非理论的前知识,即在实际的生存经验中具有的知识。实践智慧的活动就是对当下可行事物的觉知,并由此决定人的行动,在这种觉知中普遍的目的善和具体情况得到了统一。这种对实践智慧的阐释启发了伽达默尔维护实践知识模式的独立性,反对现代科学技术的知识模式的统治地位。他特别强调实践智慧不能作为人的生存的技艺,这种观点一直延续他后期的实践哲学,在那里他批判科学技术对实践领域的侵入产生了对人的技术控制,从而导致人的自由的丧失和实践概念的衰亡。他提倡要用实践智慧所体现的实践理性和实践知识来引导技术理性、技术知识,为善的目的服务。伽达默尔在后来的一篇文章里谈道:"今天已很清楚,在亚里士多德对柏拉图善的理念的批判以及亚里士多德关于实践知识的概念中,海德格尔发现了什么,又是什么东西这样强烈地吸引了他。它们描绘了一种知识的模式,这种知识的模式再也不能以任何方式建立在科学意义上的最终对象化了的可能性基础之上了。换言之,它们描述

---

① 《伽达默尔全集》(第 5 卷),第 245 页。

了具体的存在环境中的知识"。① 可以说在海德格尔的影响下,实践智慧所展示的不同于科学和技术的知识模式一开始就成为伽达默尔关注的焦点,这为他后来对科学主义和技术文明的批判提供了理论基础。

2. 道德知识与应用问题

伽达默尔早期对实践智慧和技艺的比较已经涉及它们所具有的不同应用模式。应用问题不仅具有实践意义,也具有解释学意义,这在他中期的《真理与方法》中得到了更加详细的讨论。伽达默尔在《真理与方法》中把应用问题作为解释学的基本问题,并且力图说明理解、解释、应用的三统一。亚里士多德对实践智慧的探讨虽然没有直接涉及解释学问题,但它展示了一种将普遍的道德观念应用于个别具体情况的模式,这和解释学的应用模式有类似之处。当然这是伽达默尔通过对亚里士多德的实践智慧概念的详尽分析得出的结论。

伽达默尔认为,实践智慧的知识是道德知识,而道德知识和人的道德存在是不可分离,也就是说道德知识不是纯理性的抽象知识,而是应当建立在伦理(ethos)和习行(Übung)之上。亚里士多德批判柏拉图的抽象的善的理念,而用人的善的问题取而代之。这种批判表明将德性和知识等同起来是片面的和夸大的。另外,道德知识也不是关于道德存在的理论知识,因为人总是在个别情况中遇到善,所以道德知识就有一种任务,即考察在具体情况中对他所要求的东西,或者说按照一般要求的东西去考察具体情况。在实践活动中人是作为行动者认识自己,他的知识不是为了发现什么东西,而是要指导他的行动,所以在实践领域中,不能应用于具体情况的知识是无意义的。"正如亚里士多德所描述的,道德的知识显然不是任何客观知识,求知者并不只是立于他所确定的事态的对面,而是直接被他所认识的东西所影响。它就是某种他必须去做的东西。"②总之,道德知识一方面与道德存在

① 伽达默尔:《哲学解释学》,夏镇平、宋健平译,上海译文出版社 1984 年版,第 198—199 页。
② 《伽达默尔全集》(第 1 卷),第 319 页。

不可分离,另一方面又要回应具体情况的要求指导人去行动,这使得它很容易与理论知识区分开来。所以伽达默尔认为,实践智慧的道德知识和科学的理论知识的区分是一种简单的区分。古代的科学知识的范例是数学,它依赖于证明并且每个人都可以学习的,道德知识显然不同于这种知识。

在知识类型上,道德知识倒是与技艺知识相近,它们都是践履性的(vorgängiges)知识,并都具有指导行动的应用要求。而且应用对于它们都不是外在的,而是内在的,也就是说它们本身就是被应用的知识。这就和科学知识不同。科学知识也可以应用,但这种应用是外在的,它已经预设了科学本身先于所有应用的独立存在。当然道德知识和技艺知识也有很大的不同。"它们之间的区别无论如何是明显的。很清楚,人不能像手艺人支配他用来工作的材料那样支配自己。人显然不能像他能生产某种其他东西那样生产自身。人在其道德存在里关于自身所具有的知识一定是另一种知识,这种知识将不同于那种人用来指导生产某种东西的知识。"①这表明,道德知识不像技艺知识那样是一种支配性、生产性的知识,而是像亚里士多德所表明的那样是一种自我知识,即自为的知识,它明显地区别于理论知识,也区别于技艺知识。

虽然道德知识和技艺知识都具有应用的要求,但它们的应用模式是不同的。技艺知识是可以学习和遗忘的,但道德知识却不能。因为道德知识不是现存的东西,我们不能站在道德知识的面前决定是否去吸收它,就像决定是否选择一种技艺那样。我们不是先占有了道德知识,然后应用于具体情况。相反,"我们其实总是已经处于那种应当行动的人的情况中……并且因此也总是必须已经具有和能够应用道德知识。"②亚里士多德用德性范畴来表达道德知识,如正义、勇敢、节制等。在伽达默尔看来,这些道德知识不是预先可学然后加以应用的固定标准,而只不过是一些图式而已。它们总是要在行动者的具体处境中被具体化,也就是说它们在具体处境中的应用就构成了它们的现实性。技艺知识就不同了,我们总是先学习技艺知识,

① 《伽达默尔全集》(第1卷),第321页。
② 《伽达默尔全集》(第1卷),第322页。

根据要制作的东西的观念来应用知识，从而将其生产出来。

道德知识与技艺知识的另一不同是，道德知识关系到人在整体上过一种善的生活，而不是像技艺那样服务于个别目的。为了实现善的生活，道德知识要求自我协商（Mitsichzurategehen），即行为者与自身的对话、商讨。这表明道德知识不是预先可学的知识，不是预先规定善的生活的东西。技艺就不需要自我协商，只要学习到了技艺知识，就能根据设定目的找到正确的手段。所以在制作活动中，目的和手段都可以被预先规定。而在道德实践中正确的目的和手段都不能预先获得，它们都不是某种知识的单纯对象。所以在亚里士多德那里实践智慧既与目的有关，也和手段有关。它不仅是正确地选择手段的能力，而且在选择手段的时候指向道德目的。但对手段的考虑不是单纯服务于达到道德目的，手段的正确性也不只是在工具意义上的，相反手段的考虑本身就是道德考虑，并且使目的的正确性具体化。也就是说不仅目的是道德的，手段也要是道德的，而不能为了道德目的不择手段。可见，道德知识掌握手段和目的的方式和技艺不同，它在应用中将目的和手段统一起来。

道德知识还具有其他某些不同于技艺知识的特点。这体现在亚里士多德所论述的与实践智慧相关的道德考虑方式中，如理解、体谅。伽达默尔将它们称为实践智慧的种种变形。它们关系到对他人的道德判断，但也体现了我对自身的态度和关系。比如理解就要设身处地为别人着想。要对别人有正确的理解就要有个前提，即自己也想做正当的行动，因此与别人具有了某种共同关系，而且理解考虑的不是普遍性的知识，而是当下的具体情况。"具有理解的人并不是无动于衷地站在对面去认识和判断，而是从一种特殊的使他与其他人联系在一起的隶属关系中一起思考，好像他与那人休戚相关。"①这种理解显然就不同于技艺知识或对技艺知识的应用。对于体谅和原谅，伽达默尔分别翻译成 Einsicht（洞见）和 Nachsicht（宽容）。有体谅的人就是能以正当方式作出正确判断的人，他们愿意公正对待他人的特殊情况，因而更倾向于原谅别人。这里涉及的也不是技艺知识。另外亚里士

---

① 《伽达默尔全集》（第 1 卷），第 328 页。

多德还谈到聪明人,这样的人能够能力适应各种情况,能够很快应用自己的技能完成预先确定的目的所要求的事情,但他不管目的是高尚还是卑贱。这种人是没有德性的,也没有实践智慧。

这些对比表明了实践智慧具有和技艺不同的应用模式,而通过实践智慧的应用模式可以阐明解释学的应用问题,即"应用不是理解现象的一个随后的和偶然的成分,而是从一开始就整个地规定了理解活动。所以应用在这里不是某个预先给出的普遍东西对某个特殊情况的关系"。① 对于实践而言,人的道德行为总是始于通过教化形成的一般正当的观念,道德决定就是在具体情况中去观察和把握正当的东西,这种决定必须考虑到特殊处境的要求。同样,解释者要把流传的文本应用于自身的解释学处境才能使其获得真正的存在,理解只有在解释者的解释学视域中才能发生,因而受到解释者的前见的规定。道德知识和理解知识都不是预先可教可学的,两者都包含应用的要求,在应用中不仅一般规定着特殊,特殊也规定着一般,就此而言,"应用不是还原性的(reductive),而是创造性的,因为它不是单向度的"。②

3. 作为实践理性的实践智慧

伽达默尔早期和中期对实践智慧的阐发,奠定了他后期实践哲学的基础。在他后期发表的有关实践哲学的文章中,除了用实践知识、道德知识表示实践智慧以外,更多地使用实践理性(praktische Vernunft)、实践合理性(praktische Vernünftigkeit)或实践理性的德性(Tugend der praktischen Vernunft)、实践合理性的德性(Tugend der praktischen Vernünftigkeit)来刻画实践智慧概念。③ 他的实践哲学在很大程度上是通过对亚里士多德的实践智慧的阐发,批判现代生活中各种非理性的倾向,特别是批判科学技术理性的

---

① 《伽达默尔全集》(第1卷),第329页。
② Joel C.Weinsheimer, *Gadamer's Hermeneutics*, New Haven:Yale University Press,1985,p. 192.
③ 实践知识或道德知识严格来说只是实践智慧所具有的知识,不能完全等同于实践智慧。伽达默尔有时在并不严格的意义上就用实践知识或道德知识表示实践智慧概念。

统治,弘扬实践的理性精神。

在伽达默尔看来,亚里士多德针对理论哲学的理想而提出实践哲学,把实践提升到独立的知识领域,这充分考虑到了实践领域的独特性。在不严格的意义上也可以说动物有实践,但它与人类的实践有着根本区别:人可以自由选择而动物局限于它的本能结构之内。正是由于人具有自由的实践活动,人才超出了自然的秩序,建立了文化的世界。随着人的实践的发展,人们对于自身的活动具有了规范意识,具有了正确和错误的价值判定,人的实践因而具有理性的特征。这种理性不是超验的理性,而是人性化的理性,它是人的自由的积极体现。"实践的真正基础构成人的中心地位和本质特征,亦即人并非受本能驱使,而是有理性地过自己的生活。从人的本质中得出的基本德性就是引导他'实践'的合理性。对此希腊语的表述是'Phronesis'。"①实践的合理性源于人的自由的本质,是人区别于非理性的动物的重要标志,但在现代社会中实践合理性受到科学和技术理性的威胁,这表现为科学方法论和科学的确定性理想统治了人们的生活世界,实践仅仅被当成科学的应用,"于是技术概念取代了实践概念,换句话说:专家的判断能力就取代了政治的理性"。② 在实践领域中——无论是经济决策、社会管理、商品生产、信息传播、文化活动——人们已经广泛运用科学合理性。人们用一种合理化的思想对社会组织和人际关系进行管理和规划,对于生活的根本价值和意义的思考被操纵和控制的合理化思考所取代。

对于这样一个过程,伽达默尔进行了历史的考察。现代科学概念不同于希腊的科学概念(episteme),而是更接近希腊的技艺(techne)。古代科学的典范是数学而不是自然科学,因为数学对象是纯理性的存在,可以在封闭的演绎系统中得以展现。现代科学是通过与希腊和中世纪的科学的决裂发展起来的,它始于17世纪伽利略的科学革命。数学不再因其对象而成为典范,而是变成了最完美的认识方法。在现代科学中占统治地位不是对象而是方法概念,它规定了一种认识理想,即可验证性(Nachprüfbarkeit)构成了

---

① 《伽达默尔全集》(第2卷),第324页。
② 《伽达默尔全集》(第2卷),第454页。

真理的特征,而衡量知识的尺度就是它的确定性(Gewissheit)。笛卡尔的确定性规则成为了现代科学的基本原则,满足确定性理想的东西才是真理的条件。这样一来"科学不再是知识的精髓和值得人们认识的东西,而是成了一种方式:一种进入和渗透到未开发和未被掌握的领域的方式"。① 现代科学对于我们的现代生活产生了决定性的作用,从现代科学中产生了现代可规划的技术世界。我们可以看到古代的科学和技术(技艺)还是分开的,而现代的科学和技术已经密不可分,科学的方法及其可证实的理想使得现代科学变成了以技术为导向的科学;而科学以经验为基础、以确定性为原则,使得定向于制造的技术知识成为可能。所以现代科学在本质上旨在操纵和控制事物的进程,它预示了技术时代的来临。"技术化给我们带来的文明和困境的问题并不在于知识和实践的应用之间缺乏正确的仲裁。其实正是科学的认识方式本身才使它不可能有这种仲裁。它本身就是技术。"②

在伽达默尔看来,古代的技艺并不意味着理论知识的实践应用,而是一种特殊的实践知识形式,它与制作领域有关,是产生事物的知识。古代的技艺被理解为自然的模仿,这意味着人的技艺能力完成了自然向我们开放的可能性领域。技艺被合并到自然的过程中,它的成就处在自然的整体过程之中。而在现代,自然成为了科学的对象,现代科学以数学的量化关系和因果关系来看待自然,以产生效果的能力理解自身。它不再占有自然的开放空间并将自身合并到自然的整个过程中,相反,它把自然转化为人的世界,通过合理的、可控制的筹划构造消除了自然维度。现代科学使我们计算并控制自然过程,以至于最终用人工的东西取代自然的东西。现代科学及其技术应用已经导致对自然世界的无止境的控制。伽达默尔发现我们已经达到了一种"边界处境",在这里科学知识将最终毁灭性地反对自然本身,而现代的技术完全成为人为的东西,成为一种与自然相对抗的知识形式。

---

① 伽达默尔:《科学时代的理性》,薛华等译,国际文化出版公司1988年版,第61页。
② 《伽达默尔全集》(第2卷),第48页。

现代科学中的"构造"理想意味着人不仅可以按照某种观念人为地创造自然，也可以人为地改造我们的社会生活，这种构造理想带来了现代文明模式。现代的技术就是一种构造筹划和应用的知识，它使得与实践的新关系成为可能。我们这个时代的标志就是科学技术不仅统治了自然，也控制了人类的社会生活。由于科学技术所带来的改造自然能力的提高以及由此造成的物质文明的蓬勃发展，人们过分抬高科学技术的作用，把它作为衡量一切的标准。实践理性由于缺乏可操作性和直接的利益功效而被人们排斥。人们甚至习惯以科学的技术模式取代实践理性的应用。在实践领域中——无论是经济决策、社会管理、商品生产、信息传播、文化活动——人们已经广泛运用科学合理性。人们用一种合理化的思想对社会组织和人际关系进行管理和规划，对于生活的根本价值和意义的思考被操纵和控制的合理化思考所取代。在伽达默尔看来，实践理性让位于技术理性的统治势必导致人类陷于盲目和非理性之中。我们已经看到科技进步导致对人类生存的威胁，比如生态危机、无止境的竞争、生活的机械化和人性危机，这些问题都需要由人的实践理性加以反思和解决。

伽达默尔对于科学技术的看法以及对现代文明的诊断显然来自海德格尔。海德格尔称当代为技术时代，这个时代的文明就是源于西方的科学—技术—工业的文明。他认为现代的技术来源于古代的技艺。古代的技艺属于制作（poiesis），制作是对不在场者向在场的过渡和发生而言的引发，具有产出（Her-vor-bringen）、使……显露的意思。这种意义的制作和自然（physis）是同一过程。自然就是指自然物通过展开进入自己的存在，从自身中涌现出来，这也是一种产出即 poiesis。所以无论是自然生长的东西，还是手工制作的东西都是通过产出达到其显露，而每一种产出都基于去蔽，去蔽的领域也就是真—理（Wahr-heit）的领域。从事制作的技艺在本质上就不能归结为某种工具、手段，而是种去蔽方式，它揭示的是并非自己产生自己、并且尚未眼前出现的东西。现代的技术在本质上依然是一种去蔽，这种去蔽不是把自身展开于 poiesis 意义上的产出，而是榨取自然、利用自然，使自然听命于自己，所以说，"在现代技术中起支配作用的解蔽乃是一种促逼（Herausfordern），此种促逼向自然提出蛮横要求，要求自然提供本身能够被开采和贮藏的能量"。① 现代技术在促逼的意义上摆置（stellen）自然，使自然被开发、改变、贮藏、分配、转换，由此完成的东西被订造（bestellen）而到场，这种被订造的东西的在场方式是持存（Bestand）。自然因此成为被架构起来的东西。海德格尔用架构（Ge-stell，或译为"集置"）来标示技术的本质，这意味着"技术以刻意摆布自然的办法使自然表现（去蔽）并随之堵塞真理的其他演历途径"。② 技术的架构本性在现代物理学中得到了充分的体现。现代的科学不是纯然观照事物，让事物在观照中显露自身，而是依赖于实验器具和实验技术，对事物进行计算、测量，把自然作为一个可先行计算的力之关联来加以呈现，其方法论特点可追溯到古代的数学。"数学性的东西"成为现代自然科学的本质特征，可计算性成为了科学的首要标准。数学的东西是先于经验的，是我们已经预设好的框架，它形成了我们显示事实和进行实验的视野。现代的技术固然是立足于现代的精密自然科学，但从根本上来讲现代自然科学的发展受到技术本质的指引，它受架构的支配作用的促逼，后者要求作为持存物的自然的可订造性。在现代自然科学中自然通过计算来确定的方式显露出来，并且作为一个信息系统始终是可订造的。

海德格尔认为，当现代人利用技术来促逼、订造自然时，人在根本上已经归属于技术。因为技术从本质上说不是工具，而是种去蔽方式，它架构起我们理解一切事物的方式，由此订造着的去蔽才能进行。我们不仅根据技术理解世界，也在技术的框架内理解自己。正如技术把自然世界理解成为了人类的使用而被贮藏、被开启的原料，人也会把自己看成"原料"，理解为能量源泉的"劳动力"。现代人就如荣格尔在《劳动者》中所指出的，其存在模式是拥有技术的劳动者。现代技术通过科学和劳动的结合将自然改造成人可支配的、适合于人的对象，这一过程伴随着对人的内在自然的征服，使得技术上对人进行管理规划成为可能。现代人越来越屈从于通过技术建构起来的劳动组织和政治组织。海德格尔认为，技术有遮蔽人的精神本性以

---

① 海德格尔：《演讲与论文集》，孙周兴译，三联书店 2005 年版，第 12—13 页。
② 陈嘉映：《海德格尔哲学概论》，三联书店 1995 年版，第 363 页。

至于将丧失这种精神本性的危险。现代的技术文明已经导致了精神世界的萎缩。这表现为精神被曲解为计算性的智能，沦为为其他事情服务的工具。文化变成了可以培植和规划的领域，以适用于制作与使用的标准作为价值。"作为目的而设的智能的精神与作为文化的精神最终就变成了人们摆在许多其他东西旁边用来装饰的奢侈品与摆设。"①

　　海德格尔揭示了科学技术的统治造成了现代人的普遍异化状态，正是这种状态导致了现代虚无主义的流行。他从形而上学的高度来理解虚无主义，他认为现代虚无主义的基础是现代主体形而上学。从笛卡尔的自我意识到尼采的权力意志，主体、意志都被作为最高原则，而世界作为可以表象、操纵的对象。尼采代表了形而上学的终结，这种终结不是完结而是意味着完全的实现，即实现于技术世界，强力意志就体现了技术的实质。他还进一步把现代的主体性概念追溯到希腊的存在论。在他看来虚无主义的本质是存在的遗忘。自柏拉图把存在规定为永恒不变的东西，就已经开始掩盖存在问题，而整个形而上学传统都是用最高的存在者来取代存在本身作为万事万物的根据，并从存在者的视角追问存在，存在问题变成了存在者之存在的问题，这造成了存在本身的遗忘。所以形而上学从本质上就是虚无主义，它把存在样式理解为现成在手（Vorhandenheit），因而存在者是可以对象性地被把握、规定、计算的，这掩盖了存在的源始意义。这种虚无主义在现代科学技术的统治中达到极致，这种统治正扩展到全球，同时也标示着哲学的终结，"哲学之终结显示为科学技术世界以及相应于这个世界的社会秩序的可控制的设置的胜利。哲学之终结就意味着植根于西方—欧洲思维的世界文明之开端。"②要克服虚无主义就要回到存在的源始真理，这不是人通过主观意愿或行动来实现的。我们不可能轻易地改变现代的技术框架，因为技术本质上不是工具而是去蔽方式，它不属于人而是属于存在的命运，是命运的一种遣送，人不过是迎合这种命运的呼声。我们只能期待存在的命运带来转折。我们所能做的只是深思技术的本质，将其作为去蔽的命运来

① 海德格尔：《形而上学导论》，熊伟、王庆节译，商务印书馆1996年版，第49页。
② 海德格尔：《面向思的事情》，陈小文、孙周兴译，商务印书馆2005年版，第72页。

经验,并且洞察在技术的本质中蕴含着的救渡的生长。我们需要对技术对象采取"泰然任之"的态度,对存在之"神秘"保持敞开,期备听从存在的召唤,成为存在的守护者。在海德格尔的思想中"存在"取代了已死的"上帝",成为了人获得拯救的希望所在。

海德格尔后期陷入神秘主义和诗化哲学中,这使得他对于实践问题的思考显得高度抽象和虚无缥缈。海德格尔对现代人的普遍异化的揭示,始终是在形而上学层面来进行的,而不是从具体的历史过程,从现实的生产方式和交往方式来分析的。他对历史的解释依赖于"存在的命运",按照这种观点历史过程不是人的活动的结果,而是"存在的命运"决定的。"存在的命运"这种似是而非的概念,可以用来解释一切,实际上却空洞无物,并不能真正促进人们对历史实在的理解。而且后期的海德格尔在此在和存在的关系上突出了此在对于存在的依赖和被动关系,因而在克服技术虚无主义的问题上主张对事物"泰然任之",用"存在之思"取代技术性思维,这就走向了一种"寂静主义"。

伽达默尔继承了海德格尔对于主体性、技术以及西方形而上学传统的总体看法。他也认为现代的技术世界是主体性形而上学的结果,而这可以追溯到希腊思想的存在论偏见。① 不过他不像海德格尔那样用抽象的、虚无缥缈的"存在之思"来解决科学主义导致的现实实践问题。在他看来实践理性才是真正属于实践的思维,唯有它才能有效地控制科技文明的成果,引导科技的进步为人类造福,而不是使人受技术统治。相反,由于后期的海

---

① 伽达默尔指出:"当海德格尔把'现成在手'(Vorhandenheit)这个概念证明为有缺陷的存在样式,并把它认作是古典形而上学及其在近代主体性概念中的连续影响的根据时,他所遵循的是希腊理论和现代科学之间存在论上正确的联系。在他对存在进行时间解释的视域中,古典形而上学整个来说是一种现成在手的存在论(Ontologie des Vorhandenen),而现代科学则不知不觉地是这种存在论的继承人。"[《伽达默尔全集》(第1卷),第459页]不过,亚里士多德的实践哲学有助于克服这种存在论,"的确,海德格尔在他的早期研究中就已怀疑亚里士多德的存在论基础,而整个现代哲学,尤其是主体性概念和意识概念以及历史主义的疑难都以这种存在论基础为根据。[在《存在与时间》中称之为'现成在手的本体论'(Ontologie des Vorhandenen)。]但亚里士多德的哲学在那时对海德格尔在某一点上就不仅仅是对立面,而是他自己哲学意图的真正保证人;亚里士多德对柏拉图'一般理念'的批判,尤其是他证明了善与在行动时所需要的对善的认识具有相似的结构。"[《伽达默尔全集》(第2卷),第422页]

德格尔过分抑制人的能动性,把存在作为本原的力量和主宰,实践理性的地位被排斥掉了。正如沃林所说:"后期海德格尔的本质之思助长了实践理性的衰落……在后期的海德格尔那里,讨伐实践理性是沿着一个双重路线展开的:存在的概念不仅急剧地膨胀了,而且人的理性和意志的力量也相应地贬值了。"①伽达默尔致力于阐发古希腊的"实践智慧"概念,是立足于人的实践生活来维护实践理性的合法性,批判现代技术理性、工具理性的统治。这并不排斥人的能动性,而恰恰是要在实践活动中重建人与自然、人与人的关系,在实践中实现人的自由。

显然实践理性不是技术实践意义上的理性,即马克思·韦伯所说的目的合理性(Zweckrationalität)或者说工具理性——为达到确定的目的而选择合适的手段。亚里士多德的实践智慧超出了这种对理性的理解。当然实践生活并不排除目的合理性,为了某个确定的目的我们必须知道什么是可行的、什么是不可行的,但是"毫无疑问,光知道对既定目的使用正确手段,并不是亚里士多德的 Phronesis 在伟大的道德和政治意义里所刻画的合理性。在人类社会中最重要的是如何设定目的,或者说,如何使社会成员一致同意接受大家赞同的目的并找到正确的手段"。② 伽达默尔注意到亚里士多德也曾说过某些动物拥有 phronesis,比如蜜蜂、蚂蚁等,它们为过冬准备食物,从人的观点来看它们显示了某种"预见"——为了长期的目标而放弃直接的满足。但伽达默尔指出亚里士多德是在与人进行类比的意义上把 phronesis 用于动物,在人类学和道德领域中 phronesis 有着更清楚的规定,他理解的 phronesis 不只是为了完成特定任务在选择手段上的熟巧,而是"设定目的以及对此目的负责的感觉"③。人能设定目的,表明了人能够意识到自己的能力并用这种能力为目的服务,同时也能在某些情况下不运用所学的能力,这表明人对于技能的自由。因此实践智慧概念所刻画的实践合理性不限于工具合理性,更重要的是对共同的善目的的追求,因而体现了

---

① 理查德·沃林:《存在的政治——海德格尔的政治思想》,周宪、王志宏译,商务印书馆 2000 年版,第 185—186 页。
② 《伽达默尔全集》(第 2 卷),第 326 页。
③ 《伽达默尔全集》(第 4 卷),第 278 页。

一种价值理性。另外,伽达默尔指出亚里士多德的实践概念与制作不是对立的,他虽然区分了实践智慧和技艺,"这种区分并不意味着一种分离,而是意味着一种次序,即技艺及其能力整合并归属于实践智慧及其实践之下。"①伽达默尔也不是反对科学技术理性,而是反对它的主宰地位,主张把它纳入实践的合理性之下,为实现人类的良善生活服务。可以说实践合理性包含了工具理性同时又超越它。②

当然实践合理性不仅要确定善的目的,还要根据具体环境的要求作出合理的决定,实现这种善或者说将其具体化。人在具体的决定中受实践理性的指导并不像将科学知识应用于一个对象那样,因为做正确的事并不是应用规则的事情,同时也不局限于特定的领域,而是关系到人本身的善。这样实践理性超出了科学方法论的范围。伽达默尔强调,实践理性不是一种技能、技巧的东西,而是引导人类生活和行动的活生生的力量。实践理性不像技术性思维一样让人放弃自身的责任,顺从先予的规则,而是让人自己作出判断和选择。只有通过实践理性才可能把握实践的善,而实践的善总是具体的善。"人类的善就是在人的实践中遇到的东西,它并非无须具体境遇就可得到规定,在具体境遇中才会有某些因素比其他因素更为凸显。只有这样,而并非与实际情况相反的认同,才是批判的善的经验。它必须在境遇的具体化中才得到表现。这样一种正确生活的理念作为一般理念乃是'空泛的'。"③在伽达默尔看来,亚里士多德的"实践智慧"概念不仅仅指形式的能力,而且包含了这种能力的规定,即它所经历的应用。它代表了希腊人对人的理智(intelligenz)的看法,即人的理智不只是抽象的形式性的,而是具有内容的规定性,因而是"具体的理智",它包含了一般和个别的辩证关系。亚里士多德通过把"实践智慧"与"能力"(deinotes)对立起来表达了这一观点。

---

① H-G.Gadamer, *H-G.Gadamer on Education Poetry and History*, (ed.By D.Misgeld and G. Nicholson), State University of New York Press, 1992, p.217.

② 伽达默尔有时对于合理性用两个词表示:Vernüftigkeit 和 Rationalität,前者指实践的合理性,而后者指科学技术的合理性。

③ 《伽达默尔全集》(第2卷),第275页。

在亚里士多德那里,实践智慧不是一种孤立的认识能力,而是与人的伦理实在紧密联系在一起,它是在生活实践和习俗传统中形成的,因此伦理(ethos)就成为了实践哲学的出发点。"实践理性的德性并不是一种能够发现达到正确目的或目标的实践手段的中性能力,而是和亚里士多德称为Ethos 的东西不可分割地联系在一起。Ethos 对于亚里士多德来说,就是Arche(原则、始因),就是 dass(此),是一种从它出发就可以作出一切实践—哲学的解释的东西。"①伽达默尔认为实践哲学就是展现 logos(逻各斯)和 ethos(伦理)的结合。实践智慧的活动是合乎逻各斯的,而它的基础在伦理中,这体现为实践智慧和伦理德性密不可分。只有处在一定的伦理关系中,即处在一定的社会关系中,占有一个社会位置的人才能洞察那些漂浮不定的、无根据的、与实情不合的议论,成为一个理智成熟的人。强调与伦理的关系并不意味着要成为一个"保守主义"者、现实的辩护士,而是说要体验生活实践的实事(Sache),由此也可以成为批判的人。

伽达默尔并不只是从理性来理解逻各斯,而且像海德格尔从原初的语言含义来理解逻各斯,所以实践理性和语言有密切的关联。人被定义为"有逻各斯的动物",这意味着人是语言的存在者,我们与世界和自身的关系是以语言为中介。我们的世界关联(Weltverhalten)的语言性和我们的精神性密切相关。通过语言中介,我们对于直接的环境、我们自身的欲望产生了距离,这种距离使人面对多种可能性有所考虑、选择,而不是像动物那样受自然的直接性的支配。正是在这基础上才可能有社会生活。社会生活是以语言为媒介的交往,其中已经产生了利害善恶的观念。伽达默尔反对那种先验理性,理性并不是个人的意识中的固定不变的东西,而是植根于人的伦理生活,通过交流商谈形成的。理性本身也是开放的,如果宣称自己的看法才是理性的,而排斥他人的意见,这样会导致专制主义和非理性。这种看法对于科学也有效的。科学主义的思维力图根据技术的应用知识模式重新安排我们的生活世界,使之"理智化",这造成人受技术专家和技术官僚的统治,而放弃了对自身的责任。其实科学并不能反思自身的前提和后果,克

---

① 《伽达默尔全集》(第 2 卷),第 315 页。

服科学主义的偏见也是合乎理性的。伽达默尔和黑格尔一样相信人自在地是有理性的,为了避免现代社会生活的各种非理性力量的威胁,关键是使人们清楚地认识理性和非理性。实践哲学并不是要告诉我们应该做什么,而是通过对现实生活的反思发现理性,使人达到自觉。"理性——无论在哪里被表达出来——都会发展出不可抵抗的力量。"①

　　从伽达默尔对实践智慧的接受中,我们可以看到实践智慧有三个本质性的方面:它追求的是善的目的,它的活动是要把一般的善观念应用到具体处境中,而它的基础在于人的伦理生活。下面就分别详细论述这三个方面的内容,同时引入康德的相关思想作为比较。

---

① H-G.Gadamer, *Praise of Theory*, (trans.By Chris Dawson), Yale University Press, 1998, p.38.

第 三 章

实践智慧的目的——善

第一节 亚里士多德之前的善观念

自古希腊以来,善这个概念在西方语言中应用很广,可以泛指任何好的东西,并不局限于道德意义,就相当同于中文的"好"。比如我们可以在道德的意义上称一个人为好人,一件行为为好事,也可以在实用意义上说一把刀子好用,在审美的意义上说一首曲子好听,或者在完善的意义上说一匹马长得好。与善(好)相对立的恶(坏)也是如此。善恶是最基本的价值概念,一般来说善具有正面的、肯定的意义,恶具有负面的、否定的意义,而价值既包括道德价值,也包括非道德价值,如审美的、实用的、认识的价值。人之人为人的重要标志就在于人有价值意识,有好坏的分别,这既影响人们对事物的态度,也会影响人们的行为选择。对于哲学而言,价值是否具有客观性,或者只是纯然主观的东西,则是一个争论不断的话题。

早期的希腊人认为人类社会是自然世界的一部分,而自然世界是有序的,受到逻各斯即贯穿整个宇宙的理性的支配。由于存在宗教信仰,希腊人一般认为,世界的秩序或逻各斯是神所赋予的。神和逻各斯的观念使人类的价值具有了客观基础。哲学家们也表达了类似的观念。比如毕达哥拉斯派认为人的生活要按照神的意愿安排。如果不是从神那里而是从别的地方寻求美好的事物,那是荒诞可笑的。因为神主宰一切,人们必须从神那里取得善,应该做取悦于神的事情。而神把逻各斯(理性)给予了父母和法律,所以人们必须服从父母和法律。毕达哥拉斯学派赞同维护祖宗之法,认为随意改变法律对城邦有害无益。在他们那里,善恶是对立的,没有联系和转化。赫拉克利特第一次把朴素的辩证法引入伦理思想,他说"善与恶是一回事","对于神,一切都是美的、善的、公正的;人们则认为一些东西公正,另一些东西不公正"。① 虽然赫拉克利特认为善、公正和美在人间都是相对的,但他还是强调在此之上、在神那里有绝对的善和公正。赫拉克利特明确地将逻各斯作为万事万物的法则,它不仅是宇宙的根本法则,也是人的法则。过善的生活就是要按照逻各斯生活,不按逻各斯生活就会引起恶。当然这需要人有智慧,能够认识真理,而大多数人追求肉体的快乐,受错误意见的支配。德谟克利特同样认为智慧的生活是合乎逻各斯的生活。人的感觉不可靠,是相对的,只有通过理性认识到自然必然性并由此安排人的生活,才能使人的思想、言论和行为都符合善,从而获得幸福。恩培多克勒认为万事万物的运动受两种力量的支配,引起分离和冲突的力量是"争",引起结合和团结的力量是"爱"。"爱"与"争"也被描述为善与恶这两种伦理力量或精神原则。灵魂因爱而得善,因争而获罪。现实世界是以"争"为原则,所以充满了罪恶和灾难,而理想的世界以"爱"为原则,所以充满和平快乐。

总体而言,早期希腊哲人虽然发现在现实中人们对于善恶的认识可能是相对的,但他们一般认为这是由于人们没有充分地认识真理,如果人们能够理性地思考,就会发现由神和逻各斯规定的绝对的善恶。这反映了传统的"天人合一"的思维方式。根据这种思维方式,人类秩序是整个自然秩序的一部分,而人类秩序又体现为自然形成的风俗习惯。习俗(nomos)和自然(physis)是同一的,服从习俗就是服从自然法则,这也就是过一种有理性的、正义的生活。但是当传统的生活方式受到挑战时,或者随着交往的扩大,发现了习俗的多样性之后,习俗和自然就被对立起来,习俗具有了人为的含义,人们会认为习俗和自然是不同的。这就形成了自然论和约定论之争。自然论认为人的各种道德法律的规范是自然的产物,它的基础是自然法则。约定论认为自然法则和人的法则不同。自然法则是外在的客观世界

---

① 《古希腊罗马哲学》,北京大学哲学系外国哲学史教研室编译,商务印书馆 1982 年版,第 24、28 页。

的法则,它是永恒的、独立于人存在的,但是人类社会的法则和秩序则是人为约定的。约定伦往往导致相对主义。比如当时流行的《两论》认为对于任何事物的善恶都有两种不同的判断。希罗多德在《历史》中考察了不同地方的习俗,发现人们对善恶的认识有时截然相反,比如对于死去的父母有的地方实行火葬,有的则把死者吃掉,而双方都指责对方是邪恶的。他由此得出"习俗决定一切"的论断。这对于当时人们的道德法律的信念是一种冲击,因为以前人们往往认为自己城邦的道德法律是绝对正确的、正义的。

智者派在哲学上推进了自然论和约定论的争论。有的智者赞成约定论,有的智者赞同自然论。最著名的智者普罗泰戈拉倾向于约定论,这鲜明地体现在他提出的"人是万物的尺度"这一著名命题中。在认识论上普罗泰戈拉是个感觉主义者,他认为人们只能根据自己的感觉对事物作出判断。"人是万物的尺度"表明事物的存在是相对于个人的感觉而言的,个人的感觉怎样,事物就是怎样。在社会生活中这就意味着人要根据自己的感觉来判断行为的好坏、政治是否正义,自己觉得好才是真的好。这势必否认普遍有效的规则或判断,否认存在着有关伦理政治的普遍知识,归根结底所有根据感觉的意见都是同样有效的。可以说善在某些智者那里被彻底相对化了。

苏格拉底面临着智者派的挑战。他反对智者派的相对主义价值观,试图理性地寻求德性的固有本质,这表现为通过辩证法探讨各种德性的定义。他认为每种德性都有一个理念,它们是永恒不变的,对它们的认识是普遍的知识,而在这些理念之上还有最普遍的理念,这就是善本身,最终由它决定了各种德性,而善作为最高的理念又是和真、美相一致的。对苏格拉底而言,善既具有伦理学意义,又具有本体论意义。他和希腊人一样信仰神,在他看来神是按照理性行事,以善为目的来安排万事万物。善成为终极的价值标准,也是一切存在的根本原则和根本目的。对于我们人来说,善是我们一切行为的目的,或者说一切事情都是为了善。但这个善是什么,苏格拉底并没有给出具体规定。它和存在一样只是抽象概念。苏格拉底不过以此为人类的行为树立一个绝对的价值标准。

柏拉图系统发展了苏格拉底的善的目的论。在《理想国》中他把善比喻成太阳,事物从它那里获得自己的真实存在,并且得到他们的可知性

（509a-b）。善的理念作为最高的理念是所有理念的原因,它贯穿于所有理念中,并且成为全部理念追求的终极目的。由于理念是现象的原因,善的理念也因此成为现象世界的根本原因,现象世界的特殊的善只是由于分有了善的理念才是善的。对于人来说,善的理念不仅给予我们认识能力,还给予知识对象以真实的存在,因而是真理与知识的原因。同时善的理念也是我们行为追求的终极目标,它高于其他伦理范畴如正义、勇敢,因为它们都是善的。善的理念使得理念世界和现象世界成为一个具有等级秩序的系统,并且使我们能够认识它们。哲学家的任务就是通过辩证法认识善的理念,从而对全部理念都有融贯完整的认识。善的理念起到了神的作用,它既是本体论和认识论的最高范畴,也是道德的最高范畴。

不过,柏拉图的理念论存在诸多问题,因此在后期著作中他对前期理念论进行了自我批判和修正。对善的看法也是如此。比如,在《斐莱布篇》中他不再把善作为一个单一的理念,善是由美、比例、和真来确保的（65a）。他还把善的领域分为五个等级:(1)有尺度的或适度的领域;(2)有比例的、美的,或者完善的、令人满足的领域;(3)努斯和智慧;(4)知识、技艺、真正的意见;(5)灵魂的纯快乐。前期的柏拉图把智慧和快乐对立起来,认为智慧贯穿所有德性,是自足的,就等同于善。在《斐莱布篇》中他认为善是智慧和快乐的恰当混合,这是由于人的复合本性决定的,不过智慧高于快乐,更接近于善。值得注意的是柏拉图突出了尺度或适度至高无上的思想,正是尺度给事物以精确的规定性,使其各得其所。这显然是受到了毕达哥拉斯学派的影响,同时对于亚里士多德的伦理思想也产生影响。亚里士多德就是把适度作为德性的标准,并认为实践智慧的作用就在于能在具体处境中选择适度。

第二节　亚里士多德的善观念

1. 对善的理念的批判

亚里士多德是通过对柏拉图的理念论的批判发展出自己的学说的。最重要的批判是,在柏拉图的理念论中理念是客观的精神实体,与具体事物的分离,这就造成了理念世界和现象世界的二元论。柏拉图想用分有说把两个世界沟通起来,但并不成功,因为用固定不变的理念不能说明分有的动因,无法说明现象界的发展变化,所以在亚里士多德看来分有说是空洞的。不过这种批判实际上是承续了柏拉图的自我批判。柏拉图后期针对分有说的困难进行了修正,提出了内在理念论,强调理念是内在于事物的普遍本性,不过这仍未克服理念和具体事物的分离。亚里士多德进一步克服分有说的困难。在他那里理念转变为形式,它不是外在于具体事物的东西,而是内在于事物中的普遍本质,同时又是事物本身具有的内在目的,能推动事物运动。亚里士多德由此建立了一套目的论体系。他也继承了柏拉图的善理念说。在他那里事物的目的因是善,而终极的目的因是至善。在《形而上学》第12卷中,他认为存在着永恒不动的实体,它是第一推动者、最高的本原,也被称为努斯或神。它是至善,所有事物都由于它而被安排在一起,并且都趋向于它,从而都有益于整体的善。(1075a11)这种作为宇宙的根本原则、万事万物的终极目的的善是本体论意义的善,它与人的实践有何关系? 在其伦理学著作中,亚里士多德认为这种本体论意义的善与实践没有什么关系。因此,他批判了柏拉图的善理念说,这种批判表明柏拉图混淆了本体的善和实践的善,伦理学必须限制在实践的善上。

亚里士多德认为善这个词和存在概念一样具有多种意义,既可以述说实体,也可以述说性质、关系等范畴,比如实体的善是神,性质的善是各种德性,关系的善是适度,时间的善是良机。这些不同的善之间不能有一个共同的善的理念,否则善只能述说一个范畴,而不是所有范畴。此外属于同一个理念的事物是一门科学的对象,如果有一个共同的善理念,那么就只有一门关于善的科学,但实际上不同的善事物要用不同科学来研究,如研究战争的是战术,研究治疗疾病的是医术,研究锻炼的是体育学,伦理学研究的是伦理的善。善自身不过是具体善的抽象。这个"善自身"和具体善并没有本质不同,因为它们都是善的,就像人自身和一个具体的人没有什么本质的区别。但人们提出善自身或善的理念,似乎把它当成了一个永恒的、与具体的善分离的东西,并且是具体善的原因,因而是至善的。然而善的理念并不因

为是永恒的就更善,正如长时间的白并不比一天的白更白些,所以善的理念
的含义是空洞的。还有人认为我们可以区分自身即善的东西和作为手段而
善的东西,只有那些自身即善的事物才是由于单一的善的理念而被称为善。
这些自身即善的东西包括智慧、荣誉和某些快乐。而亚里士多德则认为,如
果这些东西只是由于善的理念而是善的,那么它们就会有相同的善的原理,
而实际上,荣誉、智慧、快乐的原理各不相同,所以善不能是单一理念的名
称。即使有一个可以和具体事物分离的绝对的善,它也是人无法获得和实
行的善,而伦理学研究的恰恰是可行的、可获得的善。各门学科都追求某种
善,但并不探究善自身的知识,认识这个善自身也并不就有助于一个人成为
更好的医生或将军,所以从实践方面讲,善的理念没有什么意义。总而言
之,亚里士多德批判了可分离的善的理念。正如没有一个"存在"本身,而
只有言说某物存在的不同方式,同样,也没有独立的善的理念,而只有"善"
被使用的不同方式。所以善的理念是空洞的,对于我们的实践也没有什么
意义,因为人类活动的目的是属人的善、可实行的善。

　　问题在于,我们总是以不同的方式称事物为善,那么在使用善这个词的
时候,共同之处又是什么? 对此亚里士多德并没有给出明确的答案。他说
道:"但是不同事物是在何种意义上被称为善呢? 它们肯定同那些只碰巧
被称为善的事物不同。它们是由于出自或趋向于同一个善而被称为善呢?
还是由于某种类比而被称为善,就像如果视觉是身体的善,努斯就是灵魂的
善以及其他一些例子一样?"(1096b26—29)为什么称一个事物为善,亚里士
多德在这里给出了两种可能的回答:第一,宇宙有一个单一的善,而善的事
物之所以善不是分有它,而是出自或趋向它。这和《形而上学》第12卷中
的观点相一致。第二,善的事物被称为善,是因为它们有类似之处,就如视
觉之于身体,努斯之于灵魂。这是什么样的类似? 从亚里士多德的整个哲
学观念来看,善是每一个事物都欲求的东西,是其潜能的实现。根据这种类
似,当我们使用善这个词时我们不是预设有一个实体的善,而是将善作为诸
事物的某种形式规定。亚里士多德在《尼各马可伦理学》中区分了不同的
善,似乎倾向于这后一种对善的使用方式。那么他的理论哲学和实践哲学
对善的看法是否产生了矛盾呢? 有些学者承认存在这样的矛盾,并且认为

这种矛盾是由于我们混淆了不同时期的文本造成的。比如耶格尔从发生学角度研究亚里士多德,他以是否偏离柏拉图为标准划分亚里士多德的不同时期。在他看来《形而上学》是后人将亚里士多德不同时期的作品汇集而成的,《形而上学》第12卷中有关神学的部分明显受到柏拉图的影响,应属于其早期作品,而《形而上学》的核心部分第7、8、9卷则代表了他脱离柏拉图学派后的成熟思想,这时第一哲学只是本体论,研究普遍的存在而非最高的存在,因此不涉及善的理念问题,这就和同为成熟期的《尼各马可伦理学》相一致了。① 伽达默尔对此有不同的看法。他批评耶格尔的研究是独断的,转而强调柏拉图和亚里士多德的一致性。他认为在亚里士多德的实践哲学中善的本体论维度也是存在着的。在《柏拉图—亚里士多德哲学中善的理念》一书中他指出,虽然在《尼各马可伦理学》中对善的看法倾向于纯粹的类比相似,但这种类比相似也可以用于世界的目的论秩序。存在和善都是在多样化的范畴中被遭遇到的,它们都不是某个对象,因此纯粹类比在亚里士多德的第一哲学中已经起作用了。善和存在一样起到了一种统一的作用,它所表示的是整体的结构秩序。柏拉图在后期《斐莱布篇》中也放弃了把善作为单一的理念,突出了善作为比例尺度的意义。所以在他们那里,形而上学的"善"不是某个最高存在者,而是整体的结构秩序,即把具有类似结构的事物统一起来的"一"。正如在柏拉图那里(如《斐多篇》中)灵魂、国家和世界这三个领域的秩序是类似的,而善就作为给予统一的东西,亚里士多德同样展现了不同领域(实践领域和自然领域)中事物的类似的结构。柏拉图和亚里士多德所研究的善既有本体论意义,也有实践意义,而实践意义隶属于本体论意义。在本体论意义上,善不是独立的实体,而是普遍的本体论结构。不过在柏拉图那里,善只是抽象的结构,它与具体事物的关系没有得到清晰的说明,而在亚里士多德那里善是内在于事物的终极的目的因和内在动力。两人对善的看法分别受到数学思维模式和生物学思维模式的影响,"亚里士多德拒斥柏拉图哲学的东西不是整体的结构秩序,而

---

① 参见维尔纳·耶格尔:《亚里士多德:发展史纲要》,朱清华译,人民出版社2013年版。

是把结构秩序从'一'引出来,以及因此柏拉图赋予数学的本体论优先性"①。根据伽达默尔的这种说法,虽然亚里士多德在伦理学中把自己的研究限制在属人的善,但对所有事物而言的本体论的善(普遍的尺度、本体论结构)仍是在场的。

2. 属人的善

对于善的本体论意义姑且不论,亚里士多德的实践哲学主要是探讨属人的善。《尼各马可伦理学》一开始就说道:"每种技艺与研究,同样地,人的每种实践与选择,都以某种善为目的。"(1094a1)善在广泛的意义上把它看成被人所追求的目的。亚里士多德认为各种活动、知识和技艺都有善目的,善因而是多种多样的,比如医术的目的是健康、造船术的目的是船舶,战术的目的是取胜,等等。当然这并不是说我追求的任何目的都可以称为善,而是说假如用善来称呼我想得到的东西,那么就意味着它是一般进行这种活动的人都会追求的。正如麦金太尔所指出的,善这个词的用法是诉诸一般可接受的标准的。②

在亚里士多德看来,作为目的的善具有等级,因为一种活动可能从属于另一种活动,这时较高的活动决定了如何使用较低的活动的成果,比如制造马具就从属于骑术,而骑术又从属于战术。这样较高的活动就成为了较低级活动的目的。如果我们能确定一个目的高于另一个目的,那么我们也就能确定一种善高于另一种善。如果目的的序列可以无限延伸的话,那么,欲求也就成为空洞。亚里士多德由此提出了最高的善(至善)的概念:"如果在我们活动的目的中有的是因其自身之故而被当做目的的,我们以别的事物为目的都是为了它,如果我们并非选择所有事物都是为着某一别的事物(这显然将陷入无限,因而对目的的欲求也就成了空洞的),那么显然就存在着善或最高善。"(1094a19-22)

---

① Hans-George Gadamer, *The Idea of the Good in Platonic-Aristotelian Philosophy*, trans. By P. Christopher Smith, Yale University Press, 1986, p.156.

② 参见麦金太尔:《伦理学简史》,龚群译,商务印书馆 2003 年版,第 93 页。

　　亚里士多德一方面反对超验的善的理念,认为伦理学处理的是属人的善;另一方面又把哲学的目的论结构加于伦理学,认为人的活动有一个最终目的,从而限制人类目标的多样性和复杂性。最高的善是人类生活的最终目的,是最好的东西,然而它被限制在人类生活领域中,失去宇宙论的含义。亚里士多德还认为研究最高善的科学是政治学,因为政治学规定了城邦中要研究哪些学科,哪些公民学习哪部分知识,以及学习到什么程度。政治学是最权威的科学,其他科学都为它服务,如战术、理财术、修辞术都隶属政治学。政治学的目的包含了其他学科的目的,它就是实践最终指向的那种善。(1094b1-6)

　　亚里士多德接受希腊人的一般观念,用“幸福”来称呼最高的善,“就其名称来说,大多数人有一致意见。无论是一般大众,还是那些出众的人,都会说这是幸福,并且把它理解为生活得好或做得好”(1095a16-18)。古希腊语中幸福一词的表达是 eudaimonia,它由 eu(好)和 daimon(神灵)组成,它的字面意思是受神灵的保佑和眷顾,或者是某人自己的精神受到护佑。① eudaimonia 既有主观上愉悦满足的意思,也有客观上获得善或福利的意思,而在更根本的意义上它指一种最完善的存在状态。完善就意味着发挥了自身的功能而充分实现了自身的目的。所以幸福意味着一个人之所是(being)得以很好地展现,达到了是其所是的状态,由此人过上了真实的(真正的)生活。幸福比一般的情感状态要丰富得多,它是一个描述生活整体的概念,只有在目的论的框架内才能得以理解。②

　　既然幸福是人生和实践的最终目的,那么它也是实践智慧的最终目的。发挥实践智慧这种德性最终是为了获得幸福。但幸福的生活到底是什么,

---

① 参见 Michael Pakaluk, *Aristotle's Nicomachean Ethics*, Cambridge University Press, 2005, p.47。

② eudaimonia 在英文中曾被翻译成 happiness,现在学者们更倾向于用 well-being 来翻译,well-being 直译为“好的存在”,正可体现了幸福一词的存在论含义。正如罗斯指出:“happines 意谓一种感情状态,它与快乐(pleasure)的区别仅在于它具有永久性、深刻性和平静,而亚里士多德认为 eudaimonia 是一种活动,它不是任何一种快乐,尽管快乐自然地伴随它。因此,well-being 这种比较含糊的译法好一些。”(W.D.罗斯:《亚里士多德》,王路译,张家龙校,商务印书馆 1997 年版,第 209 页。译文有改动)

它由什么构成,不同的人有不同的说法,快乐、财富、荣誉、沉思都是可能的答案。甚至同一个人在不同的时间也有不同的说法,比如在贫穷时会认为幸福是财富,在生病时会认为幸福是健康。在亚里士多德看来,人们是由他们过的生活来判断善或幸福的。他区分了三种生活:享乐的生活、政治的生活和沉思的生活。多数人希望过享乐的生活,所以把快乐等同于善或幸福。对于这种观点,亚里士多德明确地否认了。他认为追求快乐的生活是像牲口一样的生活,这种人是奴性的。财富也不是我们所寻求的最高善,因为它只是获得其他东西的手段。有品位的、爱活动的人喜欢过政治的生活,他们在政治生活中追求荣誉,并把荣誉等同于幸福。但在亚里士多德看来荣誉太肤浅,也不可靠,它取决于授予者而不是接受者,但善或幸福应当是属于一个人的不容易被剥夺的东西。当然也有人因德性而获得荣誉,或把德性看成比荣誉更大的善,甚至把德性作为政治生活的目的。在亚里士多德看来这种目的并不完善,因为称一个人有德性指的是他的品质而不是境况。一个人可能有德性而并不运用它,或者虽然有德性而最操劳或遭遇不幸,这样的人也不能称为幸福的人。此外,过沉思生活的人会认为幸福就是在思辨中被获得最高善的理念。这代表了柏拉图主义的观念。如前所述,亚里士多德着重批评了善的理念的空洞性及其对人类生活的无益。

既然亚里士多德批判了快乐、荣誉、德性、财富或者善的理念作为幸福的流行意见,那么幸福到底是什么呢?在亚里士多德看来幸福应该具有两个根本性质:一是作为最终目的它应该是最完善的。那些因自身而值得欲求的东西比因它物而值得欲求的东西要更完善,而那些从不因它物而值得欲求的东西又比既因自身也因它物而值得欲求的东西更完善。"我们把那始终因其自身而从不因它物而值得欲求的东西称为最完善的"(1097b1),这就是幸福。我们选择荣誉、快乐、理性等固然是因为它们本身是值得欲求的,但它们最终是为了幸福。幸福是最终目的,没有谁为了它物而追求幸福。幸福除了完满之外,还有自足的特点。完满的善本身就是自足的。它不是某个状态的组成部分,也不是处于其他的善之中的一种善。这种自足不是指过一种孤独的生活,而是指无所缺乏。"我们所说的自足是指一事物自身便使得生活值得欲求且无所缺乏,我们认为幸福就是这样的事物。"(1097b15)

　　既然幸福是人发挥人的功能而是其所是,那么幸福是什么需要从人的功能和活动来考察。人的特殊之处就在于他能拥有和运用逻各斯,人的活动是合乎逻各斯的。合乎逻各斯的活动既有消极地服从逻各斯,也有积极地实现逻各斯的,对于前者来讲是伦理德性的活动,对于后者来讲是理智德性的活动。幸福就在于合德性的实现活动,"如果幸福在于合德性的活动,我们就说它合于最好的德性,即我们的最好部分的德性"(1177a13)。在《尼各马可伦理学》第十卷中,亚里士多德认为努斯是人身上最高等的部分,合于努斯的生活即沉思是最好、最愉悦,因而是最幸福的。但亚里士多德又认为努斯具有属神的特征,是人之中神性的东西,而人性不同于神性,人不能只生活在沉思中,人有各种需要,还要进行社会交往和政治活动,所以他又说合乎其他德性的活动是第二好的(1178a9)。如果说合乎努斯的沉思活动带有神性的标记,那么合乎伦理德性和实践智慧的实践活动才完全是属人的,它们涉及的是人类的事务,这种事务是在与他人的关系中作出的,并且是带有情感的,这表明了它们适合于人的混合本性。虽然沉思是最完善的幸福,但对于人的混合本性来说是不充分的,人之为人的幸福离不开其他德性的活动。

　　亚里士多德继承了柏拉图的观点将善事物分为三类:外在的善、灵魂的善和身体的善。灵魂的善是德性的善,身体的善包括健康、强壮、健美、敏锐等,外在的善包括财富、权力、荣誉等。亚里士多德批判人们把快乐、德性、沉思、财富等作为幸福,这种批判只是表明它们每一个单独并不能等同于幸福。但作为完善和自足的幸福实际上包括了所有的这些善,他说:"每一种意见都不大可能全错。它们大概至少部分地或甚至在主要方面是对的。"(1098b29)可见人的幸福并不是指某个特定的东西,而是所有这些善的综合,这是由人的混合本性决定的。① 当然这些善并不是同等重要,而是有等

---

① 对于亚里士多德的"幸福"观也存在争议。亚里士多德在有些地方提到幸福就在于沉思,有些地方又强调人的幸福不只在于沉思,也需要其他德性的活动和外在的善。对于他的幸福概念就有"主导的"(dominant)解释和综合的(inclusive)解释。"主导的解释"认为幸福在于一种活动,即沉思,而其他活动都隶属于这种活动或者说以这种活动为目的。"综合的解释"认为幸福在于很多种活动或事物,它们都同样是终极的。本文采取"综合的解释",但是认为这些组成幸福的要素还是有等级之分。对于这种争论可参见 Gerard J.Hughes,*Aristotle on Ethics*,Routlege,2001,pp.27-31。

级之分。正如亚里士多德所说:"较好的能力或较好的人的实现活动总是更优越,更具有幸福的性质。"(1177a7)沉思活动是最好的、最幸福的,合乎其他德性的活动是第二好的,它们都是属于灵魂的善。由于幸福具有稳定性并能持续一生,而合德性的活动最具有持久的性质,他有时就把幸福规定为灵魂的合乎完满德性的实现活动(1098a16,1102a5),这似乎排除了其他的善。不过从内涵上看,幸福是自足的,它使得生活无所欠缺,所以需要完全的善和一生的时间(1100a5),这样幸福离不开身体的善和外在的善,包括外在的好运气。"既然没有一种受到阻碍的实现活动是完善的,而幸福又在本质上是完善的,一个幸福的人就还需要身体的善、外在的善以及运气,这样,他的实现活动才不会由于缺乏而受到阻碍。"(1153b16-20)灵魂的善的实现离不开外在的善和身体的善,比如慷慨的人做慷慨的事就需要有钱,勇敢的人作勇敢的事需要有健康强健的身体。不过它们比起灵魂的善来居于次要地位。一个幸福的人也能够以高尚的、适当的方式接受运气的变故。只要遭遇的不幸不是很大,这样的人还是可以称为幸福的人。(1100b20-1101a20)总之,除了德性及其活动之外,幸福还需要其他条件,比如财富、朋友、健康、好的运气、甚至子孙的福祉,没有这些东西也很难称一个人是幸福的人。

3. 德性之善

虽然幸福是人生的终极目标,但是达成幸福的很多因素是人无法控制的,也是与人的实践活动无关的,如外在的善和身体的善。严格来讲,实践的善是与实践活动相关的德性的实现活动所造成的善。实践智慧就是这样的德性。对它而言,幸福只是一个遥远的终极的目的,它在指导实践的过程中需要更为具体的目的,这就是伦理德性的目的。

亚里士多德说:"实践智慧与伦理德性完善着活动。德性使我们的目的正确,实践智慧则使我们采取实现那个目的的正确的手段。"(1144a7-8)"德性使我们确定目的,实践智慧使我们选择实现目的的正确的手段。"(1145a3-5)这些话表明实践智慧是根据伦理德性确定的善的目的而选择正确的手段。我们具体行为的目的不是抽象的幸福,而是要合乎伦理德性,如正义、自制。我们可以看到伦理德性不仅是一种品质,也表达了某种在共同体生活中所形成的理想观念。亚里士多德所列举的各种德性范畴:如勇敢、慷慨、大方等就是这样的理想观念。实践智慧就要求我们具体行为的目的合乎这些理想观念。

这里出现了一个问题,是不是实践智慧只与手段相关,而与目的的善恶无关呢?亚里士多德显然不是这个意思。在他看来实践智慧和伦理德性是紧密相连的,实践智慧所选择的正确手段必然以伦理德性提供的善目的为前提。首先从它们的存在来讲,一方不能离开另一方而存在。亚里士多德说,人可能有某些自然的德性,比如儿童所表现出来的勇敢、公正等,这些品质好像是与生俱来的。然而它们也可能有害,就像一个强壮的身体没有视觉就摔得更重。只有加上努斯,自然的德性才成为严格意义上的德性。所以如果没有实践智慧,严格意义上的伦理德性就不会产生。亚里士多德甚至说一个人如果有了实践智慧,他就有了所有的伦理德性(1145a2)。另一方面,亚里士多德又认为实践智慧是以善为目的的,离开了伦理德性就不可能有实践智慧,也就是说不做一个好人就不可能有实践智慧(1144a35)。此外,在实践活动中伦理德性和实践智慧总是一道发挥作用。"德性不仅仅是合乎正确的逻各斯的,而且是与后者一起发挥作用的品质。在这些事务上,实践智慧就是正确的逻各斯。"(1144b26-27)实践智慧是以伦理德性提供的理想作为出发点,在特殊情况下考虑相关的事实,权衡轻重,以达到正确的决定。可以说通过实践智慧,伦理德性才得以在行动中实现了出来。"实践智慧似乎离不开伦理德性,伦理德性也似乎离不开实践智慧。因为,伦理德性是实践智慧的始点,实践智慧则使伦理德性正确。"(1178a15-17)

正是实践智慧与伦理德性的不可分割的关系,使它区别于单纯选择手段的能力。亚里士多德说:"有一种能力叫做聪明,它是做能很快实现一个预先确定的目的的事情的能力。如果目的是高尚[高贵]的,它就值得称赞;如果目的是卑贱的,它就是狡猾。所以,我们才会称有实践智慧的人是聪明,称狡猾的人是卑贱。但是能力不等于实践智慧,虽然实践智慧也不能没有能力。但是灵魂的这只眼睛离开了德性就不可能获得实践智慧的品质。"(1144a24-30)在这里亚里士多德区分了聪明、实践智慧和狡猾。聪明是种中性的能力，它对于任何目的都能很快找到实现的手段。实践智慧是相对于一个高尚的、善的目的寻找手段。狡猾则相对于卑贱的、恶的目的寻找手段。这三者是可以转化的，在非道德领域这种能力就是聪明本身，当涉及道德领域时，如果以善为目的，它就是实践智慧；如果以恶为目的，它就是狡猾。所以实践智慧不是单纯的能力，而是以德性提供的善目的为前提，如果实践智慧离开了德性就只是聪明，并容易蜕变为狡猾。①

实践智慧不同于聪明和狡猾，而具有道德意义。实践智慧因此被当成与善恶有关的合乎逻各斯的品质，这也是它区别于技艺之所在。那么实践智慧会不会为了善的目的而采取恶的手段呢？显然也不会。实践智慧选择的是适合于目的的"正确的手段"。这种"正确"不仅就其促进善目的而言是正确的，而是就其本身具有道德性质而言是正确的。也就是说不仅目的是善的，手段也应是善的，手段将目的具体化。这就不同于以功利主义为代表的结果论，结果论追求的是福利的最大化，因而可能会允许为达目的不择手段的情况。德性伦理学的目的不是可计算的利益，而是德性本身，而手段作为德性行为则是对德性观念的具体化。在这种意义上正确的行为本身就是目的，所以亚里士多德说好的行为本身就是值得欲求的（1176b7）。我们可以发现，亚里士多德所追求的善有一种逐渐下降的过程：从善本身，到属人之善，然后是实践之善，再到具体行为的善。正如伯格指出："善本身蕴含着一个宇宙，在其中人有其自然位置，属人之善则抛弃了那个包罗万象的整体；实践之善看来甚至是使其更狭隘，把自身局限于行为领域；至于所寻求之善则把目的与我们的寻求的行为联系在一起"②。

总之，亚里士多德对善的看法是非常广泛的，有不同层次，而且并不限

---

① 伽达默尔指出："一般来说，亚里士多德强调 phronesis（实践智慧）与手段（达到目的的手段）相关，而不与 telos（目的）本身相关。这可能就是与柏拉图的善的理念学说相对立的结果，这种对立使他作出了这样的强调。但是 phronesis（实践智慧）并不单纯是正确选择手段的能力，而本身就是一种道德品质，这种品质把目的视为行为者被其道德存在所指向的东西，这一点我们可以从它们在亚里士多德伦理学中所占据的重要位置清楚看出来。"［《伽达默尔全集》（第 1 卷），第 326 页注释 259］
② ［美］伯格：《尼各马可伦理学义疏——亚里士多德与苏格拉底的对话》，柯小刚译，华夏出版社 2012 年版，第 21 页。

于实践领域。道德的善从属于人的最高的善——幸福,幸福就是人最自足、最完满的状态。进行道德活动使人处于道德状态,但是这并不是最高的状态,沉思状态比道德状态更高,更具有幸福的性质。此外,德性其实并不是现代律法意义上严格的道德概念,比如他提出的一些德性温和、慷慨、机智等等在现代伦理学中就很难有严格的道德意义。古代伦理学不同于现代伦理学就在于它所追求的是具有较广意义的善,而不仅仅是追求被正当性、义务所规定的善。正如西季威克所指出的"古代伦理学讨论区别于现代伦理学讨论的主要特点,是它表达关于行为的常识道德判断时使用的是一般概念而不是特殊概念。德性或正当的行为常常只被看做一种善,因而,按照这种道德直觉的观点,当我们试图使自己的行为系统化时,首先碰到的问题就是如何确定这种善同其他种类的善的关系。希腊思想家们所争论的从始至终就是这个问题。我们很难理解他们的思考,除非抛开现代伦理学的那些准法律性的概念,并且(像希腊思想家们那样)不去研究'义务及其基础是什么',而是去研究'在人们认为是善的对象之中何种对象真的是善或至善',或者,按照道德直觉提出的这一问题的更特殊化的形式,去研究'我们称为德性的那种善,以及人们赞赏和崇拜的那些行为特征与品性特征,与其他善事物的关系是怎样的'"。①

康德是现代伦理学的重要代表,下一节我们就来分析康德对善的看法,以及他如何从道德法则出发去规定道德善的。

第三节　善与实践原理

从亚里士多德转向康德,我们可以发现伦理学的风格和视域发生了巨大变化。在亚里士多德那里善和恶是首要的概念,正确和错误来源于善恶,还没有出现义务和责任的概念。而在康德那里正确和错误、义务和责任的概念是基本概念,道德的善是从义务或责任引出来的。仅当行为

---

① 亨利·西季威克:《伦理学方法》,廖申白译,中国社会科学出版社 1993 年版,第127—128 页。

合乎义务时它才是道德的,反之就是不道德的。一个善人就是能出于义务去做正当行为的人。康德和亚里士多德的这种差别不是个别的现象,而是反映了古代以德性为主导的伦理学和近现代以义务规则为主导的伦理学的差异。

1. 相对的善和绝对的善

当然,康德对于善(恶)的看法是比较复杂的。在《实践理性批判》中他区分了两种善恶,一种是与感觉有关的善恶。这种意义上的善恶实际上是福和祸(或苦)。福祸只是意味着与人的快乐或痛苦的状态的关系。在这种意义上我们称达到快适的东西是善的,造成不快或痛苦的东西是恶的。另一种善恶不是与人的感觉状态相关,而只与行为方式(Handlungsart)有关,也就是与人的意志准则相关,这才是真正道德意义上的善恶。前面我们谈到过,亚里士多德区分了三种善,即外在的善、身体的善和德性的善。那么从康德的视角来看,外在的善和身体的善只是与感觉相关的、相对的善,而德性的善才是道德意义上的绝对的善。善恶是关于理性的客体(对象)的评价概念,这两个层次的善恶对应着两个层次的理性评价。我们的实践理性的评判很大程度上取决于前一种善恶,即福和苦。但理性不仅为了感性需求服务,也为了更高的目的,即完全抛开感性兴趣而按照道德法则行动,所以必须要有一种纯粹理性的评价,即道德的善恶的评价。对于前一种评价而言,欲求能力的客体作为规定根据先于意志准则,也就是说意志以一个使人快乐或痛苦的客体为前提,而使趋乐避苦的理性准则规定着行动。这些行动对于我们爱好而言是善的,但只是作为手段的间接的善。对于后一种评价而言,纯粹实践理性给出的先天实践法则直接规定意志,而无须考虑欲求能力的可能客体,按照这种意志的行动是绝对的善的。所以在康德看来绝对的、道德的善恶只能通过实践法则来规定,如果试图从善的概念推出实践法则,就会把善的对象作为意志的规定根据,这样"善或恶的标准就只有可能建立在对象与我们的愉快和不愉快的情感的一致之中……既然什么是与愉快情感相符合的,这只有通过经验才能够决定,而实践法则按照提示却应当在此之上以之为条件建立起来,那么这就恰好把先天实践法则的可能性排除掉了"①。康德因此批判有些哲学家将意志的某种对象作为法则的根据,这种对象是适合充当最高善的对象,如幸福、完善、道德情感、上帝意志。康德认为,只有按照意志与经验性的情感的关系才能把这些对象称为善的或恶的,所以依照这些对象所建立的实践原理都是他律的,不能称之为法则。

实践原理或者是法则,或者是准则,只有假定纯粹理性自身包含着足以规定意志的根据,才有实践法则,否则一切实践原理都只是准则。对于法则和准则的区别,康德说道:"准则是意愿的主观原则;客观原则(即,如果理性能完全控制欲求能力的话,也能在主观上用做所有理性存在者的实践原则的那种原则)就是实践法则。"②准则是理性根据人的主体状况设定的实践原则,它只对行为者本人的意志有效,因而是主观的。法则对每一个有理性的存在者的意志都有效,因而是客观的。客观的法则并不能从准则的客体中发现,而只是一种来源于理性的纯粹立法形式。主观的准则是每个人在生活中可能具有的行为准则,而且总是包含着质料内容,它既可能是道德的,也可能是不道德的,还可能是非道德的即与道德无关的。行为准则只有合乎客观的形式法则才可以说是道德的,这样的行为准则就被称为义务准则。在《实践理性批判》中康德把一切不是纯粹形式原理的其他原理都称为"质料的原理"。这其中又包括建立在经验基础上的主观的原理(如蒙田的教育、伊壁鸠鲁的自然情感等)和建立在理性概念基础上的客观的原理(如完善、上帝意志等),而后者实际上又可以归结为前者。质料原理的共同特点是将决定意志的根据放在意志之外的某种东西,把它作为行为的目的,而行为本身只是达到这种目的的手段。康德又将质料原理归结为自爱或个人幸福原则:"一切质料的实践原则本身全都具有同一种类型,并隶属于自爱或自身幸福这一普遍原则之下。"③一切质料原理从根本上说是建立在主体感受性之上的,对象的意义就在于能满足人的感受性(快乐或幸

---

① 康德:《实践理性批判》,邓晓芒译,杨祖陶校,人民出版社 2003 年版,第 86 页。以下简称邓译本。
② 康德:《道德形而上学奠基》,载《康德著作全集》(第 4 卷),第 401 页注释。本书所引的《道德形而上学奠基》采用杨云飞译本(人民出版社 2013 年版),个别地方有改动,页码为通行的边码。
③ 《实践理性批判》,邓译本,第 26 页。

福）。主体对于对象所期待的快乐感觉规定着欲求能力，从而产生实践的行为，因此行为是满足人的感性欲求的手段，而且依赖于对象的存在。很显然感受性属于主观的范畴，其具体内容具有很大的随意性，不仅不同的人所欲求的不同，即或同一人的欲求也会因时因地而改变。这样对于同一行为可以根据不同的目的、欲求作出不同的评价。因此建立在自爱原理基础上的实践准则不可能永远普遍有效，即使它有可能符合客观的实践法则也是偶然的。从康德的这种观点来看，任何以善为前提的实践原理都只是质料准则而不是法则，而且这种作为前提的善最终要根据人的感受性来决定，所以不是道德的善。相反，道德的善是由纯粹实践理性的形式法则决定的，这种善是纯粹实践理性的对象的概念。

　　在康德看来，人除了理性之外还有感性的一面，所以人就其主观性状而言并不必然被客观的实践法则所决定，所以纯粹理性所给出的实践法则对于人的意志具有强制性，它表现为应当的命令，即定言命令。对于上帝的意志或一般神圣的意志而言，道德法则就不会以应当的命令表达出来，因为这种意志必然与法则相一致。康德将一切命令分为假言命令和定言命令，这是逻辑形式上的区分。定言命令的一般形式是"假如……那么……"，"假如……"表达了目的，而"那么……"表达了达到目的的手段。定言命令的形式中不包含"假如"，它以定言的形式要求你做什么。假言命令是有条件的命令，而定言命令是无条件命令，"前者把某个可能行动的实践的必然性，表现为达成人们所想要的（或至少有可能这样愿望的）其他某物的手段。定言命令则把某个行动自身独立地就表象为客观—必然的，与其他的目的毫无关系。"①定言命令把一个可能行为本身表象为善的（好的），这是绝对的善，而假言命令所规定的行动只是作为实现某个他物（目的）的手段才是善的，这是相对的善。真正的实践法则只能以定言命令的形式表象出来，因为只有定言命令才有法则所要求的必然性，而假言命令只是对于一个随意的目的提出的规范，如果放弃了这一目的这种规范就摆脱掉了，故而它是有条件的，不具备法则所要求的绝对必然性。

――――――――――

① 《康德著作全集》（第4卷），第414页。

康德还将假言命令进一步区分为熟巧(Geschicklichkeit)的命令和明智(Klugheit)的命令。熟巧是用于随便什么目的的手段的熟巧,所以熟巧命令是对于可能的意图而言的,它是或然的实践规则。明智的命令是对于现实的意图而言,这个意图不只是人们可能具有,而是根据自然必然性都会具有的意图,这就是幸福的意图。明智的命令就是为增进幸福的手段的命令,它是实然的实践规则。幸福虽然是每个人必然都有的意图,但明智的命令还是假言的,因为它所命令的行动只是作为达到这种意图的手段。只有定言命令不涉及行动的质料及其后果,而只涉及它的形式及原则,所以是无条件的、必然的命令。康德也把它称为道德的命令(Imperative der Sittlichkeit)。这三类命令根据对意志的强制性的不同也被称为熟巧的规则、明智的建议和道德的诫命。显然熟巧的规则和明智的建议都是相对善的,只有道德的诫命才是绝对善的。

2. 德性与明智

《道德形而上学》是康德后期伦理学的代表作,标志着他的道德形而上学体系的完成。这本书和他前期思想相比有一个重要变化,就是把道德哲学分为法权论和德性论(Tugendlehre),而"伦理学"这个概念只能应用于第二部分,也就是说伦理学就是德性论。康德认为可以根据动机把立法分为伦理立法和法学立法,伦理立法不仅使一种行动成为义务,而且使义务成为动机。法学立法不将义务本身作为动机,而是允许有不同于义务的动机。可以说,法学立法是外在立法,它不要求义务理念成为任意的规定,遵循这种立法的义务只能是外在义务,而伦理的立法是内在的立法,它要求义务理念成为任意的规定,即作为行为的动机。在康德看来,法权论只与外在自由的形式条件相关,而伦理学则要提供质料作为任意的对象,只是这种对象不是由感性偏好提供的,而是由纯粹理性规定的,对人而言它是客观的、表现为义务的目的。所以"伦理学也可以被界定为纯粹实践理性的目的的体系"。①

---

① 康德:《道德形而上学》,载《康德著作全集》(第6卷),第381页。本书所引《道德形而上学》依据李秋零主编《康德著作全集》译本,个别地方有改动,页码为通行的边码。

《道德形而上学》中的德性论显然不同于德性伦理学，而是义务学说的一部分。德性论的原则就是道德法则应用于内在自由领域所形成的定言命令，德性义务是被此定言命令所规定的。康德这样定义德性（Tugend）："德性就是在遵循自己的义务时人的准则的力量。"①这种力量是在克服与道德意向相冲突的自然倾向时体现出来的。它不是用一种自然爱好抑制另一种自然爱好，而是根据义务法则的强制。可见康德的德性概念指意志在履行义务时所体现出的道德力量。这种德性概念是在否定的意义上来说的，其意义并不在于确立和完成某个目标，而是在于克服偏离义务的感情爱好。这与德性伦理学所谈的德性概念明显不同。德性伦理学谈的德性是植根于后天经验和共同体生活而形成的稳定的、具有某些行为趋向的品质。德性是多种多样的，和共同体的生活方式、职业、公民理想息息相关。特别是在亚里士多德那里，德性指灵魂中欲望服从逻各斯的部分，欲望和逻各斯是构成德性的两个要素，所以德性不是纯粹受理性规定，而是与感情爱好相关。在康德伦理学中处于主导地位的是法则而不是德性，德性是根据服从道德法则来规定的。康德认为德性不应仅仅理解为通过长期道德实践而形成的习惯。习惯是不断重复而造成的行为的一贯性，缺乏自觉自愿，而德性是道德习性，它是基于人的内在自由，能积极地对自己加以控制。习惯意义上的习性是任意所具有的，有好有坏，而德性意义上的习性则是理性意志所具有的，严格按照法则观念来决定行为。因此德性应根据定言命令的法则来衡量，而不是根据我们的经验知识，根据我们现实是什么来衡量。这样"德性，在其完全的完善性上看，就被表现得不像是人拥有德性，而好像是德性拥有人似的……设想多种德性（毕竟这样想是不可避免的），无非是设想有不同的道德对象，意志被从德性的唯一原则出发导向这些对象"②。康德可以说从其义务论的基本观念出发改造了德性概念。正如 O'Neill 指出，康德的德性概念是现代的德性概念，它指某种道德意向，它能够在不同的境遇、不断变化的情况下保持对诱惑的抵制而遵从道德原则。这是一种个体

---

① 《康德著作全集》（第 6 卷），第 394 页。
② 《康德著作全集》（第 6 卷），第 406 页。

化的德性概念,是对生活共同体瓦解的反应,而古代的德性与城邦公共生活密切相关。①

与德性概念的这种狭隘化、义务论化相应的是,古代的实践智慧概念蜕变为明智概念(Klugheit)。当然这也与语言的演变有关。Phronesis 被古罗马的斯多葛主义者翻译成拉丁文 prudentia,而 prudentia 在德语中又被翻译成 Klugheit。在康德那里明智的命令只是一种假言命令,不再具有道德意义,也就是说被排除在康德所谓的被法则规定的德性之外。康德指出:"明智这个词有双重意义,第一层意义可称为世故的明智(Weltklugheit),第二层意义可称为私人的明智(Privateklugheit)。前者是指一个人影响他人、以将他们用于自己的意图的熟巧。后者是指把所有这些意图结合成他自己的长远利益的洞见。后者是真正的意义上的明智,甚至前一种明智的价值也要归结于它,而且如果某人在前一种意义上、但不在第二种意义上是明智的,对他我们能够说的毋宁说是:他是聪明的、狡猾的,但总的来说还不是明智的。"②在亚里士多德那里聪明是相对于任何一个目的在选择手段方面的熟巧,实践智慧则不仅包含手段选择的熟巧,更重要的是它的目的是高尚的,因而它本身是一种道德品质。而在康德这里,由于否定了先于道德法则的道德善,由实践智慧演变来的明智变得和聪明无异。康德明确把第一个层次的明智等同于聪明,它是为自己当前的意图服务的熟巧。第二个层次的、真正意义上的明智其实和聪明也没有本质区别,不过是为自己长远利益服务的熟巧罢了。因此,明智的命令被归为假言命令,而不是道德命令。这显然与亚里士多德不同,在他那里实践智慧的命令具有道德命令的性质,要求人们在当下的处境中选择合乎德性的行为。

3. 幸 福

当然康德的明智概念也保留了古代实践智慧概念的痕迹,它同样是以幸福为最终目的。康德认为,每个人都要求幸福,但幸福只是一种理想,它

---

① 参见 Daniel Stateman(ed.), *Virtue Ethics*, Edinburgh University Press, 1997, p.292。
② 《康德著作全集》(第4卷),第416页注释。

要求现在和将来的绝对整体上的最大福分,所以幸福概念是不确定的。另外所有属于幸福概念的要素都是经验性的,我们可能在有限的经验的基础上来规定个别的行动,以力求达到总体的幸福。所以人不可能找到确定的实践原理确保他获得幸福,而只能遵照一些经验性的建议,如养生、节制、礼貌等。这样明智的命令也不能表现为客观上必然的理性诫命,而只是理性的劝告,它只能提供一些建议,这些建议只有在人把某些事物当做他的幸福的条件时才有效。在《实践理性批判》中康德说:"一个有理性的存在者对于不断伴随着他的整个存在的那种生命快意的意识,就是幸福,而使幸福成为规定任意的最高根据的那个原则,就是自爱的原则。所以从任何一个对象的现实性都可以感觉到的愉快或不愉快中建立起来规定任意的最高根据的那一切质料的原则,就它们全部属于自爱或自身幸福的原则而言,都完全具有同一个类型。"①这表明《道德形而上学奠基》中提出的熟巧的命令和明智的命令属于同一个类型,都可隶属于基于幸福的自爱原则。康德也说过明智命令和熟巧命令的区别仅在于前者的目的是给定的,而后者的目的是可能的,只要给出幸福的确定概念,两者就会完全一致。②

从康德的观点来看,幸福原则属于质料原则,不是道德法则,也不可能像道德法则那样具有普遍必然性。虽然每一个有限的理性存在者出于他的欲求能力必然要求获得幸福,但每个人将幸福建立于什么之中则取决于自己特殊的愉快或不愉快的情感,以及依照这种情感变化而各不相同的需要,"所以一个主观上必要的法则(作为自然规律)在客观上就是一个极其偶然的实践原则,它在不同的主体中可以且必定是很不相同的,因而永远不能充当一条法则"③。正是基于感性和理性的对立,在康德那里出于纯粹理性的德性原则和基于感受性的幸福原则也从根本上对立了起来。只有德性原则才能以定言命令的形式表现出来,而幸福原则作为明智的准则只能表现为假言命令。

这里我们可以发现亚里士多德的幸福概念(eudaimonia)和康德的幸福

① 《实践理性批判》,邓译本,第 26 页。
② 参见《康德著作全集》(第 4 卷),第 419 页。
③ 《实践理性批判》,邓译本,第 31 页。

概念(Glückseligkeit)有很大不同。康德的幸福概念依赖于人的感受性,是愉快和福分的理想总体,而亚里士多德的幸福概念则表示人的德性的实现,是完满、自足的存在状态。那么康德是不是意识到这种差异呢? 我们发现康德恰恰对古代的幸福(eudaimonia)概念作一种快乐主义的解释,这和他自己的幸福概念是一致的。康德使用过 Eudänomist 一词表示"幸福论者",幸福论者认为幸福是他合乎德性的行动的动因,也就是说不是义务直接规定他的意志,而是对幸福的期待促使他履行义务。① 在康德那里幸福论者的代表就是伊壁鸠鲁。在《实用人类学》中康德说道:"道德上的自我主义者是这样的人,他把一切目的都局限在他自身,他仅仅在对他有用的东西上看到用处,也许还作为幸福主义者仅仅在用处和自己的幸福中,而不是在义务表象中确立自己意志的最高规定根据。因为既然每个别的人都对自己算做幸福的东西形成了别的概念,所以恰恰是自我主义者走得如此之远,根本不具有真正的义务概念的试金石,而这样的试金石绝对必须是一个普遍有效的原则。——因此,一切幸福主义者都是实践的自我主义者。"②亚里士多德认为幸福作为目的包含了德性行为,而康德则认为幸福作为目的排除了德性行为。可见两人的幸福概念在内涵上是非常不同的,康德将幸福归结为快乐的看法至少不适用于亚里士多德。

其实亚里士多德的幸福概念更接近于康德的至善概念(Höchsten Gut,也可译为最高的善)。在亚里士多德那里幸福概念本来就是用来表示最高善的。康德认为纯粹理性不管是思辨运用还是实践运用,总是从给予的有条件者要求无条件的总体,"它作为纯粹实践的理性,同样要求实践上的有条件者(基于爱好和自然需要之上的东西)寻求无条件者,而且不是作为意志的规定根据,而是即使在这个规定根据(在道德律中)已被给予时,以至善的名义去寻求纯粹实践理性之对象的无条件的总体"。③ 至善是有歧义的,最高的东西(Höchsten)既可意味着至上的(oberste)东西,也可意味着完

---

① 参见《康德著作全集》(第6卷),第377页。
② 《康德著作全集》(第7卷),第130页。译文依据李秋霖主编《康德著作全集》译本,页码为通行的边码。
③ 《实践理性批判》,邓译本,第148页。

满的(vollendete)的东西。康德是在后一个意义上使用至善概念的,即作为纯粹实践理性对象的无条件的总体或者说完满的善。亚里士多德认为幸福就是最高的善,作为最高的善它是完善的,只因自己不因他物而值得欲求;完善同时也意味着自足,它使生活无所欠缺(1097a25-b20)。在这个意义上幸福是人所有活动的最终目的。从概念上看,亚里士多德的幸福概念(eudaimonia)和康德的至善概念都意味着整体的、完满的善。从内容上看,康德所说的至善包括德性和(感性)幸福(Glückseligkeit),其中德性是(感性)幸福的至上条件,是至上的善。德性的善并不依赖于它对于至善的贡献,它本身就是绝对善的,但同时光有德性又不够,人还需要(感性)幸福才能达到完满的至善。(感性)幸福并不是绝对善的,它要以德性作为前提条件才可以成为至善的组成部分。对于亚里士多德而言,作为最高善的幸福(eudaimonia)是合乎德性的实现活动,因而德性的善是幸福的最重要的组成部分。德性的善属于灵魂的善,是最真实意义上的善,同时身体的善、外在的善也是幸福在某种程度上所依赖的东西,它们使人摆脱自我实现的阻碍,因而构成了幸福的条件。这种对幸福的看法和康德对至善的看法是一致的,都是将德性的活动作为至善的最高条件,而将带来感性快乐的东西作为实现至善必要条件。这种看法的相似性根本上反映了他们对于人性的看法的一致性,即把人作为有理性的动物,因而人的本性是混合的,既有感性的部分也有理性的部分,其中理性占主导地位,最能体现人不同于动物的本质。实现最高善需要同时满足这两个部分,由于理性居于主导地位,所以合乎理性的德性活动是最高善的至上条件,但对于人的本性来说光有德性活动又不够,人还需要满足感性欲求、健康、快乐,它们是实现最高善的必要条件。

其实康德也承认至善是古代伦理学的出发点,"古代世界的所有伦理学体系都建立在至善(Summum Bonum)及其由什么构成的问题上,而且古代的体系根据它们对这一问题的回答而得以区分"。① 不过在康德看来,正是以至善为出发点使得古人将至善的对象作为意志的规定根据,从而将道

① Immanuel Kant, *Lectures on Ethics*, Cambridge University Press, 1996, p.44.

德建立在他律之上,而不是将理性本身的普遍立法形式作为意志的规定根据。"古人不加掩饰地透露了这个错误,因为他们把自己的道德研究建立在对至善概念的规定之上,因而建立在对某种对象的规定之上,然后他们又想使这个对象成为在道德律中意志的规定根据。"①康德认为,任何从先行的至善出发引出的道德原则都是他律的,这种原则是根据对象与我们的感性情感的关系来规定我们的行为。他不是以至善为出发点来引出道德原则,相反是从先天的道德法则来规定至善。"尽管至善是一个纯粹实践理性、亦即一个纯粹意志的全部对象,但它却并不因此就能被视为纯粹意志的规定根据,而唯有道德律才必须被看做是使那个至善及其促成或促进成为意志自身的客体的根据。"②当然,就道德律(法则)作为至上条件包括在至善概念中而言,至善也可以说是纯粹意志的规定根据,不过事实上还是至善中包含的道德律规定着意志。总之,不是至善成为道德律的根据,相反是道德律成为至善的根据。这是他区别于古代伦理学的地方。

康德承认古人的道德研究建立在至善的概念之上,这是对的,也适用于亚里士多德,但他由此得出的结论说古人的道德研究因此就建立在某种对象的规定之上,并以之作为意志的规定根据,则并不正确,也不适用于亚里士多德。按照康德的这种说法,古人的道德原则都是他律的,最终可以归结为自爱或自身幸福原则。由于幸福原则只能给出明智的命令,它所规定的行动只是作为实现某个他物(目的)的手段才是善的,因而是相对的善;相反只有出于纯粹实践理性的德性命令才把一个可能行为本身表象为善的,这才是绝对的善。但我们可以看到,在亚里士多德那里实践智慧所命令的行为不只是就其作为实现幸福目的而言是相对的善,而且这种行动作为德性的行为自身就是值得欲求的,因而是绝对的善。亚里士多德用"高贵"(kalon)③来形容这种行为,表示这种行为本身具有内在的价值。也就是说高贵的行为自身就是值得欲求的,而不是为了某种其他目的才有价值

---

① 《实践理性批判》,邓译本,第88页。
② 《实践理性批判》,邓译本,第150页。
③ Kalon 一词在希腊语中具有丰富的含义,除表示高尚、高贵外,还可以表示公正、美、善,它表达了对正确行为的崇敬。参见《尼各马可伦理学》,廖译本,第6页注释5。

(1120a23-4,1176b6-9)。德性行为的善并不依赖于对至善的贡献,相反,至善依赖于德性行为,因为德性行为是构成作为至善的幸福的东西。德性是一个功能性的概念,它需要通过实现自身的活动以达到作为其目的的幸福,所以亚里士多德是通过德性来研究至善,而不是相反。他说"既然幸福是灵魂的一种合于完满德性的实现活动,我们就必须考虑德性的本性。这样我们就能更清楚地了解幸福的本性"(1102a5-7)。可见,虽然亚里士多德追求至善,但在德性和至善的关系上他并不遵循康德所批判的方式,也就是说不是以至善为出发点,而是以德性为出发点,这恰恰和康德是一致的。① 这里问题的关键在于德性及德性行为是因为有助于幸福才是善的,还是本身内在地就是善的? 或者说亚里士多德对品质和行为的道德判定是接近于现代伦理学的结果论还是义务论? 从亚里士多德的表述来看,德性和德性行为虽然是为了幸福,但是它们本身具有内在价值,因而是值得欲求的。它们不仅是实现幸福这个最高目的的手段,而且本身就是目的。它们有助于幸福正是在于它们本身就构成了幸福的一部分。"高贵"就是品质或行为本身的道德性的标志。可见亚里士多德的立场接近于义务论。②

不同于康德的是,亚里士多德并没有提出类似德性法则的东西来规定德性,也不是基于德性法则提出至善并以之作为纯粹实践理性的对象,相反他是遵循某种目的论的模式来提出至善概念的。在他那里德性作为人的品质构成了人之所是,同时德性是一个功能性的概念,它需要通过活动实现自身,从而达到作为其目的的至善,即幸福。至善作为幸福是我们生活的最终目的,我们追求幸福是为了达到完满的存在状态。德性的这种实现活动就是我们应当做的事情。可见只有在古代目的论语境中,以至善为目的的行为可能被看成是我们应当做的、道德的行为。现代的道德概念则丧失了传统的目的论语境,"实现其目的而可能所是的人"的概念被消除了,这样就会把至善归结为他律的东西,而不是作为内在的自我实现的目标。究其

---

① 参见 Stephen Engstrom and Jennifer Whiting (ed.), *Aristotle Kant and the Stoics*, Cambridge University Press,1996,pp.107-112。

② 参见 John M.Cooper, *Reason and Human Good in Aristotle*, Hackett Publishing Company Indianapolis,1986,pp.87-88。

原因,一是由于世俗社会对神学的拒斥,以及科学、哲学对亚里士多德主义目的论的拒斥;二是由于自我从过时的社会组织形式中解放出来,不再局限于这种社会组织造成的对有神论和目的论的世界秩序的信仰。① 康德也处于这样的时代环境中,所以他反对古代的以至善为出发点的道德研究,认为这样引出的道德原则实质上都是他律的。因为至善只是一个理念,在具体的行为中总是按照意志对经验性情感的态度才能成为意志的动因,所以从至善引出来的只能是基于(感性)幸福的自爱原则。相反,他从纯粹实践理性的立场上来提出自律的实践法则,而至善被看成是纯粹理性追求的全部对象。

我们可以看到,与亚里士多德相比康德表现出强烈的规则意识。他是根据不同的实践原理(形式的和质料的)来区分道德善和非道德的善。与之相应的是理性和感性的区分:任何基于感性的质料原理都不能充当道德善的根据,只有基于纯粹理性的形式法则才能决定道德善。实践理性因而也呈现出二元化,一般的实践理性以经验为条件,它规定的善只是为感性幸福服务的相对的善,只有纯粹实践理性才决定道德善。而亚里士多德的实践智慧概念并没有表现出这种二元化。虽然亚里士多德也区分了不同的善,但实践智慧作为对生活整体的考虑要顾及善的整体。即使是实践智慧相关的德性善也并不是康德式的纯粹的道德善,而总是与人的目的、需要相联系,因为德性本身就是基于人的欲望而合乎逻各斯的。总之,在亚里士多德那里还没有纯粹实践理性的观念,第五章会更详细地讨论这个问题。下面我们看看伽达默尔是如何看待实践的善的。

第三节　伽达默尔对具体善的辩护

1. 伦理学的两种路向

伽达默尔是从 20 世纪初对新康德主义观念论的批判中走出来的,克尔

----

① 参见麦金太尔:《追寻美德》,宋继杰译,译林出版社 2003 年版,第 74—77 页。

凯郭尔所发端的存在主义在这一时期产生了广泛的影响。在存在主义思潮中道德哲学的可疑性凸显了出来。克尔凯郭尔表明所有有距离的知识对于人类的道德和宗教处境都是不充分的，都可能遮蔽或削弱隐含在道德处境中的要求。道德的选择不是相关于理论知识的事情。就伦理学被理解为普遍性知识而言，它无法正确地对待我们身处的具体处境。在伽达默尔看来正是"处境"概念使伦理学的可疑性达到最高程度。道德行为不是应用普遍性的知识，而是当下的选择和决断，处境概念标示了我们知识的界限。克尔凯郭尔表明了伦理学的可疑性与普遍法则概念相关，正如伽达默尔所说："哲学伦理学作为哲学所必需具备的反思的普遍性把它卷入到所有法则伦理学的可疑性中。它应该如何相对于具体性——伴随着具体性，良知、公平感、爱的和解都是对处境的回答——而变得正当？"①

　　伽达默尔复兴亚里士多德的伦理学，主要就是针对现代规则伦理学对于处境问题的忽略，以及把实践问题作为应用规则的问题。他从亚里士多德那里学到，实践所追求的善不是抽象的善，而是具体的善，这是由具体处境决定的。拥有实践智慧的人不仅会认识到他所遵循的规范性，而且懂得如何在实践处境所要求的具体决定中使之起作用。伽达默尔强调实践哲学是以亚里士多德对柏拉图善的理念的批判为基础的。对于柏拉图来说善是绝对的、不变的形而上学的实在，伽达默尔则认为："一门关于'一般善'的科学……对于实践哲学来而言是无意义的……无论是有关技术知识还是政治—实践的知识，善（在其应用中）局限于人类实践的环境中。实践理性远离了任何普遍的目的论。亚里士多德将实践哲学独立出来，其决定性原因在于我们在理论中找到的善的东西——'善'在这里意味着不动的存在——非常不同于人类的实践合理性所指向的应该做的正确事情。"②正因为如此，伽达默尔谈到他学习《尼各马可伦理学》就如同阅读一个重新被理解的克尔凯郭尔。③ 他还说道："与亚里士多德关于 pronesis（即实践智慧）

①　伽达默尔：《论一门哲学伦理学的可能性》，载《伽达默尔全集》（第 4 卷），第 177 页。引文根据邓安庆译文，载《世界哲学》2007 年第 3 期，第 56—65 页，有改动，下同。

②　H.G.Gadamer, *The Idea of the Good in Platonic-Aristotelian Philosophy*, p.161.

③　参见《伽达默尔全集》（第 10 卷），第 262 页。

的理论相关,我开始懂得如何从概念上阐明那种存在哲学的情绪,这种情绪典型地体现了当时克尔凯郭尔所受到的欢迎。克尔凯郭尔所交给我们而我们后来称之为'存在理论'的东西……在亚里士多德的伦理(ethos)和逻各斯(logos)的统一中找到了它的原型。"①伽达默尔甚至用实践智慧概念来阐明克尔凯郭尔的"生存激情"概念。实践智慧的知不是一种有距离的知识,而总是和人的具体的、当下存在紧密相关的知觉、洞察,是一种生存的觉醒。

相比之下,康德的伦理学表现出鲜明的规则意识,它是以道德法则为中心,而不是以处境为中心的。那么这种伦理学是否产生了规则和处境、理论和实践之间的分离?伽达默尔并不这么认为,他并没有把康德作为亚里士多德的对立面来批判,相反他说:"我相信只看到了两条道路,在哲学伦理学内部能够从这种困境走出来。一条是由康德开辟的伦理学的形式主义,另一条是亚里士多德的道路。两者都不能独善其身,而要成为一门伦理学可能的部分才变得合理。"②在伽达默尔看来,康德探究的是那种具有无条件的普遍性的责任(Verbindlichkeit,或译为约束性),伦理学只有建立在这种责任模式之上。定言命令作为道德体系的第一原则只是表达了"应当"的责任形式,即义务的无条件性。康德认为存在着无条件的善良意志,这表明了定言命令能现实地规定我们的意志,从而也就证明了人有实践自由。自由在理论上是不可能被认识的,但在实践上是必然的。从我们现实地具有实践的自由来看,康德的道德哲学并没有超越朴素的义务意识。伽达默尔特别注意到在《道德形而上学奠基》第一部分结尾,康德谈到了从普通人类理性的道德知识向哲学知识的转变。这表明道德形而上学中提出的作为定言命令的道德法则就隐含在人的普通道德知识中。之所以要向纯粹的道德哲学转变就在于人类本性中有一种倾向起作用,即人类总是诉诸某种辩证法以逃避责任,康德将这种辩证法称之为"自然的辩证法"(natürliche Dialektik),这就是说我们由于受感性偏好的影响,对于义务的纯粹性和严格

---

① 伽达默尔:《科学时代的理性》,薛华等译,国际文化出版社 1988 年版,第 42 页。

② 《伽达默尔全集》(第 4 卷),第 177 页。

性加以怀疑,尽可能使义务更适合于我们的愿望和爱好,从而在根本上取消了义务的尊严。伽达默尔将康德所说的"自然的辩证法"也称为"例外的辩证法"(Dialektik der Ausnahme)。这种自然的辩证法或例外的辩证法实际上就是我们通常所说的道德诡辩,即虽然承认一般的道德义务,但在特殊处境中由于这种义务与感性偏好相冲突,我们的理性会被诱导找出种种理由去规避义务,强调行为的特殊性和例外。被这种诱惑威胁的道德理性需要得到道德哲学反思的帮助,从而清楚地了解和把握真正的道德原理。康德在考虑道德责任的本质时排除了例外性,由此建立了道德的理性决定的纯洁性,这正是定言命令的意义。"康德形式主义的意义在于确认这些决定的纯洁性,这些决定反对所有源自朴素意识和哲学意识中爱好和兴趣立场引起的混杂不纯。在这个意义上康德的严格主义——只对于阐明这样一种道德意志的形成才很有价值,即道德意志是纯粹出于义务并对抗一切爱好而形成的——具有一种明显的方法论的意义。用黑格尔的话来说,在这里出现的是检验法则的理性的形态。"①对于康德如何用形式主义的定言命令进行道德检验,这种检验是否有效,我们下一章再集中探讨。伽达默尔在这里强调的是康德的形式主义只具有方法论的意义,即它能抵制情感偏好的干扰,维护道德决定的纯洁性。

在伽达默尔看来,康德的形式主义继承了卢梭对于启蒙运动中的功利主义的批判。这种功利主义体现了"理智的傲慢",即用社会功利的计算来规定道德的善恶。启蒙运动的功利主义受到现代理论概念的影响,这种理论概念是通过与它的实践应用的对立而得到规定的,理论被认为是对可把握的现象进行说明,将理论应用于实践中就能帮助和改善实践活动。启蒙运动希望通过对人的本性以及人与人之间的关系的客观研究发现支配人类行为的规律,在道德领域中获得完善的理论认识,并将这种理论应用于道德实践,这就产生了道德进步的荒谬信仰。而卢梭则批判这种理性进步必然带来道德进步的历史观,他坚持普通人的良知的合法性,认为人的淳朴的心灵和正直感就能告诉我们什么是正当的,而理论或理性常常背离自然的道

---

① 《伽达默尔全集》(第4卷),第179页。

德。正如卢梭所说:"理性欺骗我们的时候是太多了,我们有充分的权利对它表示怀疑;良心从来没有欺骗过我们,它是人类真正的向导;它对于灵魂来说,就像本能对于肉体一样;按良心去做,就等于是服从自然,就用不着害怕迷失方向。"①康德不是像功利主义那样通过理论构造出法则,然后再应用于具体处境中。他的形式法则并不超越人的朴素的道德意识,而是就隐含在其中,因而与具体处境的善的要求并不是分离的。在这个意义上康德继承了卢梭的良知(Gewissen)②立场。良知告诉我们在具体处境中应当做什么,这种"应当"体现了实践理性的无条件的确定性。我们在进行实践活动时都能感受到"应当"的要求,它是道德法则对我们的约束力,所以道德法则是自明的,而不是一种理论建构。我们可以看到,与卢梭不大相同的是,康德的良知概念突出了道德法则的作用,因而是合乎实践理性的,而不仅仅是一种直觉。在《道德形而上学》中康德把良知和道德情感、对邻人的爱以及对自己的敬重统称为对义务概念的感受性的主观条件,或者说可被义务概念所激发的自然的心灵禀赋。它们不是奠定道德性的客观条件,而是人接受道德性的主观条件,也就是说道德性通过它们而对人产生作用,从而使人被赋予了义务。它们源于道德法则对心灵的作用,所以它们是每个人都具有的。这表明良知是人们对先天的道德法则的感受性,而不是后天

---

① 转引自周辅成编:《西方伦理学名著选辑》(下卷),商务印书馆1964年版,第140页。

② "良知"(Gewissen)也可翻译成"良心",它在古希腊文中表达为(syneidesis),其中 syn 指"一同",eidesis 指"知",所以这个词的意思是"共知"。它的动词 syneidenai 不仅可以表示"与其他人一起知道某事""知道其他人的某事",也可以指"与自己知道某事"或"知道自己的某事",所以 syneidesis 也可以指一种"与自身的知"或"关于自身的知"。这个词在拉丁文中翻译成 conscentia。不管是希腊文还是拉丁文的表达都不必然有道德的意义,只意味着心理的意识,表示一种与他人共有的一种意识。在后来的日耳曼语中,这个词被翻译成两个词,如英语中的 consciousness(意识)和 conscience(良心),德语中的 Bewusstsein(意识)和 Gewissen(良心),所以道德意义上的良心与意识密切相关,是一种"良知"。Conscience 和 Gewissen 都具有"共知"的含义,良心的"共知"方面的意义在语词发展中指"自知"或"关于自己的知"。良心表达了我们在道德上对自己的自觉,在近代哲学中良心表示道德的自身意识。可参见倪梁康:《自识与反思》,商务印书馆2002年版,第290—297页;耿宁:《欧洲哲学中的良心观念》,孙和平译,孙周兴校,载《浙江大学学报》1997年第11卷第4期,第23—29页。

获得的东西。"良知就是在一个法则的任何事例中都告诫人有作出赦免或者宣判的义务的实践理性。"①

　　在伽达默尔看来,康德的严格的道德态度还有一种意义,就是通过考虑纯粹义务和爱好相对立的极端情况,把道德理性的力量内在化,从而为人的品格奠定坚实基础,也就是使人自己意识到道德法则,培养人纯粹的道德意向,并以此指导他的整个生活。伽达默尔认为,只有在义务和爱好相冲突的特殊情况下才会发生道德的自我检验,这时良知才显现出来。良知不是持续的习惯,而是敲打某人、唤醒某人的东西,而良知之所以可能,就在于存在着某种可称为"宽泛的"良知(weites Gewissen)的东西——即伦理习性。康德恰恰忽视了良知植根于日常的伦理习性中,因而其道德哲学忽视了人的存在的经验性条件。因此伽达默尔提出另一种道德哲学模式,即不是选择义务和爱好相冲突的特殊情况,而是选择遵循伦理的通常情况作为道德哲学的定向。这实际上就是亚里士多德实践哲学的模式。在他那里没有普遍法则或先天规范的概念,只有"德性"或"善"之类的概念,他的哲学伦理学就建立在这些概念上。作为基础的伦理(ethos)概念表明,德性并不只存在于道德知识中,相反,道德知识的可能性依赖于人的德性存在,而这种存在又是通过教化和生活方式形成的。

　　在伽达默尔看来,康德和亚里士多德分别体现了两种伦理学路向,康德是定向于爱好和义务相冲突的特殊情况,因而突出了道德法则的普遍性、义务的无条件性,并希望培养纯粹的道德意向;亚里士多德则定向于人的伦理生活,他更强调我们实践的条件性和对社会的依赖性。这两种路向需要结合起来,才能为一门真正的哲学伦理学奠定基础。伽达默尔认为:"康德具有无限的功劳,他揭示了道德推理的致命的不纯粹性,道德和实用动机的'令人厌恶的混杂'——这种混杂使得启蒙时代的'实践的世俗智慧'成为道德本身的一种更高形式。我们通过康德从这种狂妄中拯救出来。但事情还有另一方面对此是必要的,这就是要承认所有人的存在的有条件性并因

---

① 《康德著作全集》(第6卷),第400页。

此也要承认他的理性运用的有条件性。"①可见伽达默尔一方面肯定康德维护道德的纯洁性,另一方面又批评康德忽略了我们存在的条件性。道德的纯洁性和我们存在的有限性需要结合起来。这种结合在亚里士多德的"实践智慧"的论述中得到了很好地表达。实践智慧是植根于伦理之中,与人的德性存在不可分,另外它在具体处境中能够像良知一样告诉我们应当去做什么,海德格尔也因此把实践智慧解读成良知。在伽达默尔看来,亚里士多德伦理学的要点就在于调和逻各斯和伦理、知识的主体性和存在的实体性,他本人是认同这一立场的。当然伽达默尔也承认亚里士多德更看重我们伦理存在的条件性和个人决断对社会规矩的依赖性,而不是道德的崇高无条件性,这一点恰恰通过康德凸显了出来。

2. 具体的善

伽达默尔认为亚里士多德的实践哲学是批判柏拉图的善的理念的结果,并且强调这种批判实际上是加强了柏拉图的自我批判。这种批判表明,并不存在独立的、抽象的善的理念,对"善"概念的使用是根据纯粹的类比,因而一门普遍善的科学对于实践哲学来说是毫无意义。也正是因此如此,亚里士多德把实践哲学从理论哲学中独立了出来。实践哲学所关注的只是实践的善,而实践的善在其应用中总是受人类实践条件的限制,因而总是具体的善。不可否认由于受柏拉图影响,亚里士多德也将目的论结构应用于实践的世界中,这种目的论的形而上学也许在现代世界变得不可接受,然而在伽达默尔看来两人都把握了基本的真理:"在人类行为中我们所筹划的善(何所故)只有通过我们的实践理性——在实践智慧的劝告中——被具体化并被规定。"②

实践智慧不仅仅涉及为预定的目标寻求正当的手段,而且首先要规定这个目的本身。"它通过伦理考虑的具体性首先在其具体性中规定这个'目的'

---

① 《伽达默尔全集》(第 4 卷),第 187 页。
② H.G.Gadamer,*The Idea of the Good in Platonic-Aristotelian Philosophy*,p.177.

本身,即作为可行的东西"(tunlichen)"①。可行的东西不只是正当的东西(recht)而且也是有用的东西(nützlich)、合目的的东西(zweckmässig),并就此而言是正确的。因此伽达默尔区分了两种正确性(Richtigkeiten)的含义,一是正当意义上的正确,二是有用、合目的意义上的正确性。在人的实践行为中这两种正确性是相互渗透的,它们共同构成了人类的"善"。这显然是反对康德式的义务论把道德的善和非道德的善割裂开来,仅仅关注道德的善,从而使伦理学狭隘化。另外,我们行为的目的超越我们自身而涉及整个社会存在,我们对可行东西的选择处于社会存在的整体中,这表明善不是一个个人的概念,而是一个社会概念。实践智慧追求的善不是由先天道德法则来规定,而是在社会生活中形成的,与特定的共同体、传统、文化和生活方式密切相关。这样的善更为特殊、具体和多样化。伽达默尔并不否认每个人对善的认识有差异性,但他认为人们既然相互共存在一起,就会有共同的利益和追求,因而善也有共通性的一面。同时善的观念由于是在共同体、文化传统中形成的,这样也保证它具有一定的确定性。他说:"凡是必须作出道德决定的人,他一定总是已经学过某种东西的人。他是这样被教育和习惯所规定的人,以致他一般都知道什么是正当的。"②实践哲学不是以善的理念为出发点,而是以实践生活本身为出发点,在其中我们有关于什么是善的生动意识。另外,这些善的观念只有在应用中才完成自身、实现自身。"作为正当的东西,我们在判断中对我们自身或对他人表示肯定或指责的东西来自我们关于什么是善和正当的普遍表象,但它们首先在具体的现实情况中才获得真正的规定性。"③实现具体的善不是普遍规则的应用,因为亚里士多德所刻画的德性形态和中道结构只不过是种模糊的图式,在行动时需要人们按照处境的要求运用实践智慧将德性观念具体化,这样人还是在自己作出决定,对自己负责。

对于"幸福"概念,伽达默尔认为:"从最终的意义上说,一切社会实践

① 《伽达默尔全集》(第4卷),第184页。
② 《伽达默尔全集》(第1卷),第322页。
③ 《伽达默尔全集》(第4卷),第184页。

总有某些预先决定的因素,例如无论个人或社会都旨在追求'幸福'。这似乎是具有明显合理性的自然说法。但我们必须承认康德的观点,即作为想象力之理想的幸福乃是缺乏一切固定的规定性的。"①这里伽达默尔像亚里士多德一样把幸福作为人们追求的终极目的,不过他继承了康德对幸福的看法,认为幸福只是一种不确定的理念。因此,我们无法将幸福作为已经预先决定了的东西,然后以技术理性的方式选择正确的手段。幸福只是一种理想,而我们实践的理性要求我们对目的以及适应目的的手段的考虑具有确定性,所以关键是将幸福具体化在目的—手段的序列中。这就要求我们能够对目的的相对重要性有所衡量,把一个目的隶属于另一个目的之下,在行动时能也能够意识到采取另一种行为的可能性。总之,幸福离不开人的理性思考和自由选择。它不是一个固定目标,而是人在实践活动中创造出来的结果的全体。这里实践智慧在并非目的合理性的意义上发挥作用。当然实践智慧需要尺度,但这种尺度不是固定不变的,而是显现于对正确东西的选择中。他说:"谁处于选择状态,谁就需要一种首要的尺度,以便他在这种尺度的控制下进行他得出决定的反思。这种反思的结论又并非仅仅把某种考虑正确性置于主导的尺度之下。凡对我们作为正确的东西,它也在规定着尺度本身,这并不是说得出的决定就是由此而预先订好了,而是说由此就使对确定行为目标的决定本身得到了构成。于是,结果在这里最终就意味着连续性。唯有这种连续性使得自身同一性充满内容。"②伽达默尔也指出把康德所批判的幸福主义与亚里士多德的实践哲学传统联系起来是不正确的。古代的幸福主义不能被看做享乐主义。对于亚里士多德来说德性并不是作为达到福利的手段,也不是生活的明智,而康德所批判的幸福主义则意味着人们通过生活的明智来安排事物从而获得最大福利。

我们前面谈到,亚里士多德将理论生活的理想置于实践和政治之上,认为理论的沉思最接近幸福。在伽达默尔看来理论的优越性建立在它的对象(即永恒的存在)的存在论优先性之上。实践的世界属于不确定的、变化的

---

① 《伽达默尔全集》(第2卷),第468页。
② 《伽达默尔全集》(第2卷),第468—469页。

存在,因此实践知识对于理论知识而言处于第二位。即使这样,实践的合理性在某种意义上和理论合理性一样都是最好的,因为人类最高的东西(神圣的努斯)在两者中都实现了。对于人类而言,理论生活是受限制的、有条件的,人不能不断地进行思想上纯粹的看,因为他们的本性是复合的,不是单纯理性的存在,而是也有欲求、情感和社会交往的需要。所以理论生活对于实践生活的优先性不能绝对化。亚里士多德把实践生活的幸福称为第二好的,但对于人而言也是最好的,而幸福在纯粹理论中的实现对人来说是受限制的实现。"因此人类的实践的幸福不是第二位的东西,而恰恰是适合于人的东西。"①伽达默尔在这一点上修正了亚里士多德,对于人来说,人的幸福就在于实践中实现。

在伽达默尔看来社会生活中的一切取决于如何设定目的以及如何达到目的,实践智慧不仅在于是给预定的目的寻找恰当的手段,更在于设定目的。这对于反思我们现代社会具有重要意义。现代社会从功利的需要出发来指导人类的行为,科学技术也为之服务。人们追求社会福利、不断扩大的生产、被刺激起来的消费以及对自然的控制,但却遗忘了这样的问题:什么才是我们要追求的善,或者说什么样的生活才是好的、幸福的生活。伽达默尔像法兰克福学派一样批评现代技术和工业体系对人的宰制,认为人们在优越生活和大众文化的环境下丧失了对现实的批判,在享受着物质成果的同时失去了自己的自由。技术造成的信息洪流使人们丧失了选择和理解能力,人们日益被动地适应职业机器,越来越少的人做决定而越来越多的人在操作设备。与之相伴随的还有自然环境的破坏,无休止的竞争、掠夺甚至战争。现代人的这种生活并非幸福的生活。这一切都是由于没有认清善的问题。伽达默尔则要我们追问:我们的工作是为了谁的利益? 技术的成果在多大程度上是为生命服务? 人们的一切理性的知识和能力的应用都应从属于理性理想或"共同目标",这种共同目标对所有人都起作用,在今天它包容了我们整个人类。这种目标是由不同的文化和整个人类文化所承担着的,但往往被我们追求效率、速度和欲望满足的现代社会所遮蔽,被我们非

---

① H.G.Gadamer,*The Idea of the Good in Platonic-Aristotelian Philosophy*,p.177.

人的经济结构和生产方式所掩盖,所以需要人的实践理性的反思去重新发现善的目的。善的目的的设定需要人们通过相互理解和相互认同达到某种共识,这样的善才是合乎理性的善。只有一个平等对话的人类共同体才有助于获得善的认识以及善的真正实现,这样的共同体才是真正的共同体。在伽达默尔看来人们在实践上都希望追求好的生活,共同的善体现在人的共同需求和传统的基本价值观念中,如人与人之间的相互尊重、团结友爱,人与人、人与自然的和谐。实践智慧或者说实践理性就是要认识到什么是善,并且还要以恰当的方式实现这种善。实践包含选择和反思的考虑,而实践考虑的结果就是决心,这种考虑过程和决心一起使意志的目标具体化。实践理性并不只在于对认为是好的目的进行可行性的反思,它不同于技术合理性就在于普遍性的目的是通过个别的东西获得其规定性。"任何普遍的、任何规范的意义只有在其具体化中或通过其具体化才能得到判定和决定,这样它才是正确的。"①如何在具体行动中实现善目的涉及实践智慧的活动,下面就论述这方面的内容。

---

① 伽达默尔:《科学时代的理性》,薛华等译,国际文化出版社 1988 年版,第 72 页。

第 四 章

实践智慧的活动——实践的考虑

第一节　亚里士多德论实践的考虑

前面我们说过,在亚里士多德那里实践智慧是理智中考虑(或推理)部分的德性,考虑得好是有实践智慧的人的特征。实践智慧的活动就是一种考虑活动,是对可变的实践事物的思虑、考量,既不同于理论的思考,也不同于技艺的考虑。亚里士多德在论及实践智慧时谈到了好的考虑、理解和体谅,它们体现了实践智慧的活动方式的特点。

1. 好的考虑、理解和体谅

亚里士多德把好的考虑与科学、判断、意见区别开来。好的考虑是考虑的一种,考虑意味着探索和推理,它的题材变动不居,科学则研究不变的事物,所以好的考虑不是科学。好的考虑也不是判断,判断不含推理而是能够很快作出,考虑则有推理过程,要花费较长的时间。好的考虑也不同于意见,意见的题材是现成的,考虑的东西则可能发生也不可能发生。如果说糟糕的考虑导致错误,好的考虑导致正确,那么好的考虑就是某种正确的东西。但这种正确不同于科学或意见的正确。正确的科学和意见都是已经确定了的东西,而考虑则处于探索和计算中,也就是说它本身是作为一个思想的过程,还没有达到确定。正确有多种含义。坏人可以通过计算而达到他们的目的,这也可以称为正确的考虑,但给他们带来的是坏事。而好的考虑的正确是达到某种善的正确,也就是说考虑的目的应是善的。不过善也可以通过错误的中介而达到正确,如为了好的目的而不择手段。这种经过错误而达到正确的考虑也不是好的考虑。所以好的考虑不只以善为目的,而且达到目的的中介也要好的,"好的考虑是对人有益的正确,关于正确的事情,以正确的方式,在正确的时间"(1142b28-29)。对于好的考虑而言,它虽以善目的为前提,但这个善目的不是通过考虑确立起来的,而是预先确定的。考虑的结果就是正确的行为,正确的行为是达到善目的的手段,它作为经过考虑而确定的东西不再属于考虑。就此而言,好的考虑是连接目的和手段的中介。

实践智慧不仅通过好的考虑得出正确行为的结论,而且也发出实践的命令,即要求我们作出相应的行动。在这一点上它和理解(synesis)不同。理解是善于理解的人的一种品质。理解的对象不是永恒不变的事物,而是引起困惑和考虑的事物。所以理解和实践智慧都与同样一些事物相关联。它们的不同之处在于"实践智慧发出命令(因为它的目的是一种我们应当做或不应当做的状态),而理解则只作判断"(1143a6-7)。实践智慧是指导实践的,它要求我们做什么或不做什么,因此它发出实践的命令。理解只作判断,只认识事实是怎样的,并不要求我们去做什么。由于理解和理解得好是一回事,理解就是对实践智慧的事情判断得好。虽然理解和实践智慧不同,但显然在实践智慧的运用中也包含了理解的成分。

除理解之外,与实践事务的考虑相关的还有体谅(gnome)。"体谅,即我们说某个人善于体谅或原谅别人时所指的那种品质。"(1143a19)体谅的原意是判断,引申为好的判断(eugnomon),即"为人着想的判断"。原谅(sug-gnome)意为"与你一道来判断"。① 体谅就是对公道的事情作出正确的判断,而公道的人最能原谅别人。体谅表现为能够同情地理解别人,特别表现为考虑到别人的困难而宽容他们。亚里士多德认为我们用体谅、理解、实践智慧、努斯说的是同样一些人,因为这些品质都是同终极的、具体的实践事务相关。"当一个人能够分辨这些同实践智慧相关的事务时,他就学会了理解,懂得了体谅,并且能够原谅别人。"(1143a30)可见在实践中好的

---

① 体谅是从原谅中分离出来的理智成分,原谅包含着体谅并且伴随着情感的要求,体谅和原谅的关系就如理解和实践智慧的关系。参见《尼各马可伦理学》,廖译本,第184页注释2。

考虑、理解、体谅都不是相关于抽象的原则,而是相关于具体的、特殊的东西。实践的考虑不是抽象原则的应用,而总是要回应具体情况的要求。

2. 实践的三段论

实践智慧是作为理智的考虑部分的德性,显然好的考虑比理解、体谅更能体现实践智慧的作用,所以亚里士多德说:"好的考虑就是对于达到一个目的的手段的正确的考虑,这就是实践智慧的观念所在。"(1142b35)海德格尔也因此将好的考虑作为实践智慧的实行方式(Vollzugart)。亚里士多德在对实践考虑的论述中隐含着一个三段论式,他在不少地方间接提到了这种实践的三段论。这里大前提是善的目的,小前提是对具体处境的觉察,而结论是正确的行为。他说:"实践的演绎也有这样的始点——目的或最大的善是这样的东西(不论它实际是什么,因为这里只是从逻辑上讲)"(1144a31-32)。善目的是我们好的考虑的前提条件,可以成为实践三段论的大前提。正如我们在上一章所论述过的,善的目的在终极意义上是幸福,而作为具体行为的目的则合乎德性的理想观念。比如帮助别人就体现出慷慨或正义的德性。然而在实践推论中小前提具有决定性的意义。"在实践事物中努斯把握终极的、可变的事实和小前提。"(1143a36)我们总是已经处于一个具体的处境中,并在这个处境中选择某种手段以实现善的目的,因此我们需要通过具体事实的感知。"实践智慧相关于具体的事情,这些具体的东西是感知而不是科学的对象。"(1142a26)正如我们分析过的,这种对具体事物的感知是努斯的感知,不同于感觉的感知。实践智慧要对具体事实的各方面进行开放的、复杂的理解、考虑,最终由努斯正确地把握它。当然努斯对具体事实的把握是与善目的相关联的把握。实践智慧通过努斯对具体事实的把握才决定采取什么样的手段以达到善目的,善就在具体情况中实现出来。所以可变的事实作为小前提"就是构成目的的始点,因为普遍的东西就出于具体"(1143b1)。

小前提的这种关键作用也在亚里士多德关于自制问题的论述中体现出来。一般人认为自制的人能够遵守通过推理而得出的结论,他能服从逻各斯,不去做他知道是恶的事,而不能自制的人则放弃推理的结论,他出于感情会做他明知道是恶的事。相反，苏格拉底认为一个人有了知识就不会被欲望、感情像奴隶一样拉着走，不会去做与善相反的事；没有人会去违背他判断为好的事情，如果这么做那只是由于无知，所以不存在不自制的情况。在亚里士多德看来苏格拉底的这种说法与经验事实并不符合，但他也不是简单地否定苏格拉底的观点，而是更深入地探讨不自制的人是不是由于无知。他认为一个人做了不应当做的事可能是有知识而没有应用或意识到这种知识，也就是说没有意识到的不是知识的普遍前提，而是直接关系到结论的具体前提，"他可以只运用普遍前提而不运用具体前提，而行为总是同具体事物相关。"（1147a3）比如帮助他人从普遍意义上（大前提）看是正确的，但是在特殊环境中针对特殊的人、特殊的事，如帮助罪犯脱离惩罚（小前提），可能就是不正确的。一个不自制的人虽然知道大前提，但却没有意识到小前提，所以在特定条件下对不应当的对象做了不应该的事情。还有一种情况是虽然注意到小前提，但没有将它与大前提联系起来。亚里士多德举的例子是：大前提阻止我们品尝甜的事物，而小前提的意见是"甜的食物令人愉悦"而且"这个食物是甜的"，那么不自制的人出于欲望就会不顾及大前提，而只顾及小前提。这里小前提的意见并非自身就与逻各斯对立，与逻各斯对立的是欲望，但人出于欲望而未将小前提和大前提联系起来，故而其依照小前提的行为仍不合乎逻各斯。总之，不能自制者在受着感情的宰制时或者不具有这种具体前提的知识，或者有但不是真实的知识，即未将具体前提与普遍前提联系起来。这样苏格拉底的观点在某种限定的意义上又是对的，即如果有了真实的知识就不会做坏事，而呈现给不自制的人的只是感觉的知识而不是真实的知识。可见不自制之人的不足都与小前提的相关。正如 Mele 所指出的："第一个不足是不能注意到相关的小前提，没有在自己的心灵中清楚地把握它，第二个不足是没有注意要把小前提指向支持行为者的正确大前提的目的。"①

在实践推理中大前提是非生产性的，而与具体环境和情况相关的小前

---

① Alfred R.Mele，"Aristotle on Akrasia Eudaimonia and the Psychology of Action"，in Nancy Sherman（ed.），*Aristotle's Ethics—Critical Essays*，Rowman&Littlefield Publishers，1999，p.198.

提是生产性的。小前提对于具体行为来说具有关键作用,它是"一个对于感知对象的、主导着行为的意见"(1147b8)。大小前提的结合所产生的就是正确的行动。亚里士多德虽然借用了三段论来说明实践智慧的活动,显然这种活动并不适合科学演绎的框架。实践的考虑本来就不同于科学,它的题材是变动不居的。科学演绎的大前提是确定的,推论过程具有逻辑的必然性,实践的考虑过程则是开放的、不确定的。正如 McDowell 指出的,把实践三段论的大前提当做一个普遍公式,把这个推论过程作为普遍规则的机械应用,这是一种偏见。如果是这样,那么在具体环境中任何人运用实践三段论所推演出的结论应该是一样的。实践三段论其实只是一种类似论证的图式,甚至这里的大前提并不能被明确地写下来。① Guthrie 也指出亚里士多德的逻辑三段论和实践三段论的不同:"在标准的亚里士多德三段论中(不同于他的中世纪变种),小前提的主词——以及结论的主词——是一个类或种属,而不是一个个体。这是因为它是知识的工具,而对于个别事物则没有知识,只有感知;但是作为行为之指导的实践的(或应用的)三段论,如果它以普遍的东西为结果就没有用处。"②可以说,实践的三段论只是一个类比的说法,正确的行为不可能以科学的方式演绎出来,实践智慧是要根据具体的情况,面对多种行为的可能性作出最好的选择。

3. 正确的行动

考虑不能无限进行下去,考虑的结果就是要进行选择,所选择的就是考虑的结论。选择就是在诸多事物中选取更好的东西,只有拥有逻各斯的动物才有选择,非理性的生物有欲望和感情而没有选择。"选择这个名词就包含了逻各斯和思想,它的意思就是先于别的而选取某一事物。"(1112a16)选择所针对的不是目的,而是手段。所选择的也不是不可能的东西,而是可以通过自己的活动达到的东西。选择主要在于区分善恶,我们进行选择是为了

① John McDowell, "Virtue and Reason", in Nancy Sherman (ed.), *Aristotle's Ethics—Critical Essays*, Rowman&Littlefield Publishers, 1999, pp.134–137.
② W. K. C. Guthrie, *A History of Greek Philosophy*, *Volum VI*, Cambridge University Press, 1981, p.349.

获得善而避开恶的东西。选择是德性成为可能的条件,我们的德性就在于对善的行为的选择,所以亚里士多德说:"德性是一种选择的品质"(1106b36),德性是"选择的或包含着选择"(1106a3)。

在亚里士多德那里"选择"概念显然是褒义的,特指合乎逻各斯的、好的选择,但显然还有不合乎逻各斯的、不好的选择。为此他又提出了意愿概念。意愿是比选择更广泛的范畴。选择是出于意愿,但并非出于意愿的行为都是选择。因为出于意愿并不一定包含逻各斯,比如受怒气和欲望支配的行为也要看做是出于意愿的,但不包含逻各斯,因而不能看做是经过选择的。出于意愿的行为有两个要素:一是始因在自身,二是了解具体情况。因此被迫和无知的行为不是出于意愿。不过对于被迫和无知亚里士多德作出了严格的限定。如果一个行为尽管本身是违背意愿的,但在做这个行为的时刻却可以进行选择,那么始因就在当事人自身中,这种行为还是出于意愿的。比如一个人受他人威胁而去干坏事,虽然这件事本身违背了他的意愿,但他在做这件行为的时候还是自由的,因此还是要看做是出于他的意愿。只有当行为的始因在外部事物,而且被迫者完全无助,这种行为才真正算是被迫的。而无知的行为在任何时候都不是出于意愿的,但是只有在引起痛苦和悔恨时才是违反意愿的(如过失伤人)(1109b30-1111a20)。从亚里士多德关于选择和意愿的论述中我们可以看到自由意志观念的萌芽。正确的行为是出于意愿而被选择的行为,选择是合乎逻各斯的。由于实践智慧就是正确的逻各斯,可见选择是由实践智慧来指导的,所选择的正确的行为就是合德性的行为。

虽然亚里士多德强调考虑和选择的不是目的而是相关于实现目的的手段,这并不意味着正确行为本身没有价值,只是实现善目的的工具。相反,亚里士多德认为被选择的行为也是为了它自身的缘故,它不仅在手段的意义上是善的,而是本身在道德意义上也是善的。亚里士多德把正确的德性行为用"高尚"(Kalon)表示。德性的行为是"按照逻各斯的要求并为了高尚[高贵]之故"(1115b12),"德性的行为都是高尚[高贵]的,都是为着高尚[高贵]的事的"(1120a23)。一个行为固然有特殊的目的,但使它成为德性的行为就在于它是高尚的,比如一个人为了朋友或祖国的利益做事情,甚至不惜牺牲自己的生命,这样的人就是为自己选取伟大而高尚的东西。可以说德性行为是为了高尚的缘故而做的,以高尚为目的。当然这里目的的意义不是指行为所达到的目标,而是指行为本身的性质。高尚的行为是由于自身被欲求并值得赞赏的东西,它本身就具有内在价值。所以德性行为作为高尚的行为是道德上善的行为,它本身就可以成为目的,这也是它区别于技艺之所在,因为制作的目的外在于制作活动,而在实践上做得好本身就是目的。(1140b5-10)

既然正确的行为就是德性的行为,那么这种正确就意味着适度。这要求"对适当的人、以适当的程度、在适当的时间、处于适当的理由、以适当的方式"做事情(1109a27-28)。显然要做到完全的适度是很困难的。亚里士多德提出了几点做到适度的建议。首先要避开与适度最相反的那个极端,因为在两个极端中有一个更坏,如果不得已的话就要两恶相权取其轻。其次需要研究我们容易沉溺其中的事物,然后把自己拉向相反的方向,通过这种矫正就可以远离错误、接近适度。最后要警惕那些令人愉快的事物,通过克制快乐能够帮助我们选中适度。不过在具体场合实际上很难各个方面做到完全的适当,比如我们很难确定一个人在发怒时应该采取什么方式、持续多长时间、基于什么理由。我们对于适度的评价也是不确定的,有时我们会把怒气不足的人称为温和,有时又称赞容易动怒的人为勇敢,至于偏离适度到什么程度才应该受到谴责,也不确定。所以不管适度还是不适度总是要根据对具体情况的感知来确定。(1109b19-24)这种对具体情况的感知显然就是实践智慧的作用。

德性行为根据不同的情况呈现出差异性和不确定性,善的事物也是如此,比如有的人由于富有而毁灭。因此对于实践的研究就表现出某种不确定性。不过在亚里士多德看来,我们不能要求所有研究具有同样的确定性,我们只能寻求与题材的本性相容的确定性。比如木匠和几何学家都研究直角,但它们所要求的确定性就不同,木匠只要直角能适合于自己的工作就行了,而几何学家则要弄清楚直角的本性和特征。所以要求一个数学家只提出一个大致的说法,或者要求一个修辞学家作出严格的证明,都是不合理的。(1094b24-26)实践要求的确切性不同于数学的确切性,也不同于技艺所要求的确切性,这是由实践的题材决定的。由于事物的确定性是由逻各斯来规定,不同的题材所容有的逻各斯也不相同。对于实践来讲这种确定性意味着适度,它只是一个模糊的图式,所以"实践的逻各斯只能是粗略的,不很精确的"(1104a1)。不仅实践的总的逻各斯是不确定的,具体行为中的逻各斯更不确定,要因时因地制宜。正如医疗是根据每个人的具体情况恢复身体的平衡,航海是根据海上的具体情况保持船体的平衡,与此相似,具体行为也要根据处境的具体情况获得德性上的平衡——不偏不倚、合乎中道。正确的行为不仅是德性行为,而且"正确就意味着真"(1143a24),这意味着正确的行为也就是"真的行为"。这种实践的真是通过实践智慧展开的,"实践的理智的活动是获得相应于遵循着逻各斯的欲求的真"(1139a30)。实践的真不同于理论的真,这也是由实践本身的性质决定的,对于实践题材"只能大致地,粗略地说明真"(1094b20)。

从以上的论述中,我们可以看到实践智慧的活动是很复杂的,它需要对具体情况进行考虑,作出正确的判断,并选择一个本身是善的正确行为。在实践智慧的活动中具体的处境起到了关键作用。我们实践所面临的情况是变化不定的,实践智慧总是要求根据当时当下的情况选择适度的行为。确定适度的实践的逻各斯是不精确的,它不同于理论的逻各斯,同样实践的逻各斯所展示的真理也不同于理论的真理。下面我们转向康德,看看他是如何论述道德推理的。

第二节　康德的道德推理

上一节我们讨论了亚里士多德对实践考虑过程的看法。在他那里具体处境居于首要的地位,实践智慧以善为目的,根据具体情况选择恰当的行为。对于代表善目的的德性观念,他并没有给出证明,没有说明它们之所以为德性的根据是什么,只是依据当时人们的一般德性观念归纳出来,因此并不完备。① 这些德性观念只具有图式的性质,关键是把它们实现在具体德

---

① 在亚里士多德的《尼各马可伦理学》、《优台谟伦理学》和《大伦理学》中,德性数目和内容(以及对应的恶)并不完全相同,参见《尼各马可伦理学》,廖译本,附录三"关于亚里士多德德性表"。

性行为中。相反,从康德的伦理学著作中我们发现,康德关注的道德考虑过程主要是对德性义务的推导,对于具体行为的决定反倒在其次。

1. 德性论的普遍原理

在《道德形而上学》的"德性论导论"第十三节"在讨论一种纯粹的德性论时的道德形而上学基本原理"中,康德提出了科学地探讨德性义务的三条原理。我们可以看到这三条原理都是针对古代德性伦理学的。第一条原理是"对于一个义务来说,也只能找到承担义务的一个唯一根据"①。在康德看来德性义务需要证明,这种证明是哲学的证明,只能通过出自概念的理性认识来进行。他举出例子说,对于诚实义务的证明可以从谎言对他人的损害来证明,也可以从说谎者的卑鄙和对自我敬重的侵犯来证明,在康德看来后一种证明才是真正的、出于诚实概念的证明,而从前一种证明中得到的只是对别人的善意的义务,而不是诚实的义务,因此它给出的并不是诚实的充分根据。在康德看来即使把很多不充分的根据摆在一起也不足以达到确定性,这种做法只是"说服艺术的惯用技巧","一种非哲学的托辞"②,而证明需要有充足的根据才行。

就康德的立场而言,德性义务需要进行哲学的证明,即通过出于概念的理性认识达到确定性,找到承担义务的唯一根据。显然亚里士多德在探讨德性时并没有这样的证明。这里还是举诚实的例子。亚里士多德认为诚实是自贬和自夸的中道,诚实的人对于自己的言行能够实事求是,既不夸大也不缩小。他讨论了三种自夸者:一是没有目的,喜欢自夸而自夸的人。这样的人并不恶,只是愚蠢;二是为了荣誉而自夸的人。这种人品质不算太坏,因为他想表现出受人尊重的品质;三是为了钱或好处而自夸的人。这种人品质比较坏。此外他还分析了两种自贬者:一是不失高雅的自贬,这种自贬掩盖了那些受人尊敬的品质而避免了张扬;二是伪君子式的自贬,这种人在有能力做的小事上贬低自己,让人真正看不起。(1127a13-b35)我们可以

---

① 《康德著作全集》(第6卷),第403页。
② 《康德著作全集》(第6卷),第404页。

看到亚里士多德并没有给出对于诚实的证明,而只是说虚伪是可谴责的,诚实是高尚的和可称赞的,并对它们的各种表现进行描述。亚里士多德对于其他德性的讨论也是采取这种方式,都是选取生活经验中的事例和情况来说明德性以及恶习,这种经验性的描述在康德眼中自然是"非哲学的"。

康德提出的第二条原理是"德性和恶习的区别绝不能在遵循某些准则的程度中去寻找,而是必须仅仅在这些准则特殊的质(与法则的关系)中去寻找。"①他认为像亚里士多德那样把德性设定为两种恶习之间的中道是错误的。判别德性不是根据量(程度)的标准而是根据质的标准,即看它是否符合道德法则。比如亚里士多德认为节俭是浪费和吝啬的中道。在康德看来浪费和吝啬这两种恶习有各自的准则,不能通过量的加减来产生中道。也就是说不能通过减少浪费的开销或增加吝啬的开销来产生节俭。恶习多一点或少一点还是恶习,而不会变成善。德性或恶习当然有程度之分,但程度之分只是在德性或恶习内部的区分,而不是德性和恶习之间的区分。恶习比起德性来并不在于做得太过或不及,而是两者有着完全不同的原则。康德认为古代那些关于中道的格言"包含着一种索然无味的智慧,它根本就没有什么确定的原则"②,因为谁也无法说明中道是什么,它是模糊不清、不确定的。当我们说做"任何事都不应当过度或不及时"其实什么都没说:过度就是比适度更多,不及就是比适度更少,而适度就是既非过度也非不及。这种解释对于德性的定义来说毫无用处,所以康德认为中道原则是空洞的、同义反复的。

康德对亚里士多德的这种批评其实是片面的,他忽视了亚里士多德其实也是站在理性主义的立场上来看待德性的,因为亚里士多德认为德性是合乎逻各斯的,其选择的中道是由逻各斯来规定的(1107a1),并强调中道相对于过和不及来说也是一个极端(1108b1)。而且他还说过并不是每种实践和情感都有适度状态,比如通奸、盗窃、嫉妒、幸灾乐祸等不是由于过度或不及而受到谴责,而是本身就是恶的,永远不可能是正确的(1107a48)。可见德性作

① 《康德著作全集》(第6卷),第404页。
② 《康德著作全集》(第6卷),第404页注释。

为中道既有量的标准也是有质的标准(合乎逻各斯),而亚里士多德更强调的还是后者。实践智慧给出的就是德性所遵循的正确的逻各斯。就康德和亚里士多德都强调"实践理性"(实践的逻各斯)而言,他们实际上是相近的。其实两人的区别关键在于对实践理性的看法。亚里士多德认为实践的逻各斯不像科学的逻各斯,它是不确定的、粗略的,它总是要根据实践的具体情况来确定德性的适度,而预先给出的德性观念只是当时一般人接受的理想图式。相反,对于康德来说,德性义务在被应用于具体情况之前就可以通过普遍法则的检验严格地确定下来,这种普遍法则是纯粹实践理性先天地给出的,在这里实践的逻各斯是确定的。黑格尔曾指出,亚里士多德的德性包含着感性经验因素,不单纯是概念在作规定,因而德性不是绝对自身确定的,其中数量关系也有其地位,但这并非缺点而是符合事情的本性。① 显然,康德力图单纯从概念上规定德性,这反映了他与亚里士多德的德性观的不同。

康德还提出了科学地探讨德性论的第三条原理:"伦理义务必须不是按照赋予人的遵守法则的能力来评价,而是相反,道德能力必须按照无条件发布命令的法则来评价,因而不是按照我们关于人是怎样的经验性知识来评价,而是按照关于人依据人性的理念应当是怎样的理性知识来评价。"② 对于康德来说,德性和恶习的区别在于它们遵循的不同的准则,而准则的好坏是由纯粹理性给出的先天法则来决定的。因此对于德性这种道德能力只能通过道德法则评定。而德性伦理学中的德性是从经验中习得的,是按照经验性知识来评价的,因此也无法给出严格意义上的德性"义务"。我们可以看到康德所提出的德性义务和亚里士多德的德性观念(德目)是不对等的。前面我们谈过康德的"德性论"是一种义务论化的德性论,在他那里德性是人遵循法则的道德能力,德性义务也是根据法则来决定的行为准则,而亚里士多德提出的德性是从日常经验中归纳出来的,不是服从康德式的法则或绝对命令,而是表达了人在伦理生活中培养的内在品质。德性义务和德性品质当然是可以互补的,正如弗兰克纳所说:"对每一条原则来说,都有一种道

---

① 参见黑格尔:《哲学史讲演录》第 2 卷,商务印书馆 1960 年版,第 361 页。
② 《康德著作全集》(第 6 卷),第 404—405 页。

德的善品质,它通常与原则同名,它是由根据原则而行动的习惯或趋向所组成;而对于每种道德意义上的善品质来说,都有一种限定该品质体现于其中的行为的原则。"①比如正义,既可以指德性义务,也可以指一种德性品质。坚持履行德性义务,就会养成某种德性品质,同样德性品质具有履行相应义务的倾向。问题是德性义务和德性品质之间是否存在一一对应的关系?显然亚里士多德提出的德性品质比康德提出的德性义务丰富得多,比如慷慨、坚强、义愤等这些德性品质,它们很难找到相对应的义务原则,所以存在着与德性义务不相应的德性品质,这些德性品质超越了康德严格的义务观念。

总结以上康德提出的三个原理,康德认为德性论的科学探讨必须做到:德性义务需要出自概念的哲学证明,一个德性义务只有一个充分根据;德性和恶习的区别不在于程度的区别,而是质的区别,它们代表着不同的准则;德性必须按照无条件的法则来评价,而不是从经验中学到。通过分析我们发现,康德与亚里士多德的不同其实并不在于亚里士多德把德性和恶习的区别只看成是程度的区别而非质的区别,而在于亚里士多德没有把德性依据确定的原则提出来,也没有进行科学的证明,相反他是从经验中归纳出这些德性,并对其进行经验性描述,它们反映了当时希腊人的一般观念。康德则强调对德性义务进行证明,德性义务是可以通过道德法则检验的,因而是普遍的义务准则,是任何一个有理性者都应当遵循的。这种差别实际上体现了德性伦理学和规则伦理学的差别。德性伦理学并不追求普遍的、确定的原则,因为实践处理的是特殊的事情,特殊比普遍更重要。亚里士多德批评善的理念学说,认为伦理学研究的善是可以实行和获得的善,它与共同体的生活密切相关。相反,规则伦理学以行为的正当与否作为中心问题,而判断正当与否在于规则,提出和设计规则就成为中心任务。这种规则是可以普遍化的律法,而不是出于地方性的约定或习俗,这样对错才具有普遍有效性。普遍化的律法要有至高无上的立法根据,在康德那里这就是纯粹实践理性。为了展示康德伦理学的这些特点,下面我们就来分析康德是如何从普遍的道德法则来推导德性义务的。

---

① 弗兰克纳:《伦理学》,关键译,三联书店 1987 年版,第 136 页。

2. 义务准则的推导

对义务准则的推导涉及准则和法则之间关系。正如我们在上一章谈过的,法则是行为的客观原则,准则是行为的主观原则。法则对于有限的理性存在者表达为定言命令。定言命令不包含质料内容,而完全是形式的表达式。康德将其表述为:"你要仅仅按照你同时也能够愿意它成为一条普遍法则的那个准则去行动。"①从逻辑形式上看,这个公式将准则和法则综合地联结起来,它本来是要表达道德法则的,而法则本身却成为表达式中的一个要素。就像说"人是作为人的动物"并没有告诉我们人是什么一样,这个公式也没有告诉我们法则到底是什么。所以从理论上讲,这个公式似乎是空洞的、没有任何意义,它没有告诉我们法则的实质内容。不过,实践法则不同于理论法则,这个公式不是作为实践法则的定义来告诉我们实践法则具有什么可以认识的内容,而是作为实践的命令对我们的意志产生强制性,即要求我们意志采取的行为准则像普遍法则一样。如何才能像普遍法则一样呢,这就是要求有普遍有效性。因此公式中的法则不过是普遍有效性的代名词而已,实践法则作为定言命令不过是要求我们能够愿意我们的行为准则具有普遍有效性,即被所有人遵循。我们能够愿意它成为一条普遍法则的准则就是义务准则,如果不能够愿意则不是。义务准则不仅是个人的主观原则,而且同时是具有客观有效性的普遍法则,它表现为特殊的定言命令(如"不要撒谎"!),康德谈到定言命令时所指的其实是所有特殊的定言命令(义务)的原则,因而这个定言命令公式本身就已经提出了应用的要求,即对于任何给予的准则进行普遍化测试,以决定它能否成为道德义务。②

不过康德不是直接应用上述普遍法则公式来进行测试,而是通过其变形公式:自然法则公式进行测试。③判定一个准则是否是义务准则,就是看

---

① 《康德著作全集》(第4卷),第421页。

② 参见 Allen W.Wood, *Kant's Ethical Thought*, Cambrige University Press,1999,p.79。

③ Paton 在《定言命令》一书中总结了康德提出的定言命令的五个公式:普遍法则公式、自然法则公式、自在目的公式、自律公式和目的国公式,本书采纳这种说法。参见 H. J.Paton, *Categorical Imperative*, Cambridge University Press,1999,p.129。

我们能否愿意它像法则一样普遍有效,自然法则当然是普遍有效的,因此义务准则作为道德法则和自然法则在形式上有种类似性。在康德看来,法则的普遍性就形式而言构成了在最普遍意义上可称为自然的东西。本来道德法则是应然的法则,而自然法则是实然的法则,两者是属于不同种类的法则,它们的普遍有效性也具有不同的意义。但是道德法则总要指导我们的行为,在现实世界中产生某些后果,这些行为及后果是属于自然的。因此我们可以这样通过自然法则来思考道德法则:当所有人都按照成为道德法则的义务准则行动时,就好像受到自然法则的支配一样构成了一个自然秩序,我也愿意生活在这个世界中。也就是说我们可以从如果所有人都去遵循一条准则会造成什么样的结果以及我们是否愿意接受这种后果,来思考它能否成为义务准则。因此定言命令可表述为:"你要这样行动,就像你行动的准则应当通过你的意志成为普遍的自然法则一样。"①不过这个公式只是从道德法则和自然法则类比的意义上得出的公式,义务准则作为道德法则本身并不是自然法则,而是自由法则,所以康德使用了"好像"一词,能够像道德法则一样普遍有效的义务准则好像就是普遍的自然法则。

在《实践理性批判》中康德把这种意义上的自然法则作为道德法则的模型,它像先验图型一样能起到一种中介作用。在《纯粹理性批判》中康德论证了,纯粹知性范畴应用于感性对象必须有先验图型作为中介,先验图型是先验想象力提供的时间规定,属于先天直观形式,由此范畴在现象上的应用得以可能。与之类似,道德法则是自由的法则,独立于自然感性的规定,它应当被应用于行动,而行动是作为事件在感官世界中发生的,属于自然,因此道德法则应用于行动需要有一个中介。然而这个中介不是图型,因为纯粹范畴是感性直观对象之所以可能的先验条件,它们必须有与之相应的图型才能应用于直观对象,而自由法则是根本不以感性为条件的原因性,不可能为其应用而配备任何直观,从而配备任何图型。因此,自由法则应用于行为的中介只能由知性或思维能力提供,而不能由直观或想象力来提供。这个中介能将自由的原因性和感官经验中的可能事件联结起来,它一方面

---

① 《康德著作全集》(第4卷),第421页。

从感性行为中体现出来的,但又是纯粹思维的对象。康德把这个中介称为道德法则的模型,即道德法则在感官对象上得以表现的合法则性形式,也就是只是就其形式而言的自然法则。它不能作为自然因果律来理解,而是作为道德法则在自然世界中实现的中介来理解。正如先验图型把纯粹范畴和直观连接起来,模型把道德法则和行为连接起来,通过它,我们可以判断一个可能的行为是否符合道德法则,所以这个模型也是纯粹实践判断力的模型。因此当我们要判定一条准则是否是义务准则时,就是要看,我们能否愿意生活在这样一个世界,在这个世界中这条准则就像自然法则一样支配着所有人。

作为模型的自然法则实际上隐含着自然秩序的观念,而这种自然秩序是道德秩序的表现。在这里我们可以看到传统的自然法理论对康德的影响。传统的自然法理论源于古希腊的逻各斯观念,即认为整个宇宙都受到永恒的自然法则的支配,因而是规范有序的。人类可以通过理性来认识、服从自然法。斯多葛学派系统地发展了自然法理论,自然法成为永恒正义的法则,并且是判定实定法的标准。这就为普世性的罗马法奠定了道德基础。中世纪的阿奎那在基督教体系中发展了自然法理论,他认为自然法是上帝统治世界的永恒法在理性造物身上的体现,人通过理性可以认识自然法,其基本原则是"趋善避恶"。他将自然法分为三个层次。首先,所有存在物都有自我保存的倾向,根据这种倾向,一切有利于保存着人类生命的东西都属于自然法,而一切毁灭人类生命的东西都违背自然法。其次,人和动物都有异性间的吸引以及生养教育后代的倾向,因此自然法要求人进行男女婚姻和养育子女。最后,人出于理性的本性还有一种特殊的倾向,即希望过一种社会生活,追求真理摆脱无知。与这一倾向有关的自然法就要求一个人应当避免无知,也不应避免冒犯他与之共处的人。到了近代,自然法理论从强调客观秩序转向注重主体权利。理性发现的自然法是建立在人的本性上的,保障基于人性的权利成为自然法的主要内容。比如洛克就认为,在自然状态中自然法赋予了人类各种自然权利(如生命权、自由权、财产权),它们是神圣不可侵犯的。

西方的自然法理论经过两千多年的发展,产生了不同的理论模式,对于自然法的内容也有不同主张。但在这些理论中自然多指有理性秩序的自然,自然法则是理性的法则,因而带有伦理价值的内涵。在实践上,自然法理论往往成为反抗不合理的法律和社会制度的武器。不过在康德的时代,自然法理论已经遭遇到危机。随着自然科学的发展,人们逐渐意识到,传统的自然法观念具有独断的形而上学色彩。科学研究的自然规律才是真正的自然法,而这种自然法与价值无关。休谟就严格区分了事实和价值,认为我们的事实世界只是牛顿物理学的世界,即由机械规律所支配的世界,那么道德不过是人的情感的产物。这样就否认了具有道德色彩的自然法的存在。道德意义上自然法往往具有目的论色彩,预设了人的目的或者合目的的秩序,从而规定人应该如何行动。比如根据自然法来谴责同性恋,因为它违背了自然为人设定的目的,即通过两性结合繁衍后代。但这种目的论是无法通过科学证明的,现代科学知识研究事物的联系及其运动规律,而不管事物有什么目的。可以说科学的自然法是描述性的,而道德的自然法是规定性的,前者表明事物是什么样的,后者则规定事物应当如何。

康德受传统自然法的影响,但又有了根本的改变。他不是直接地将自然法等同于道德法则,而只是作为道德法则的模型。道德法则是人的纯粹理性颁布的,作为道德法则模型的自然法只是道德法则在客观世界中的表现形式,它本身没有什么内容,而只是一般合法则性形式,突出的是自然的不矛盾性。我们可以通过这种自然法更容易地思维道德法则,因而它成为了判定道德法则的中介。这可以从康德的义务测试中看出来。在《道德形而上学奠基》中康德列举了这四个著名例子来说明如何判定义务。第一个例子是,一个人因为一连串痛苦的打击而对生活心灰意冷,最终选择自杀。第二个例子是,一个人为了摆脱困境不得不借钱,虽然他明知自己无力偿还,但为了借到钱仍承诺按时偿还。第三个例子是,一个人在舒适的环境中沉溺于享乐,而不愿努力发展自己的才能。第四个例子是,一个人境遇优越,而对别人的困苦无动于衷,不愿去帮助他人。① 对于第一个例子,康德的回答是为了避免痛苦而自杀,这是出于自爱的原则,但是自爱的情感本以促进生命为使命,如果自然通过自爱来破坏生命,那么自然本身是自相矛盾

---

① 参见《康德著作全集》(第4卷),第421—424页。

的,因此不可能将出于自爱而自杀作为一条自然法则。对于第二个例子,康德认为如果出于自爱而作出虚假的承诺成为普遍的自然法则的话,任何人就不会相信别人作出的承诺,承诺本身就会被当成徒劳的借口,许假诺的目的也就不可能实现,承诺也变得不可能了。因此将出于自爱许假诺作为普遍的自然法则是自相矛盾的。对于第三个例子,康德认为人们不可能愿意把荒废自己的自然天赋成为自然的普遍规律,因为这些能力是大自然赋予人,并为人的各种可能意图服务的,人作为理性的存在物必然愿意他身上的天赋能力得到发展。对于第四个例子,康德认为人们不可能愿意它成为普遍的自然规律,因为每个人都有需要他人的爱与关心的时候,如果它成为自然规律,那么当自己遇到困难时就没有希望得到别人的帮助了。因此一个愿意它成为普遍自然规律的意志是自相矛盾。这样不自杀、不说谎、发展天赋能力、帮助别人就成为必须履行的义务。

我们可以看到测试包含两个层次,首先将行为的准则设想为普遍的自然法则看会不会产生矛盾,如果产生矛盾就说明它不能够作为普遍自然法则,因而不能通过测试;对于能够设想为普遍自然法则的准则,还要看我们愿不愿意它们成为这样一种法则,如果不愿意也说明它不能通过测试。在这两种情况下不能通过测试的都是道德上违背法则的准则。这两个评判的层次对应着两种不同的义务,前者是完全的义务即狭义的义务,后者是不完全的义务即广义的义务。完全的义务是在任何情况下都必须要做到的严格义务,不得有例外,如果违背它就是不道德的;而不完全的义务是值得赞赏的较高层次的义务,在某些情况下做不到是可以原谅的。第一个和第二个例子违背了狭义的义务,而第三和第四个例子违背了广义的义务。O'Neill分别将这两种判定方式称为"概念矛盾"(contradiction in concept)和"意志矛盾"(contradiction in will)。① 概念矛盾是指,如果我们设想一条准则被普遍遵行,我们会发现由这条准则构成的秩序是不能成立的,这个秩序具有内在的不一致性。意志矛盾是指,如果我们愿意一条准则被普遍接受的,由它构成的秩序是可能存在的,但另一方面我们不愿意生活在这样的秩序中。

① 参见 Onora O'Nell, *Acting on principle*, Columbia University Press, 1975, pp.63-94。

前者是客观上的自相矛盾,后者是主观上的自相矛盾。当然,这两种判定方式都是否定性的判定方式,即通过判定不道德的准则而从反面来确定道德的准则。这种判定表明,不道德的准则是我们不愿意它普遍化的,普遍化会导致矛盾,而道德的准则是我们愿意它普遍化的,普遍化不会有矛盾。

如果深入分析我们就会发现,康德在运用不矛盾原则进行义务测试时实际上暗中输入了某些前提预设。在自杀的例子里,他预设了自然赋予人自爱的情感是为了促进人的生命的,因此我们不可能把出于自爱而自杀设想为普遍的自然法则。这里传统的自然目的论在测试中发挥着作用。在许假诺的例子里,他预设了某些经验性的事实和心理,比如,如果普遍地许假诺,那么每个人都不会相信别人的承诺,也不会明知别人说谎而去借钱给别人,因而人们也不会再去做承诺。对于荒废才能的例子,他预设了作为理性存在者的人必然愿意他的自然禀赋得到发展。对于帮助他人的例子,他预设了人都有需要别人帮助的时候,并且必然愿意得到别人帮助。

可见,无论是根据自然的客观矛盾还是意志的主观矛盾进行判定,实际上都已经预设自然和意志的某些内容。当评判一个准则成为自然法则是否会导致自相矛盾时,仅凭形式上的不矛盾性是不够的,必须借助对自然的某些内容的认识才行。自然的合法则形式和内容是不可分的。虽然康德只是把自然的合法则性形式或自然的不矛盾性作为道德判断的模型,但是在应用中不得不借助对自然内容的某些认识,因而可能将自然目的暗中纳入到模型中。对于一条能够设想为自然法则的准则,当我们评判是否愿意它成为这样一条自然法则时,我们已经有了一个人必然愿意什么的认识,而人必然意愿什么也可以看成是自然目的论在主观上的表现。如果没有这些前提预设,就无法进行义务测试,而如果对前提预设的认识不一样,那么哪种准则可以通过测试则是不确定的,甚至任何准则都可能通过测试。比如,如果一个人把在痛苦无望时结束自己的生命看成是自然赋予的自爱的表现,那么他完全可以使出于自爱而自杀的准则通过测试而没有什么矛盾。拿帮助别人的例子来说,一个特别好强的人可能不愿意接受别人的帮助,他也愿意"不要帮助任何人"的准则成为自然法则,并且愿意生活在这样一个世界中。而康德实际上已经设定了进行测试的人是一个理性人,而且设定了一个理性的人是必然愿意得到别人帮助的。另外,我们可以发现一些准则可以通过测试,但并不能因此就是义务准则。比如"开车往右行"、"早睡早起"等,我们能够愿意这些准则成为普遍的自然法则,而不会产生什么矛盾,但它们只是非道德的实用性规则。可见,普遍化和不矛盾的标准对于义务测试是不充分的。

其实康德对于义务的推导更多使用的是定言命令的目的公式。在《道德形而上学奠基》中康德区分了两种目的:一种是依赖于欲望的主观根据或动机(Triebfeder)的主观目的,另一种是依赖于意愿的客观根据或动因(Bewegungsgrund)的客观目的。主观目的取决于行动的结果和人对于对象的满足程度,因此只是相对的目的,只具有相对的价值;而客观目的对所有理性存在者都有效,它包含着实践法则的根据,是绝对的目的,具有绝对的价值。这个自在的、绝对的目的在康德看来就是理性存在者即人格(Personen),它的存在不是为了其他什么,而是说它的存在本身就是目的。根据相对目的只能给出假言命令,而根据绝对目的才能给出绝对命令。由此康德引出实践命令的自在目的公式:"你要这样行动,把不论是你人格中的人性(Menschheit),还是任何其他人的人格中的人性,任何时候都同时用做目的,而绝不能只是用做手段。"①

这个自在目的公式和前面的普遍法则公式及自然法则公式是同一个定言命令的不同表达,它们是同等有效的。前两个公式表达了义务准则的普遍化的要求,即一个准则之所以是义务不是因为它能带来好的结果(否则就是假言命令),而是因为理性的人能够愿意它普遍化,愿意每个人都遵守它。自在目的公式表明,如果我们一定要说一个义务准则是为了什么的话,那么只能说它的目的就是人性本身,而不是任何基于感性欲求的主观目的。当然,康德并不是反对人们对主观目的的追求,而是强调在追求主观目的时,要以尊重客观目的作为前提条件,这就是道德命令的要求。而且他也并不否认把人性作为手段。实际上在社会生活中人们彼此作为手段是很正常的,甚至是社会存在的必要条件,比如为他人提供服务,那么服务者就是手

---

① 《康德著作全集》(第4卷),第429页。

段。康德只是强调不能把人仅仅用做手段,这就意味着在把人用做手段时,也应该把同时把他作为目的,因而要尊重人本身。

根据自在目的的公式也可以对准则进行测试。对于自杀的例子,康德认为为了逃避难以忍受的痛苦而自杀就是把人格只作为维持可以忍受的境遇的手段。要把人格当做目的就不能摧残、伤害或毁灭自己。对于假诺言的例子,康德认为这是把另一个人只当做手段来利用,而没有同时作为目的。被利用的人不可能承认这种对待他的方式,因而不可能同意欺骗者的目的。只有行为的目的同时也被别人接受时,才不算做仅仅将别人作为手段。对于荒废才能的例子,康德认为这并没有与作为自在目的的人性相冲突,而是与之不一致。因为人性中趋向于最大完善的禀赋是属于自然目的,忽视了它虽然可以与人性的保存共存,但不能与人性的促进共存。对于帮助他人的例子,康德认为所有人都有的自然目的就是自己的幸福,不帮助他人得到幸福也不有意破坏他人的幸福,这只是消极地而不是积极地与人性相一致。要促进人性就必须把他人的目的尽可能地作为自己的目的,帮助他们实现这种目的。

这里的问题是如何去理解康德所说的"人性"。在《道德形而上学》中,他认为人性是人的本性中不同于动物性的方面,"唯有借助人性人才能为自己设定目的"①,而且人性设定的目的是与理性意志结合起来的②。人性实际上就是人身上体现出来的理性的本性(自然)。在《道德形而上学奠基》中康德也谈道:"理性的自然区别于其余的自然,就在于它为自身设定了一个目的。"③康德所说的人性实际上就是人的自由的本性,这种自由是独立于感性冲动的理性的自由,它表现为自己为自己设定目的,而不是受感性冲动或外在强制的决定而设定目的。康德也将人格中的人性称为"本体的人"(homo noumenon),而现象的人(homo phaenomenon)为了保存而被托付给它④。这个"本体的人"是不可知的,同时又作为设定相对目的的目的

---

① 《康德著作全集》(第6卷),第387页。
② 《康德著作全集》(第6卷),第392页。
③ 《康德著作全集》(第4卷),第437页。
④ 《康德著作全集》(第6卷),第423页。

本身而拥有无上尊严。可见,以人性作为目的就是要尊重人的自由,上述四个例子可以从这个角度来理解。自杀在毁灭自己肉体的同时,也毁灭了人的自由选择的能力。许假诺使得他人无法自由选择,因为他人接受了错误的信息,要把他人作为目的就意味着要确保他人自由地接受你的目的作为他自己的目的。人性不仅是自由地设定目的能力,也包含寻求实现它们的能力。尊重人性不仅在于保存自由,也在于促进自由。因此我们要尽可能发展自己的自然禀赋,从而促进我们自由的实现。我们也要尽可能帮助别人,促进他人自由的实现。①

康德建立的义务体系最终是在《道德形而上学》中完成的。康德认为目的是自由任意的一个对象,任意的目的可能是由人的感性冲动规定的,也可以是由实践法则规定的。前者的目的其实是达到其他目的的手段,后者才是无条件的目的本身,也就是作为义务的目的,与此目的对应的是定言命令,它命令我们应当使这些任意的对象成为自己的目的。所以他把前者称为技术的(主观的)目的论,后者称为道德的(客观的)目的论。这些作为义务的目的是由道德法则规定的,它们就是德性义务。德性论的至上法则是:"你要按照一个目的准则行动,拥有这些目的对任何人而言都可以是一个普遍法则。"②这是普遍法则公式的另一种表述方式。不过从康德对整个德性义务的说明来看,他主要还是应用人性目的公式来推导德性义务。德性义务可分为对自己的义务和对他人的义务,而每一部分又可分为完全的义务和不完全的义务。完全义务是限制性的义务、无为的义务,不完全义务则是扩展性的义务、有为的义务。前者限制行为,使它们不违背人性目的,而后者则肯定和扩展能促进人性目的的行为。这与《道德形而上学奠基》中提到的保存人性的义务和促进人性的义务的区分是一致的。康德一共列举了4种德性义务:(1)人对自己的完全义务,包括(a)人对作为动物性的自己的义务:禁止自杀、性愉快上的自取其辱、因使用享用品或者哪怕是食品方面的无度而来的自我麻醉;(b)人对纯然作为一个道德存在者的自己的

---

① 参见 Paul Guyer, Kant's Groundwork for The Metaphysics of Morals: A Reader's Guide, Continuum International Publishing Group, 2007, pp.92-95。

② 《康德著作全集》(第6卷),第395页。

义务:禁止说谎、吝啬、阿谀奉承。(2)人对自己的不完全的义务,包括(a)在发展和增强自己的自然完善性方面,亦即在实用意图上对自己的义务;(b)在提高其道德完善性方面,亦即在单纯道德的意图中人对自己的义务。(3)人对他人的完全义务,也被称为对他人的敬重的义务,包括禁止傲慢、毁谤、嘲讽。(4)人对他人的不完全义务,也被称为对他人的爱的义务,包括行善的义务、感激的义务、同情的义务。

从康德对德性义务的具体推导过程来看,他的表达并不那么严格和系统,往往只是些片断的提示。有时他直接以人性目的为准绳,看是否伤害了或贬低了人格中人性。比如对于阿谀奉承,他反对的理由就在于它是对自己人格的贬低。对自己吝啬是使本人奴役般地屈从于物质财富。醉酒和暴饮暴食是把自己置于仅仅像动物一样而不能当做人来看待的状态中,因而是自我贬抑。就对他人的义务而言,傲慢、毁谤、嘲讽都直接与对人性应有的敬重相抵触。有时康德以自然目的为准绳,违背了这种自然目的也就是间接违背了人性目的,因为实现这种自然目的正是人性所要求的。比如说谎与人的传达其思想的能力的自然合目的性相悖,因而是对其人格的放弃。性愉快上的自取其辱是恶习,因为对性的爱是为了保持物种,自渎违背了这一自然目的,从而贬损了人格中人性。也有一些义务是依据普遍法则公式来说明的,如就爱的义务而言,我愿意其他人对我有善意,因此我也应当对每个他人有善意。其实对于康德来说,普遍法则公式是基础,自在目的公式只是其变形,但是更接近于人的情感和直观,在运用中更容易为人理解,因而他较多地使用了这个公式。我们可以看到康德实际上表达了三个层次的目的:一是作为我们任意对象的主观目的,它包含在准则之中;二是法则所体现的道德目的——理性存在者、人格中的人性;三是自然目的,它是作为道德目的的模型用来评判准则目的。对于准则目的或者是通过人性目的进行评判,或者是通过自然目的从而间接通过人性目的进行评判,由此才确定什么是义务准则。

在康德看来,应用定言命令建构义务体系的过程中并没有引入经验性原则,这种应用是先天的。义务准则作为具体的定言命令对有理性的人来说是普遍有效的。但通过以上的分析可以表明,这种推导义务的方式是不能令人完全满意的。普遍化测试的问题前面已经谈到过,在运用人性目的公式进行测试时也存在一些问题。因为康德所依据的人格中的人性是作为本体的人,我们对它没有任何经验知识,那么对于经验世界中的行为来说,什么合乎人性目的,什么不合乎人性目的,往往是推导不出来的或者在推导的时候要借助一些前提,从而表达某些时代或文化的信念。比如康德很看重诚实,认为撒谎是对作为道德存在者的自己的义务的最严重侵犯,它伤害了人格中的人性的尊严,这其实表达了他所接受的基督教虔信派的道德观念。当然康德有时通过某种自然目的来判断一个准则是否合乎人性目的。这种自然目的表达了某种自然秩序的信念,但它毕竟不是确定的知识。当人们不接受它时,那么由它得出的义务也就无效了。正如麦金太尔所认为的,康德对道德的证明就是发现一种合理的检测方法,从而把真正表达道德律的准则从不是表达道德律的准则中区分出来,但是这样的道德准则是康德已经预先接受了的,"康德本人当然毫不怀疑何种准则事实上是道德的表达;有德性的凡人也无须哲学家告诉他们善良的意志何在,而康德也从未怀疑过他从自己有德性的父母处学到的那些准则正是那些受理性验证的准则。"①从社会文化的角度来看,康德的道德学说的内容是保守的,这与他从小就深受路德宗的熏陶有关。康德建立的义务体系实际上体现了他所处的时代和环境的道德信念,只是康德用普遍理性的名义将其表达出来。

3. 道德行为

定言命令通过测试是用来判定义务准则,准则总是具有某种一般性,而对个别行为的规定则需要将义务准则应用于具体处境中。这正是亚里士多德所关心的,因为实践智慧是要在特定处境中把德性具体化到行动中。不过康德并不重视如何把德性义务应用于具体行为,在他看来讨论这种应用超出了道德形而上学的范围,甚至可以说超出了道德哲学的范围。在坚持义务准则的普遍性的前提之下,康德允许义务准则应用于行动时有一定的自由活动空间:"如果法则要求行动的准则,而不要求行动本身,那么这就

---

① 麦金太尔:《追寻美德》,宋继杰译,译林出版社 2003 年版,第 56 页。

是一个信号,即法则为遵循(遵从)留下了自由任意的一个活动空间,也就是说不能确定地说明如何通过行动为同时是义务的目的而发挥作用,以及发挥多少作用。"①比如就培养自己的自然完善的义务而言,培养哪些方面的能力、应该走多远就要根据自己的处境、需要、兴趣等等来决定。就行善的义务而言,就要考虑自己行善的能力、对什么人行善、行善的程度如何。这种将德性义务应用于具体处境的考虑和选择和亚里士多德讲的实践智慧的活动很相似,不过两者之间还是有重要的区别。康德是以坚持德性义务的普遍有效性为前提的,而亚里士多德则强调具体处境的决定作用。

其实面对具体处境的时候,我们的道德直觉往往会让我们采取与康德的德性义务相悖的行为,这并非不道德,甚至不这么做才是不道德的,这表明康德提出的德性义务并没有普遍有效性。比如,我们会认为有些善意的欺骗是允许的,甚至是必须的,如对病人隐瞒病情。但康德坚守义务准则的普遍性,坚决反对例外情况。他说"说谎的原因,也可能只是轻率,或者完全是好心,甚至可能是旨在一个真正善的目的,但是,致力于这一目的的方式却由于纯然的形式而是人对他自己人格的一种犯罪,而且是一种必定使人在他自己的眼中变得可鄙的无耻行径"。② 针对出于好心而说谎的道德情况,康德还专门写了一篇著名文章"论出自人类之爱而说谎的所谓法权",文章中康德讨论了这样的例子:一个追杀你的朋友的人问你,你的朋友是否在你家中。康德认为,在这种情况下即使你的朋友果真在你家中避难,你也应当说实话,因为说实话是一种义务。可能的情况是:当你诚实地回答"是"时,你的朋友已经出去了,因此没有成为谋杀的牺牲品;也可能你谎称他不在房间,而事实上他已经出去了,因此谋杀者在出去时遇见他并杀害他,这样你反而要被谴责为他死亡的原因;也可能你说了实话,当谋杀者在你房子里寻找你的朋友时恰被来访的邻居抓住,从而避免了谋杀的发生。康德的意思是:后果有多种可能,无法预料,面对着诚实义务的要求我们不应当考虑后果。显然康德的这种辩护是很牵强的,在这种情况下说实话而

---

① 《康德著作全集》(第6卷),第390页。
② 《康德著作全集》(第6卷),第430页。

导致朋友被杀的几率要大得多，我们不得不考虑这种后果。因此，在这种情况下违背诚实恰恰应该是道德的，大多数人出于道德直觉也会选择撒谎，也不会认为这不道德。而对于康德来说，后果是不重要的，关键在于坚持义务准则的普遍性，"因为诚实是一种必须被视为一切能够建立在契约之上的义务之基础的义务，哪怕人们只是允许对它有一丁点儿例外，都将使它的法则动摇和失效。因此，这是一个神圣的、无条件颁布命令的、不能通过任何方便来限制的理性诫命：在一切声明中都要讲实话（诚实）。"①

不仅对于诚实的义务，对于很多义务都是如此。康德也意识到了这一点，针对义务准则应用于具体处境所产生的道德困境，康德还专门提出了"决疑论"。决疑论就是要考虑如何使一个准则应用于特殊情况。康德认为决疑论并不是科学，因为它不是某种学理，"它不是如何发现某物的学说，而是如何找到真理的训练"②。因此，决疑论不像学理那样是成系统的，而是只具有片段的性质，就像注释一样加在体系之后。比如在说明禁止自杀之后，康德就列举了一系列决疑论问题："为了拯救祖国而陷入某种死亡（如库尔修斯），是自我谋杀吗？——或者，一般而言为人类的救赎而献身牺牲，这种有意的殉道也像前一种行为那样应当被视为英雄行为吗？……"③对于反对说谎，康德也问道："出于纯然的客套的不真实（例如写在一封信末尾的'最顺从的仆人'）可以被视为说谎吗？没有人会因此上当……"④在决疑论部分，康德只是提出一些疑难问题，但没有给出答案。对于这些问题，我们似乎很难作出判断，因为这些具体情况似乎要否定前面所提出的普遍义务而并不因此就不道德。

其实决疑论（或称决疑法）在西方由来已久。古希腊罗马时期就有了决疑论，常出现对道德和法律的具体案例的判定中。决疑论在基督教的教育和实践中也发挥了重要作用，因为一般的教义应用于具体处境往往需要决疑论的解释。决疑论就是对于一般原则不能直接应用于其上的个别案例

---

① 《康德著作全集》（第8卷），第427页。
② 《康德著作全集》（第6卷），第411页。
③ 《康德著作全集》（第6卷），第423页。
④ 《康德著作全集》（第6卷），第431页。

的研究。需要决疑论的场合往往是一般原则和具体处境之间存在着张力，这时候人们对于一般原则是否适用于具体处境中的个别案例感到难以抉择。决疑论旨在决定个别案例是否能纳入到一般原则，其过程包括诉诸直觉、与典型案例的类比，和个别案例的评估。① 决疑论在历史上具有某种贬义，曾被认为是一种诡辩，因为任何行为都可能由于它而被证明为合理的。康德反对"自然的辩证法"即为了个别情况的特殊性而破坏定言命令的纯洁性和普遍性。因此有人认为，康德的决疑论只是试图显示，无论如何绝不允许损害一般义务，在极端的例子中坚持义务更能显出义务的尊严。② 如果是这样，那么康德的道德观念未免太僵化、迂腐，不懂权变。笔者更倾向于认为，康德的决疑论只是看个别行为能否被纳入已确立的一般义务所允许或禁止的范围，即如何给个别行为"定性"，在这里可以有权变，但并不会否定一般义务。也许在康德看来，如库尔修斯那样为拯救祖国而死不能算自我谋杀，讲客套也不能算说谎。

还有一些研究者认为，实际上康德在确立义务准则的时候，已经考虑到处境因素了。比如康德并不一般地反对自杀，而是反对出于自爱而自杀。"出于自爱而自杀"，是对一个自杀行为的更为特殊的规定。只有在这个规定下，准则的普遍化才会自相矛盾。如果是为了国家和尊严去自杀，普遍化则不会有矛盾，是可允许的。同样，康德也不一般地反对说谎，而是反对为了自己的私利去说谎。如果是善意的谎言，则能通过测试。但即使这样，康德仍面临着问题：当我们评价一个行为时，我们如何描述这个行为所遵循的准则？因为一个行为的准则以某种方式被描述不能通过测试，但以其他方式描述可能就会通过测试。③ 这样几乎任何行为都可以通过巧妙地描述其准则而被允许。其实准则即使包括处境因素，因而是相对具体的，但毕竟还是抽象的，而我们的处境总是独一无二的。比如即使"善意的谎言"可以通

① 参见尼古拉斯·布宁、余纪元编著：《西方哲学英汉对照辞典》，人民出版社 2001 年版，第 140 页。

② 参见 H.D.Kittsteiner, "Kant and casuistry", in *Conscience and Casuistry in Early Modern Europe*, ed.by Edmund Leites, Cambridge University Press, 1988, p.193.

③ 参见 Paul Guyer, Kant's Groundwork for The Metaphysics of Morals: A Reader's Guide, Continuum International Publishing Group, 2007, pp.84—85.

过测试,但难道所有善意的谎言都是可允许吗? 如果一种善意的谎言会伤及他人恐怕就不能被允许。这表明,任何准则都会出现例外。这样又需要对这个行为的准则进行更具体的规定,从而容纳例外。准则的普遍性和行为的具体性之间始终存在着张力。再比如"不可杀人"这条准则,显然并非普遍适用,我们可以将其修正为"除非自卫,不能杀人"。但这条准则仍然不能绝对地普遍有效,因为并非在所有自卫条件下都可以杀人,因此又需要作出限定,如"除非自卫,且自己的生命受到严重威胁,否则不可杀人"。然而这条准则在战争条件下又不再适用。

我们可以发现以康德为代表的准则义务论面临的一个重要问题就是义务准则的普遍有效性问题。义务准则总是普遍的,而我们面临的一些具体情况可能会要求我们选择采取违背这些准则的行动,至少不遵守这些准则也不见得就是不道德的。在我们的道德选择中应允许有例外情况,这是合乎我们的道德直觉的。而康德坚持义务准则的普遍性,而不是具体情况的特殊性,这显然和亚里士多德是相对的。亚里士多德并不会提出某种普遍的像律法般严格的义务观念,实践智慧是要考虑具体情况来选择恰当的行为。当然出现例外情况在很大程度上涉及道德冲突问题。比如上述康德举出的为帮助朋友脱险而说谎的例子就可视为两种义务相冲突的情况,一种是诚实的义务,另一种是挽救他人生命的义务。在这种情况下我们一般会选择撒谎,因为后一种义务的要求压倒了前一种义务的要求,康德则会坚持诚实的义务要求。

对于道德冲突问题康德也有所考虑,他说:"种种义务的冲突[collisio officiorum s.obligationum(种种义务或责任的冲突)]就会是它们之间的关系,通过这种关系,其中一个(全部或者部分地)取消另一个。——但是,既然义务和责任一般而言都是表述某些行动的客观的和实践的必然性的概念,而且两条彼此对立的规则不能同时是必然的,而是如果根据其中一条规则去行动是义务,那么根据相反的规则去行动不仅不是义务,而且甚至是有悖义务,所以义务和责任的冲突就是根本无发想象的[obligationes non colli-duntur(责任不能相互冲突)]。但是,这很可能是责任的两个根据[rationes obligandi(责任的根据)],它们的这一个或者那一个不足以使人承担义务

[rationes obligandi non obligantes(责任的根据不能使人承担责任)],它们在一个主体中或者在主体给自己制定的规则中结合起来,此时有一个不是义务。——如果这样两个根据彼此冲突,那么,实践哲学所说的就不是:较强的责任占了上风[fortior obligation vincit(较强的责任取胜)],而是较强的使人承担义务的根据保持着这位置[fortior obligandi ratio vincit(较强的使人承担责任的根据取胜)]。"①这段话的前半部分谈到义务具有必然性,两条彼此对立的规则不可能同时是必然的,所以义务或责任的冲突是无法想象的。但这并不是否认道德冲突的情况,而是说两种相反的规则不能同时成为义务。如果一条规则是义务,那么对立的规则就不能成为义务:我们不能同时把诚实和欺骗、仁慈和漠不关心当做义务。根据康德的后半段论述,道德冲突是由于责任的两个根据的冲突。这里所说责任的根据是与具体处境和情况相关的道德要求,它不属于一般的义务原则,而属于特殊处境中与特定的行为者相关的准则。② 在责任的根据发生冲突的情况下无论哪一个对于决定义务行为都是不充分的。对于行为者而言,一个处境可能对他有多样的责任要求,他应当做的是尽量兼顾它们,如果不能兼顾就只能选择较强的使人承担义务的责任根据。但问题是我们如何能判断一个使人承担义务的根据就比更一个更强呢。康德其伦理学讲座中谈到了一般的标准:"不完全的义务总要服从于完全的义务,正如几个不完全的义务比一个不完全的义务更重要。"③康德举出这样的例子,比如对我友善的朋友陷入了困境,我当然应该感恩,但这只是宽泛的义务,假如我打算帮助朋友的钱恰好是准备用来偿还债务的,那么这是一个更强的责任,我们可以很容易判断哪个责任根据失去了力量。但问题是各种情况是复杂的,如果朋友陷入紧急情况,不给予帮助会陷入死亡的命运,在这种情况下推迟还债也未尝不可,正如通过撒谎来帮助朋友躲避追杀也是可行的,完全的义务并不总是绝对优先的。而

---

① 《康德著作全集》(第6卷),第224页。

② 参见 Onora O'Nell, "Instituting Principle: Between Duty and Action", in Mark Timmons (ed.), *Kant's Metaphysics of Morals——Interpretative Essays*, Oxford University Press, 2002, pp.339-346。

③ Immanuel Kant, *Lectures on Ethics*, Cambridge University Press, 1996, p.296.

且如果完全的义务之间发生冲突呢,或不完全义务之间发生冲突呢,对此康德没有什么论述。

总的来看康德注重的是从实践法则推导出义务准则,而不重视如何将义务准则应用于具体处境形成正确的行为。亚里士多德恰恰关注于正确的行为,而不是普遍的准则。如果着眼于具体处境和行为,我们可以发现康德所建立的义务体系具有内在困境。在他看来这些义务是经过形式法则检验得来的,是能够如同法则那样普遍有效的。问题在于准则是人行动的主观原则,它是根据人的主体状况由理性设定的实践规则,因此必定包含质料的经验的内容,它如何能像纯粹形式法则那样普遍有效?康德只有加入某种非形式的规定——如目的论的预设,才能推出义务准则。正如李泽厚所指出的:"康德的道德律令原来说是绝对超经验也超任何自然律的形式,但只要它稍一涉及具体社会现象或问题,就不可避免地暗中输进了非纯粹形式的规定。"①在推导义务的过程中自在目的公式起到了重要作用,但作为目的的人是本体的人,我们不能对之有任何经验性的知识,而我们实际追求的目的总是包含经验性内容,这两者之间仍有一条鸿沟,因此自在目的公式仍然是形式主义的。到底哪些行为及其目的是合乎人性目的的,这实际上取决于人的某些信念。而且康德提出的那些义务准则在应用于具体处境时也证明它们并非普遍有效,总是会遭到具体情况的反驳。在一些情况下,道德冲突是不可避免的,这时我们无法坚持某个义务准则的普遍性。总之在康德那里道德原则的先天性和实践活动的经验性,道德规范的普遍性和具体情况的多样性之间形成了张力。而康德重视的是先天的、普遍性的一面,因此无法像亚里士多德那样对待行为的具体的善。

第三节　伽达默尔论实践的考虑

1. 对康德形式主义的评价

伽达默尔从亚里士多德主义的观点出发,显然不赞同康德从纯粹理性

---

①　李泽厚:《批判哲学的批判》,人民出版社 1984 年版,第 287 页。

的立场来提出道德法则,并试图建立普遍有效的先天义务体系。他说:"实践哲学的前提就在于,我们总是已经被自己受教于其中并作为整个社会生活秩序之基础的规范观念所预先规定。但这绝不是说,这些规范的观点会不改变地长存和不受批判。社会生命就存在于对迄今生效的东西不断加以改变的过程中,然而,要想抽象地推导出规范观念并且企图以科学的正确性来建立起有效性,这乃是一种幻想。"①

正如我们所看到的,康德提出的定言命令只是种形式规定,并没有实质的内容。它内在地具有一种应用要求,即对准则进行测试,看它能否成为普遍的法则。伽达默尔认为定言命令的公式符合黑格尔所谓的检验法则的理性,"这并不意味着道德生活在其道德的现实性中即在于遵从这一命令。毋宁说,这是对一切'应当'的约束力的最高检验,并且要引导道德反思努力确定其道德意愿的纯粹性。"②也就是说,定言命令的作用并不是作为能指导道德活动的抽象公式,而是一种对道德决断的纯粹性的要求。在伽达默尔看来,道德检验所依据的公式——自然法公式和自在目的公式——是不现实的,对人并不具有说服力(Überzeugungskraft)。就自杀的例子而言,康德认为如果这个人具有足够的理性的话,那么按照这种公式来检验就会发现自杀的决定是错误的。但伽达默尔认为,这只是一种纯粹的构造(Konstruction)。被自杀念头所占据的人恰恰没有这种理性的。道德活动的处境通常并不是我们具有内在的自由去反思它的处境。一个想自杀的人不会有足够的反思意识去问结束自己的生命是否符合生命的法则。

道德反思出现的处境总是义务与爱好相冲突的情境,这时通过义务和爱好的对照将使决断变得敏锐起来,因此"康德的公式对于反思显得只具有方法论的意义,因为它教导我们排除一切由爱好造成的混杂不纯"。③ 这表明康德的形式主义所引导的道德反思实际上并不是为了获得对道德内容的认识,而是用来检验良知的,是要求我们的道德决断不受到爱好和兴趣的干扰。这就是定言命令所仅仅具有的方法论意义。但是这种道德反思的情

---

① 《伽达默尔全集》(第 2 卷),第 317 页。
② 《伽达默尔全集》(第 4 卷),第 7—8 页。
③ 《伽达默尔全集》(第 4 卷),第 179 页。

况不能涵盖道德现象的全体,因为不是任何道德处境都包含真正的道德决断和良知的检验,相反它只是道德生活中的特殊情况。那么是什么东西规定了这种特殊情况并且奠定了它的基础呢? 在伽达默尔看来这就是黑格尔所说的伦理生活。黑格尔认为真正的道德即按照伦常生活,而单纯的为道德而道德或只按照良知行事则可能导致恶。"黑格尔著名的对应当的非道德性的批判——因为应当已经预设了意愿的矛盾,并因此预设了邪恶的意志——在这里是恰当的。当他在一种命令伦理学的自身必要性中看出伦常中的道德性本质,就是说是在道德秩序的实体中,即在家庭、社会和国家的巨大客体化中具有道德性本质的体现,他不是正确的吗?"①

　　伽达默尔讲得比较晦涩,但很明显他的基本思想来自黑格尔。黑格尔在《精神现象学》的"检验法则的理性(gesetzprüfenden Vernunft)"一节隐含着对康德形式主义的批判。他认为康德式的道德检验所依据的原则是与内容无关的空洞的形式,是同语反复原则,每种准则都能通过这种检验。比如我把代人保存的钱据为己有,根据检验的原则不会发生什么矛盾,因为这时我已经不再把它视为别人的所有物了。只有在承认他的私有权的前提下我这种行为才是错误的。黑格尔说:"因为检验的尺度既然是同语反复,既然与内容漠不相干,那么它就不仅适用于某一正面的内容,也同样能适用于反面的内容。"②道德检验只有在一定的内容前提下进行才是有效的,否则任何准则都可以通过检验而不会发生矛盾。在《法哲学原理》中黑格尔指出,为义务而义务是一种空虚的形式主义,在此义务只是形式上的自我一致,从中不可能得出特殊义务内容的规定。甚至因此一切不道德的行为都可以在义务的名义下得到辩解。当然康德不仅主张为义务而义务,而且还给出了判定义务的定言命令,但是康德未摆脱这种空虚的形式主义。"康德所提出的进一步的公式,即有可能把一种行为设想为普遍定理,固然导致对某种情况具有较具体的观念,但除了上述缺乏矛盾和形式的同一以外,其本身不

---

①　《伽达默尔全集》(第4卷),第180页。
②　黑格尔:《精神现象学》(上),贺麟、王玖兴等译,商务印书馆1979年版,第284页。译文有改动。

包含任何其他原则。"①在黑格尔看来,只有预先假定了某些原则,才能够判定某种行为是否是矛盾,比如只有假定了财产权、生命权的存在,盗窃和杀人才是一种矛盾,而康德的形式标准恰恰排斥了这些前提。"矛盾只能是跟某种东西,即跟预先被建立为固定原则的内容,所发生的矛盾。只有在跟这种原则相关中,才说得上某种行为是跟它一致的,或是跟它相矛盾的。但是,如果应该为义务而不是为某种内容而尽义务,这是形式的同一,正是这种形式的同一排斥一切内容和规定。"②

在黑格尔看来,康德把可普遍化作为道德准则的标志,这不过是坚持逻辑上的一贯性或不矛盾性的原则,从这种形式的一致性中并不能推导出任何实在的义务。由于主体要求绝对的自我规定的法则,那么什么行为是普遍的、合理的、善的问题,主体只能求助于自己,在内心中寻找答案。这就导致良知的态度。良知在内心中提出"应当",摆脱了一切特殊的目的、外在的考虑,但它对善只具有主观的确定性。黑格尔指出,良知如果只是形式的主观性,那么就可能转向恶,因为道德和恶在自我确定中有共同的根源。良知既可能把普遍的东西作为原则,也可能把自己的特殊性作为原则提升到普遍的东西之上,也就是说既可以把普遍的善的东西为内容,也可以把自己任性的东西作为内容,这时一个人为非作恶仍然觉得对得起良知。良知的主观性还导致一种伪善,以道德的名义把个人的欲望装扮起来或者仅凭善的动机而不择手段。可见良知虽然坚持了为了义务而义务,但它不知道义务是什么。良知只是没有内容的、空洞的、纯粹的自我确信。鉴于纯粹道德立场的不足,黑格尔主张要从道德过渡到伦理。个人不是试图以某种超道德的测试方式来引出道德原则,而是接受伦理生活中不成文的、但却是明确可靠的规范。只有以伦理为基础,良知才不再是仅仅作为主观确定性的形式的良知,而是具有客观内容的真实的良知。这样黑格尔把自我意识带回到伦理生活,自我意识不能超越伦理世界并为它奠基,而是被置于伦理世界中,生活在它的教导和规则中。

---

① 黑格尔:《法哲学原理》,范扬、张企泰译,商务印书馆 1961 年版,第 137—138 页。
② 黑格尔:《法哲学原理》,范扬、张企泰译,商务印书馆 1961 年版,第 138 页。

　　伽达默尔显然赞同黑格尔对康德形式主义的批判。虽然康德为了维护道德的纯洁性而将义务和爱好对立起来，但这并不总能导致真正的道德决断和良知，甚至主观的"应当"会导致非道德。所以他赞同黑格尔，认为主观的良知要置于"宽泛的良知"即伦理习性中，"良知的觉醒依赖于人们总是已经生活于其中的秩序的实体"。① 也就是说只有以具有内容规定的伦理为基础，良知才是可靠的。以伦理为基础就要承认所有人类行为和决定受经验的限制。伽达默尔认为，至少在判断他人时我们不能忽视他的受限制的存在，我们要求他人的东西不同于我们要求自己的东西，"承认人的有条件性（在宽容的判断中）与道德法则的崇高的无条件性是相容的。这对我来说显示了康德的反思主题的特征，即他并不对某人自己的道德判断和对别人的道德判断之间的区分感兴趣。由于这个原因，康德对我们有关道德哲学的道德意义之问题提供的出路对我来说最终是无法满意的。"② 伽达默尔基于宽容的立场认为在对他人进行道德判断时要充分地考虑他人的受限制的条件，对自己的要求和对他人的要求是不同的，"严于律己、宽以待人"才是应该采取的道德态度，而康德坚持道德法则的无条件性显然忽略了这一点。

　　伽达默尔注意到，康德并不是义务论的创始人，而是处于自斯多葛派以来充分发展的义务论传统中，而"义务概念根本上只是描述了简单的自明性（Selbstverständlichkeit）"。③ 正如在康德在《道德形而上学奠基》第一部分所表明的，义务概念在日常的道德意识中就具有了，普通的道德主体也会根据义务的自明性来坚持他的行为准则。康德关注的是义务的约束性所建立其上的道德理性的本质。在此"自律"概念（Autonomie）起到了重要作用。在康德那里道德意志就是自律的意志，它能独立于感性偏好，为人颁布道德法则，并且自己就服从这种法则。"自己立法、自己遵守"正是自律的体现。自律的意志不是特殊的意志，而是普遍理性的意志，不仅仅服从理性的道德法则，而且是自己立法的，并且正因为如此才服从法则。康德还提出

---

① 《伽达默尔全集》（第4卷），第180页。
② 《伽达默尔全集》（第4卷），第180—181页。
③ 《伽达默尔全集》（第7卷），第392页。

了表达道德法则的定言命令的自律公式,即"作为普遍立法意志的每一个理性存在者的意志的理念"①,或者用命令的形式表述为"不要按照任何别的准则去行动,除非它能够同时作为一条普遍法则而存在,所以只是这样去行动,这个意志能够通过其准则把自己同时看做普遍立法的"。② 意志提出的定言命令要求意志本身是普遍立法意志。只有普遍立法的意志才不依赖于任何利益,从而能出于义务而行动,这样才是自律的意志。也只有如此下命令,定言命令才是无条件的命令,不以任何利益为基础。

伽达默尔对自律概念有自己的理解。他说:"'自律'决不是要奠定道德法则的来源和有效性,而是应当引导对我的情况的判断。它属于康德在《实践理性批判》中讨论过的'判断力'的模型论。它仅仅意味着一种澄清(Veranschaulichung),当我们要把握在这种情况下道德法则要求什么时,这种澄清有助于我们的判断。'自律'说明了我们的准则的可普遍化能力,以及隐含在法则概念中的排除例外(Ausnahmslosigkeit)。"③伽达默尔从道德判断力的模型来理解自律,认为自律的模型是引导我们的道德判断的,其作用是反对人的自然倾向,即情欲的诡辩或偏好的合理化。康德的出发点是德性和正当性不能通过认知的理性能力或者概念的清楚明白而获得,这实际上是反对启蒙运动的信念,即在理性和科学的帮助下提高人的知识和能力,从而实现人性的完善和道德的进步。理性在道德决定的考虑中也起作用,但往往反对原先被正确认识的责任,也就是说人们也许承认道德法则的约束力,但在特殊情况下总是试图找到例外的理由,这就是康德所反对的"合理化"(Vernünfteln),也就是认知理性在感性偏好的影响下进行诡辩。自律恰恰是要排除例外,坚持道德义务的普遍性,这正是道德理性的特性。在伽达默尔看来,康德的实践理性批判的作用就在于维护道德理性的纯洁性。"在理论的理性运用中理性批判的作用,在于防止陷入到诱导出形而上学错误的先验幻相中,在道德的理性运用中其作用在于阻止抗拒道德法则的绝对约束性(kategorische Verbindlichkeit)的合理化(我称之为例外的

---

① 《康德著作全集》(第4卷),第431页。
② 《康德著作全集》(第4卷),第434页。
③ 《伽达默尔全集》(第7卷),第392页。

辩证法）。康德伦理学的形式主义对我来说恰恰适合于哲学反思的这种否定的、间接的功能。"①

　　总之，康德的义务概念只描述了应当的自明性，而自律就意味着在具体情况之下排除感性偏好的干扰和认知理性的诡辩，按照义务的要求行事。自律的意志所颁布的道德法则并不是要规定义务的内容，它的意义只在于反对"例外的辩证法"，确立道德义务的绝对约束性，从而引导人们作出正确的决断。"康德对于道德法则的绝对有效性——相对于一切明智规则的条件性——的成功证明仍然是恰当的。这正是伦理学中'形式主义'的意义。众所周知，根据康德的观点道德法则适用于一般理性存在者，而不只是人，而且实际上它确立的只是道德的绝对约束性，而不是道德的内容。"②义务是自明的，并不需要哲学的证明，康德的道德哲学不过是对它的绝对约束性进行阐明，因而并不超越人的朴素的道德意识，从而也不能超越人的实际的生活条件，而义务的内容就存在于实际的生活条件中。"人类道德的自我证明并不是哲学的任务，而是道德本身的任务。被广为引证的康德的定言命令无非只是用抽象的反思表达了每个人的'实践的'自我责任所说的东西。这里包含着承认理论的理性知识决不能要求对合理性的实践自主性具有任何优势。因此，实践哲学本身就处于实践的条件中。它的原则就是'dass'：用康德的语言来说，我们把这叫做伦理学中的'形式主义'。"③这里所说的 dass 指的是亚里士多德实践哲学的出发点，即人的伦理生活。伽达默尔是想表明，实践合理性并不是理论反思构造的，在进行理论说明之前我们已经有了某种具有确定内容的合理性理想，它就存在于共同生活的伦理世界中。康德的形式主义并不能脱离这个基础，它不过是表达在具体行动中实践合理性的自主性和自我责任的自明性。

　　我们可以发现，对于康德的定言命令，伽达默尔所看重的并不是康德借以推导义务内容的自然法则公式或自在目的公式，他和黑格尔一样认为这种推导是无效的。他看重的是自律观念。他认为自律才真正体现了形式主

---

① 《康德著作全集》（第 4 卷），第 208 页。
② 《康德著作全集》（第 4 卷），第 213 页。
③ 《伽达默尔全集》（第 2 卷），第 327 页。

义的道德法则的作用,这种作用只是方法论意义上的,即排除爱好的干扰以及理性的诡辩,维护道德理性的纯洁性。在他看来义务是自明的,不需要证明的推导,我们在伦理生活中已经具有了一般的正当的观念,而在具体情况中自律的道德理性就能决定我们应该做什么。因此康德的道德哲学反思是以承认已经存在的道德义务为前提的。伽达默尔赞同黑格尔的看法,义务测试其实是一种外在反思,外在反思能任意地把给定的事物纳入一般原则之下,因而成为诡辩论的现代形式。黑格尔对于外在反思的批判在道德哲学中具有重要意义,也可以说黑格尔正是通过对康德道德哲学的批判发展出对一般外在反思的批判和他的"精神"概念。①

伽达默尔认为实践哲学就处于实践的条件之中,康德的定言命令只是表达了实际的自我责任所说的东西。这就承认了定言命令具有内容前提。也就是说只有在一定内容前提之下康德的形式主义才有意义,这种内容前提就存在于我们实际的伦理生活中。显然这与康德的本人的自我理解还是有距离的,康德并不承认定言命令具有内容前提,而义务也是需要通过定言命令的检验来确定的。正如前面的分析所表明的,康德的定言命令无非是要求我们的行为准则具有绝对的普遍有效性,不过在应用它确立道德义务时不得不借助于一些内容前提。这些内容前提在康德那里是隐含着的,并不被康德所承认。他强调定言命令是实践的先天综合命题或者说先天综合实践命题,具有先天必然性,这是因为"我不以来自任何一种爱好的条件为前提,而是先天地、从而必然地(虽然只是客观地,即在某个对所有主观动因都有完全的强制力的理性理念之下),把意志与行为联结起来。所以这是一个实践命题,这个命题不是把行动的意愿,从另一个已被预设的意愿中引导出来(因为我们没有如此完善的意志),而是把这意愿与一个理性存在者的意志的概念,作为在它之中没有包含的东西,直接地联结起来"。② 然而实际上如果没有内容前提,定言命令在实践中将无法正确地指导我们的行为。这说明康德也是"参与"了当时社会生活,他的道德哲学在建立道德

---

① 参见伽达默尔:《哲学解释学》,夏镇平、宋健平译,上海译文出版社 1984 年版,第 111—112 页。
② 《康德著作全集》(第 4 卷),第 420 页注释。

义务时不是仅仅根据普遍化的逻辑形式,而是已经以当时人们的生活形态和伦理观念为前提。定言命令的普遍化形式和内容前提是不可分的,只有在内容前提下定言命令才能进行义务检验。

根据伽达默尔看法,一般的义务只是抽象的图式,总是需要在具体处境中实现自身,因此对义务的遵循离不开人的自由选择,而自由选择也并不削弱义务的绝对有效性。"义务和盲目的服从无关,而是表达了实践理性的具体性。"①普遍化的形式法则也不应理解为与我们的具体处境和道德选择相分离的抽象公式,而是表达了我们实际的自我责任,所以"普遍化并不意味着理论的距离化,而是本质上属于道德经验本身的合理性。但是关键的东西在于,这种普遍性预设了主导伦理的规范效用以及人在其中的培养,而且它并不是在理论上被意识到的,而是深入到道德意识和选择的具体逻各斯中"。②

2. 对亚里士多德的解读

伽达默尔强调康德的自律概念突出了实践理性相对于理论理性的自主性,由于自律直接和我们道德选择和决断相关,他认为自律是引导我们进行道德判断的,并把它归之于道德判断力的模型论,而定言命令其他表达式所表明的东西和自律的原则是一样的。这种对康德形式主义的解读拉近了康德和亚里士多德的距离。③ 伽达默尔赞同康德所强调道德的自主性、道德决断的纯洁性,但同时又要把道德植根于我们的伦理生活中。他认为亚里士多德的实践智慧概念能兼顾这两点。实践智慧是在伦理生活中培养起来的,以接受伦理规范为前提,另外它也能根据具体情况的要求把普遍的规范

① 《伽达默尔全集》(第4卷),第213页。
② 《伽达默尔全集》(第4卷),第212页。
③ 伽达默尔对康德的解读显然有自己的眼光,并不和康德本人完全一致,比如康德就不是把自律而是把形式上的自然法则作为道德判断力的模型。当然康德也认为在进行道德评判时自律公式以及与之相关的目的国公式更接近于情感和直观。伽达默尔对康德的看法受到了格尔哈特·克吕格(Gerhard Krüger)的《康德批判中的哲学和道德》(*Philosophie und Moral in der kantischen Kritik*)一书的很大影响,曾多次提及这部著作。

具体化、实现出来,命令我们应该做什么。实践智慧虽然强调特殊处境的作用,但这并不是受感性偏好的影响而导向"例外的辩证法",而是因为在特殊条件之下只有这么做才是适度的、"高尚的",它在具体处境中体现了道德理性的纯洁性。可见实践智慧既是有限的——它把具体的社会—政治的规定性作为积极的内容,同时也是"自律"的——它不受感性偏好的影响。实践智慧表明了"我们对什么是道德上正当的东西的洞见必然具有的局限,无须导致康德所暴露的那个败坏道德的动机混杂"。①

伽达默尔关于实践智慧的活动的描述是通过对亚里士多德的解读进行阐发的。我们在前面谈到,亚里士多德在论及实践智慧的作用时涉及好的考虑、理解和体谅。在《实践知识》一文中伽达默尔认为实践智慧是一种实践感,它具有考虑之决断的实行结构(Vollzugsstruktur),伽达默尔又用协商(raten)来阐明考虑的过程。实践感不是直观的看,也不同于可证明的知识,而是一种协商方式,在这里善目的和切近的事物两方面的规定都能起作用。在《真理与方法》中伽达默尔也谈到自我协商是道德知识区别于技艺知识的重要方面。技艺知识不需要我们的自我协商,我们可以学习技艺知识,并找到正确的手段,而道德知识则具有对自我协商的依赖性。这表明道德知识不是先在的可学知识,在这里正确的目的以及正确手段的知识不能预先获得,它们不是单纯知识的对象。

对于与实践智慧相关的理解和体谅,伽达默尔将它们称为实践智慧的变形。它们并不关系到行动的我本身,而是关系到对他人的道德判断。在《实践知识》一文中伽达默尔指出理解不是理论知识也不是意见,它的对象和认识方式完全合乎实践智慧,只是它并不指示行动,而是作出判断。判断的距离并不意味着剥夺了对于实践知识而言本质性的"自为"(für-sich)。不是说谁具有对所有人而言是正确的理解,谁就具有客观的理解,而是谁和他人一道理解,谁才获得客观的理解。这意味着理解需要设身处地为别人着想,而不是获取一种无关自身痛痒的知识,理解的客观性不同于有距离的客观性。"理解不只是拥有实践知识,也不首先是获取实践知识,而是把本

———————

① 《伽达默尔全集》(第4卷),第187页。

己的知识应用于他者的实践状况的判断。"①充分的理解（好的理解）必须已经具有实践智慧,它将实践智慧运用于实践判断,并且把他者的情况把握为具有实践意义的（而不只是具有可理解性的）实践问题,否则人就不能判断什么是可行的,不能区分较好的和不好的途径。只有当人能置身于不同的处境中,并且询问他自己的实践感,人才具有对于他者的理解和判断,这种充分理解的知识不是有距离的知识,而是关系到行动选择的切身的知识。在《真理与方法》中伽达默尔也指出,我们在判断中只有置身于某人行动的具体情况,我们才能有好的理解。要对行动的人有正确的理解,其前提就是理解者也想做正当的行为,并因此和他人结合到一种共同关系中。"具有理解的人并不是无动于衷地站在对面去认识和判断,而是从一种使他与其他人联系在一起的特殊的隶属关系出发去一起思考,好像他与那人休戚相关。"②伽达默尔还从辞源学的角度分析了"理解"概念。理解（verstehen,Verständnis）所对应的希腊词是 Synesis。它经常出现在学习现象的语境中,并经常可与学习（Mathesis）一词相互换。在亚里士多德那里这个词表现为某种精神的德性,指道德判断的能力。"理解是实践合理性的变形,这种实践合理性是对他人的实践考虑的富有洞察力的判断。"③在这里理解包含着一种共同性,这种共同性与实践合理性相应。对于亚里士多德的"体谅"和"原谅",伽达默尔翻译成"Einsicht"（洞见）和"Nachsicht"（宽容）。有体谅的人能够洞察他人的特殊情况,因而更倾向于原谅别人。正如前面提到的伽达默尔反对康德的一个理由就是,康德强调道德的普遍性而并不区分对自己的道德判断和对别人的道德判断,这样无法正确地对待他人的条件性。对别人进行道德判断时需要充分考虑别人的处境,从而能够体谅和宽容他人。

伽达默尔注意到亚里士多德使用三段论的逻辑演绎来说明实践理性的作用,不过他认为两者还是有所区别。虽然每合理的结论可以使用三段论

---

① 《伽达默尔全集》（第5卷）,第245页。
② 《伽达默尔全集》（第1卷）,第328页。
③ 《伽达默尔全集》（第2卷）,第315页。

的图式得到,但在实践领域中结论不是命题而是决定。而且亚里士多德在分析实践理性的作用时所使用的不是真正实践或道德的决定的例子,而是技术的、实用的决定的例子。在技术领域中人所关注的是根据给定的前提选择正确的手段,这里事情的关键是把特殊归于一般,因而对应于演绎结构。作出道德决定其实并不符合这一图式,因为在真正的实践领域,遵循德性原则不是单纯逻辑的行为。实践合理性不仅在于知道如何找到正确的手段,也在于把握正确的目的。正因为如此,亚里士多德区分了实践智慧和聪明,这表明亚里士多德充分认识到了技术知识和实践—道德知识之间的区别。实践知识并不以科学和技术知识的方式可教可学。在实践事务中解释学的任务不仅是将一般的知识具体化,也包含着相反的把具体的东西一般化。[①] 此外,实践智慧与道德存在的方式相关。道德的考虑把人们一般认为正确或正当的东西与具体处境联系起来,这并非单纯的归摄,"因为它依赖于人的存在,依赖于他是否坚决地贯彻这种意向"。[②] 一个被情绪支配的人就会丧失这种道德考虑的意向,这时正当的普遍知识在当下被遮蔽了,亚里士多德把这种情况比成一个醉酒的人对自己的行为没有责任能力。

伽达默尔对于实践智慧活动的分析与他的解释学理论有着密切关系。实践智慧的考虑不是一个科学演绎的过程,而是包含了开放的解释学经验,在这里一般和特殊具有互动的辩证关系。Christopher Smith 指出伽达默尔是从实践推理的模式中发展出自我理解的理论,在这方面他继承了海德格尔。海德格尔认为推理有一种存在论基础,数学的对象是一种抽象的、派生的存在,数学的推理方式与这种存在相关,而接近原初的存在及其真理则需要不同的推理方式,自我理解就提供了这样的模式。伽达默尔的自我理解理论不仅依赖于海德格尔对原初的存在意义的恢复,而且使用了海德格尔所避免的辩证法和考虑,因为海德格尔轻视公共的言谈和考虑,把两者都归于日常的"闲言"。实践事务就是辩证地讨论的事情,也是"考虑"的对象。伽达默尔用自我协商(Mitsichzurategehen)来表示考虑。自我协商实际上是

---

① 参见 H.G.Gadamer, *The Idea of the Good in Platonic-Aristotelian Philosophy*, pp.165–166。
② 《伽达默尔全集》(第 4 卷),第 183 页。

一种灵魂的内部对话,因而具有解释学的"问答逻辑"。它表明了实践知识绝没有可学知识的先在性。伽达默尔综合了柏拉图的"辩证法"和亚里士多德的"考虑"建立起了一种解释学的对话模式,不仅适用于解释学活动也适用于实践活动。[①]

3. 实践智慧与人文主义传统

实践智慧所具有的这种不同于科学和技术的认识方式,在实践哲学传统中保留了下来,成为抗拒科学主义的重要理论资源。在《真理与方法》中伽达默尔阐述了近代人文主义传统对于精神科学的意义。他指出,虽然自19世纪以来精神科学的发展受到自然科学的影响,但仍保存着人文主义遗产,这种遗产体现了对自然科学方法论的抵制。这恰恰表明了精神科学不同于自然科学的本性。从他对人文主义遗产的论述中我们可以发现古代实践智慧概念的影响。伽达默尔主要通过四个主导概念——教化、共通感、判断力和趣味——来阐述人文主义传统。教化指人通过实践和教育来发展自己,脱离人的个别性、自然性,向普遍性、精神性提升。共通感、判断力和趣味都从属于教化,是在教化中培养起来的。实践智慧也植根于教化之中,它的活动方式与共通感、判断力和趣味有着相通之处。

共通感概念有两个来源:一是亚里士多德在灵魂学说中提出的共同力概念(koinē aesthēsis);二是古罗马时期对共同力概念的拉丁文翻译所形成的"共通感"(sensus communis)概念。前者表示将五种感官联结起来从而感知对象的灵魂能力,这种含义被经院哲学广泛接受。后者表示在共同的传统、习俗、教育影响下形成的在宗教、道德、政治等方面的共同性的感觉,这种意义的共通感对西方人文主义传统产生了深远的影响。

伽达默尔特别重视近代维柯对于人文主义共通感概念的阐发。维柯在提出人文主义教育学时援引了共通感概念。他认为对青少年的教育需要培养他们的共通感,否则他们会变得古怪和傲慢。共通感是导向共同性的感

---

① 参见 P.Christopher Smith,"Toward a Discursive Logic:Gadamer and Toulmin on Inquiry and Argument",in Lawrence K.Schmidt(ed.),*The Specter of Relativism*,Northwestern University Press,1995,pp.159-165。

觉,它规定了人们的意志的方向,激发人们作出行动。它是一种对于合理事物和公共福利的感觉,只能由生活在具体共同体中的人们所获得,并且也受到这种共同生活的限定。它体现的不是理性的抽象普遍性,而是一个集团、一个民族、一个国家或者整个人类的共同性的具体普遍性。就此而言,共通感标示了追求抽象普遍性的科学的界限。

维科强调修辞学在培养共通感过程中的作用,而且认为过早地运用笛卡尔的科学理性方法会损害青少年的共通感,从而阻碍其理智的正常发展。修辞学不仅要求讲得妙,也要求讲得正确,即传达真理。但这种真理不是科学证明的真理,而是共同感觉的真理。"维柯把口才的意义和独特权利建立在对真实东西和正确东西的共同感觉上。这种共同感觉虽然并不是一种有根据的认识,但允许我们寻求显而易见的东西(verisimile)。"[1]显而易见的东西是似真的东西、很有可能的东西。它没有绝对的确定性,因此不能像科学那样得到证明,但由于显而易见,足以让人们感觉为真。修辞学所要传达的正是这种或然性的真理,这也是我们通过共通感获得的真理。然而近代笛卡尔所开启的唯理论怀疑这种真理的可靠性,而提倡类似于数学的方法论。为此,维柯用修辞学中的论题法(Topica)来补充笛卡儿的作为科学方法的批评法(critica),"论题法就是发现论据的技巧,它服务于造就一种对于可信事物的感觉,这种感觉直觉地并即时地进行的,因而不能为科学所取代"。[2] 伽达默尔认为,维柯实际上表明了笛卡尔式的科学证明不能穷尽知识的全部范围,或然性事物也有成为知识对象的权利,从而间接地认可了某种新的科学概念,这最终促使他写出了《新科学》。

古代的亚里士多德正是针对必然性和或然性领域的划分而区分了理论哲学和实践哲学。实践的领域不是永恒的、必然的领域,而是或然性的领域,因为实践是发展变化的,实践的事物总是能成为其他的状态。我们的实践智慧也只能根据具体情况来作出正确的判断和选择。在伽达默尔看来,维柯维护或然性事物的真理权利正是受到了亚里士多德的实践智慧的影

---

① 《伽达默尔全集》(第2卷),第26页。
② 《伽达默尔全集》(第2卷),第26页。

响:"事实上维柯在这里所强调的,正像我们所指出的,乃是古老的亚里士多德派关于实践知识和理论知识之间的对立,这是一种不可以归结为真实知识和或然知识之间的对立。实践知识,即 phronesis,是另一类知识,它首先表示:它是针对具体情况的,因此它必须把握'情况'的无限多的变化。这正是维柯明确加以强调的东西。"①实践智慧不是由普遍原则而来的实践知识,而是对具体事物的观知(Sehen)。它不只是为了某种目的而在具体处境中寻找正确的手段,而且它选择的行为必须在伦理意义上是恰当的,因而它预设了伦理品质所规定的意志方向。亚里士多指出实践智慧和伦理德性不可分,正表明了实践智慧不只是实践上的聪明才智,而且是伦理存在的规定性。可见,实践智慧和共通感具有密切联系,两者都是通过对实践的具体事物的觉知、觉察而对伦理意义上的适当和不适当进行区分和选择,因而都以人的伦理存在为前提。

　　共通感概念在英语中被翻译为 common sense（常识）。伽达默尔注意到,与维柯同时代的沙夫茨伯里追随罗马古典作家对共通感的人文主义解释,对英国哲学产生了重要影响。沙夫茨伯里在 1709 年发表了一篇文章《共通感:关于机智和幽默的论文》（"Sensus Communis: An Essay on the Freedom of Wit and Humour"）。在这篇文章中他援引罗马作家的共通感概念来为讽刺和幽默的使用辩护,他这么理解共通感的内涵:"他们通过一个希腊派生词让诗人所说的常识(common sense)指公共福利的感觉以及共同利益的感觉;对共同体或社会的爱、自然情感、人道、友善,或者那种源于对人类共同权利的恰当感觉的礼貌,以及同类中存在的自然的平等。"②在伽达默尔看来,沙夫茨伯里是把共通感理解为一种社会德性,但这是一种心灵德性而不是头脑德性。从共通感来理解机智和幽默,反映了沙夫茨伯里和古罗马人对人道的共同认识:人道包含了优美的生活方式以及理解并造就快乐的行为方式。在沙夫茨伯里那里,共通感作为一种社交德性是建立在同情的基础上的。他不仅将同情作为道德的基础,而且还根据同情建立了

---

① 《伽达默尔全集》(第 2 卷),第 27 页。
② Anthony Ashley Cooper, Earl of Shaftesbury, *Characteristics of Men, Manners, Opinions, Times*, Edited By Lawrence E.Klein, Cambridge Univeristy Press, 2000, p.48.

一套形而上学。哈奇森和休谟在沙夫茨伯里的思想基础上发展出道德感学说。哈奇森直接用同情解释共通感，将共通感描述为对他人的幸福感到高兴，对他人的痛苦感到不安的倾向。以里德为代表的苏格兰哲学家在探讨常识的认识功能时，继承了亚里士多德—经院哲学传统对共通感的认识，即表示统一感官的感知能力。但他们也把握了常识和社会的联系，认为常识能指导我们的日常生活，而推理能力却使我们陷入歧途。因此，常识是合理社会生活的基础。

共通感在法语中可被翻译为 sens commun，表示人类团结的情感，但与共通感更接近的是概念是 bon sens（好的感觉）。共通感是具有道德因素的好的感觉，不同于普通的人类理智。柏格森认为其他感觉是对事物的感觉，而好的感觉是一种社会感，支配着人与人的关系。好的感觉使我们不断调整适应新情况，使一般原则适应于现实，从而实现公正。好的感觉是对实践上正确的东西的敏感，产生于公正的心灵。

根据伽达默尔的考察，在英国和拉丁语国家，共通感及其派生概念表示国家公民的共同品质，然而在 18—19 世纪的德国哲学中，共通感概念丧失了政治社会内容，只是被理解为一种理论能力，即一种不同于伦理意识和趣味的理论判断力。唯有在虔信派那里，可发现对沙夫茨伯里的共通感概念的支持。例如厄廷格尔诉诸沙夫茨伯里，反对莱布尼茨—沃尔夫的学院派理性主义。厄廷格尔把共通感翻译成"心灵"（Herz），以区别于理性（Vernunft）。人的心灵对于真理的感受是感性的真理，不同于理性的真理。共通感的基础是生命，它是对于幸福所依赖的东西的渴望，体现了上帝的作用。

从伽达默尔对共通感概念的历史梳理中，我们可以发现人文主义的共通感概念大致具有以下内涵：共通感是实践性的感觉，而不是理论性的感觉。它是一种对于正当或不正当和公共善的感觉，因而能够指导人们的行动；共通感也是具体的感觉，它总是要根据具体环境和具体事物来进行判断，排斥理智的规则和论证；共通感是社会性的感觉，它是在共同体中形成的，表达了人们的共同意向，因而能够成为公民团结的要素；共通感虽然表现为直接的感觉，但并不因此就是非理性的。在这种共同的感觉中实际上也隐含着理性,这种理性不是抽象的、理论的理性,而是实践理性。共通感的这些特点和实践智慧具有密切关系。实践智慧是实践理性的德性,可以说有实践智慧的人也具有共通感,实践智慧正是以共通感的方式发挥作用。

至于康德,我们发现他反对英国沙夫茨伯里、哈奇森等人将共通感作为道德原则的。他认为道德命令不能建立在情感之上,无论是个人的情感还是共同的道德感。因为道德命令是无条件的,排除了对经验性事物的考虑,而共通感原则归根结底属于经验性的原则。在《判断力批判》中康德很关注共通感问题。共通感是康德在美的模态分析中提出来的,他认为审美判断是一种必然性判断,但这种必然性不是客观必然性,因为我们不能从对象的概念中先天地认识到我们对对象必然感到美,而是一种主观必然性,这种必然性有一种"应当"的要求,即对于一个人宣称美的事物,其他人也应当宣称是美的。美的主观必然性之所以可能就在于每个人身上有一种共同的根据,这个根据就是"共通感"。共通感是先天的感觉能力,它通过情感而非概念规定了什么令人喜欢、什么令人厌恶。康德提出共通感这个概念不是基于心理学观察,而是把它作为审美判断之所以具有普遍必然性的前提条件。康德甚至说共通感是一种理念。正是这种理念才使我们的情感具有普遍传达性。这种共通感被局限于审美的领域,丧失了人文主义传统中的实践认知的意义。正如伽达默尔所指出的:"康德在《判断力批判》里对这一概念的采用则有完全不同的强调重点。这一概念的基本道德含义在他那里不再有任何重要的地位。"①

人文主义的共通感概念的发展与判断力概念密切相关。共通感的作用就表现为给予我们的生活以正确的方向,并对于具体行为是否合理、恰当进行判断。"健全的理性、共同的感觉,首先表现在它所做的关于合理的和不合理、适当和不适当的判断里。"②在18世纪的德国思想中,判断力被认为是健全理智的体现。愚人是缺乏判断力的,因为他不能正确地概括,也不能正确地应用所知道的东西。然而人们引入判断力概念(Urteilskraft)并不只

---

① 《伽达默尔全集》(第1卷),第38页。
② 《伽达默尔全集》(第1卷),第37页。

从理性逻辑的角度来加以考虑,而是想恢复作为一种精神的基本品性的 iu-dicium(判断)概念。判断力的活动是把特殊的东西归摄到一般的东西中,然而这种活动不是通过遵循规则实现的,因为如果判断力有一种指导其应用的规则的话,那么遵循这个规则又需要更高的判断力,这样可导致无限追溯。一些德国哲学家(如康德)已经认识到了判断力并没有应用的规则,它的活动不能从逻辑上证明。判断力也不能通过抽象规则来学习,而只能在具体事例的运用中培养。就此而言,判断力类似于共通感,虽不能逻辑地证明和应用,却能作出正确的选择。在此意义上,英国的道德学家认为道德和审美的判断不服从理性,而是具有情操和趣味的特质。这种作为精神品性的判断力首先在实践上具有重要意义。

不过,德国启蒙运动并没有将判断力作为高级的认识能力,而是作为低级认识能力,这对美学产生重要影响。美学之父鲍姆加通认为,判断力的对象是感性的个体,所判断的是对象的完满性。美就是感性认识的完善。在感性判断中,普遍的概念并没有被预先给予,人通过从个别事物中看出了普遍性,这里不存在对普遍东西的应用,特殊和普遍的内在一致性才是决定性的东西。这表明在感性判断中,单个事物是被"内在地"(immanent)判断,而不是将普遍概念应用于单个事物。这种所谓内在的判断实际上就是形式合目的性的判断,它涉及康德后来所谓的"反思判断力"。鲍姆加通将感性的判断描述为趣味,它丧失了实践的含义,而只具有审美的含义。哥特舍特进一步促进了判断力概念的美学化,这一过程到康德那里最终完成。在康德那里感性判断力被限制在反思性的审美判断上,而且只有审美判断才包含着对于共同感觉的承认。可以说,德国启蒙运动虽然看到了判断力的无规则性、感受性的特点,但却将其限制在审美的形式判断上,而放弃了它在道德政治内涵。

康德对于判断力做了深入的分析。在《纯粹理性批判》中他这么规定判断力:"如果把一般知性解释为规则的能力,那么判断力就是把事物归摄到规则之下的能力,也就是分辨某物是否从属于某个给定的规则之下。"[①]

---

① 康德:《纯粹理性批判》,邓晓芒译、杨祖陶校,人民出版社 2003 年版,第 135 页。

这里所说的判断力是一种从属于知性的能力,准确地说是一种规定性的判断力。在《判断力批判》中康德提出了反思性的判断力,以之与规定性的判断力相对立。规定性的判断力是指普遍的东西被给予了,而把特殊的东西归摄到它之下的能力。相反,反思性的判断力则是指特殊的东西被给予了,从特殊中寻求一般的能力。在《判断力批判》中康德并没有处理道德判断问题,那么道德判断力属于哪一种判断力? 按照康德的思想来看,道德判断力显然是属于规定性的判断力,道德判断就是将具体情况归摄到一般规则之下。在《实践理性批判》中康德谈到,把实践规则应用于感性行动时就需要实践的判断力,"现在,一个在感性中对我们是可能的行动究竟是不是服从这条规则的情况,对此就需要实践的判断力,借此那种在规则中被普遍地说出来的东西才被 in concreto(具体地)应用于一个行动上"。① 理性如果是纯粹理性的话,那么它给出的规则就是实践法则,这时实践判断力就是纯粹实践判断力。如果理性不是纯粹理性,规则只是一般的实践原则(或准则),这时实践判断力是一般的实践判断力。道德活动涉及的是纯粹实践判断力,它把先天的自由法则应用到遵循自然法则的经验行为中,这时就需要把两者联系起来的模型,即形式上的自然法则。可见康德纯粹实践判断力和他的认识判断力一样都坚持普遍原则的优先性,都是用普遍原则来规定具体情况,因而属于规定性的判断力。② 然而在伽达默尔看来,人文主义的判断力在实践中强调的是具体情况的优先性,这更接近于反思性的判断力。但康德却把人文主义的判断力概念审美化,共通感也被限定在审美判断上,使它们丧失了实践的内涵。这导致了人文主义传统的狭隘化。伽达默尔则力图恢复人文主义的判断力和共通感,并以此批判康德。"谁具有一个健全的判断,他就不能以普遍的观点去评判特殊事物,而是知道真正关键的东西是什么,也就是说他以正确的、合理的、健全的观点去观看事物。……被归给判断能力的普遍性根本不像康德所认为的那样,是某种

---

①　康德:《实践理性批判》,邓译本,第92页。

②　其实从康德的思想实质来看纯粹实践判断力更像是反思性的判断力。道德法则只是空洞的形式,应用道德法则不是用一般法则来规定行为准则,而是从行为准则开始进行反思,看它有没有普遍性。

'共同的'东西。判断力与其说是一种能力，毋宁说是一种对一切人提出的要求。所有人都有足够的'共同感觉'，即判断能力，以致我们能指望他们表现'共同的意向'即真正的公民道德的团结一致，但这意味着对于正当和不正当的判断，以及对于'共同利益'的关心。"①

人文主义的判断力概念受到了亚里士多德以来的实践哲学传统的影响，因为实践哲学传统突出了实践领域的特殊性，以及实践知识独立于理论知识的特点。这在亚里士多德对实践智慧的讨论中表现得很充分。伽达默尔认为："从哲学角度看，从亚里士多德直到19世纪初的实践（以及政治）哲学传统这个大背景所表现出的即是实践对认识表现了一种独立的贡献。具体的特殊性在这里不仅是出发点，而且是一直规定着普遍性内容的因素。我们对这个问题是以康德在《判断力批判》中赋予它的那种形式去认识的。"②不过伽达默尔也并不是仅仅将实践判断归于反思性的判定力。他赞同黑格尔的看法，即康德对规定性的判断力和反思性的判断力的区分只是一种抽象的划分，无法把握个别和一般之间的辩证统一的关系。个别性和一般性在一切事物中都既有区别同时又是同一的。判断力实际上总是兼具规定性和反思性这两种功能，"我们把个别归置于其中的一般正是通过这种归置而对自身进行着规定"。③

实践智慧的活动就是将一般的善具体化于个别行为中，这里一般的善体现为人们普遍接受的德性观念，但它们只是抽象的图式，只有在个别行为中才能实现出来。因此具体的处境起到了决定性的作用。在这里一般和个别是相互规定的辩证关系，它体现了规定性判断和反思性判断的统一。显然，实践智慧具有人文主义的判断力的特点，它并不遵循演绎的规则，将具体事物作为可归于普遍原则的特殊实例，而是以具体事物为出发点，以健全的观点评判它并选择适当的行为，通过这种方式将共同的公民道德具体化。

与人文主义的判断力概念相关的另一概念是趣味。趣味（Geschmack，或译为"鉴赏"）本来是指某种感官的特点，相当于口味的意思，比如某东西

---

① 《伽达默尔全集》（第1卷），第37页。
② 《伽达默尔全集》（第2卷），第455页。
③ 《伽达默尔全集》（第2卷），第455页。

是甜还是苦,是不是使人适意。在康德那里趣味特指评判美的能力,它不是根据个人的感官感觉,也不是根据概念,而是根据想象力和知性的自由的协调活动进行评判,这种协调活动使美感具有普遍可传达性,从而为趣味判断奠定了基础。康德把共通感限制在趣味之上,趣味又被限制在审美的东西上。

伽达默尔通过概念史的考察表明,在康德之前的人文主义传统中趣味首先是作为一种社会道德概念而不是审美概念出现的,它表达了一种真正的人性理想。西班牙哲学家巴尔塔扎·格拉西安把感性趣味视为一种最内在的感觉,它包含了我们对事物进行分辨的萌芽。这种感性趣味介乎感性本能和精神自由之间,其特征就在于"对于那些属于生活最紧迫需要的东西具有选择和判断的距离"①。格拉西安以趣味为基础提出了社会教化理想,认为只有通过教化才能培养趣味,而有教养的人就在于他有趣味,即能够对一切事物保持着正确的距离,也与自身的偏好保持距离,从而冷静地分辨美丑善恶并进行选择。所以趣味不是私人性的东西,而是隐含着普遍性的标准。

伽达默尔指出,趣味并不同于时尚(Mode)。单纯时尚的东西除了由所有人的行为给出的准则外,不包含其他的准则。所以时尚的普遍性只是经验的普遍性,它会造成一种社会依赖性。相反,有趣味的人并不要求每个人都同意自己的判断,而是认为在一个理想的共同体中每个人应当会同自己的判断相一致。可见趣味的普遍性不是经验的普遍性,而是一种理想的普遍性。趣味类似于一种精神的分辨力,它有自身的尺度,而不是盲目地跟随时尚的变化。

从趣味的理想性中我们可以知道趣味认识了某种东西。这种认识不是根据规则和概念而得来的理性认识,也不能与具体对象的感知相脱离。如果趣味对某物作出判定,那么是不能清楚地说明为什么如此,但它又非常确切地知道应该这样。趣味的独特之处就在于它虽然具有普遍性的标准,但这种标准又不是给定的规则,从而能够直接应用于个别事物,将其作为规则

---

① 《伽达默尔全集》(第1卷),第40页。

的一个实例。相反它是以个别的东西为出发点,看个别的东西是否与其他东西相适应,从而契合于整体。这种判断只能靠感觉。所以趣味像共通感一样表现了一种特有的认识方式。"趣味应归入这样一种认识领域,在这领域内是以反思判断力的方式从个别去把握个别可归于其下的普遍。趣味和判断力一样,都是根据整体对个别事物进行评判,评判该个别事物是否与所有其他事物相适应,该个别事物是否也是'合适的'。我们对此必须具有'感觉'——因为它是不能被论证的。"①

康德实际上最早系统地阐明了趣味的特点。在康德看来,趣味不是概念性的认识,因而不能论证,但它具有普遍性,可以要求每个人的判断应当相一致。这正说明趣味实际上隐含着一个理想共同体的同意,因而具有规范标准,但这种标准又不是明确的概念和规则。趣味的活动不是应用规则和概念,也不能与具体情况相脱离,因而要归入反思性判断力。虽然康德揭示了趣味的特点,但他将其限制在审美领域,造成了趣味的狭隘化。在伽达默尔看来,我们可以像前康德时代的人文主义者那样将趣味应用于道德和法律的实践领域。道德和法律不能作为一个确定的整体被给出,以规范人们生活的方方面面。因为生活总是具体的,总会出现某些例外使得规则体系不能完全恰当地应用。用法律和道德的规则去规范生活总是不完善的,它们还需要从个别情况那里得到创造性的补充和发展。判断力在此就发挥了作用。判断力在正确地评价具体情况时,不只是把它作为普遍规则或概念的实例,而是要理解其不能通过规则来把握的独特性。因此"对情况的判断并不是简单地应用它据此而产生的普遍事物的准则,而是这判断本身一同规定、补充和修正了这准则。由此,我们最后可以推知:一切道德上的决定都需要趣味"②。

伽达默认为,趣味是道德决定中不可或缺的因素,它能够在具体情况和规则之间实现微妙的平衡,从而把握正确的东西。因此趣味也具有确定性,能使我们接受好的东西、拒斥坏的东西。这种确定性不同于科学认识的确

---

① 《伽达默尔全集》(第1卷),第43页。
② 《伽达默尔全集》(第1卷),第45页。

定性,而是类似于我们的感官在选择或拒绝事物时所具有的确定性。在伽达默尔看来,虽然趣味概念在17世纪出现,但可以追溯到古代的伦理学。古希腊伦理学包括亚里士多德的伦理学在广泛的意义上可称为"好的趣味的伦理学",在这种伦理学中"关键的东西是把握正确的细微差别。主导这种把握的phronesis(实践智慧)是一种hexis tou aletheuein(真实的品质),一种存在状态(Seinsverfassung),在此状态中,某些隐蔽的东西成了可见的了,因而某种东西被认识了。"①实践智慧就像趣味一样,能够把握具体事物的细微差别,分辨出好坏、适度或不适度,从而作出正确的判断和选择。它也类似于精神的分辨力,以感觉的方式把握正确的东西,但却不能像有根据的知识那样进行论证。可以说实践智慧是以趣味的方式来发挥作用。对于实践智慧而言,德性观念需要在具体处境中通过行为实现出来。虽然德性和德行的标准都是中道或适度,但德行的适度必须要考虑到具体的时间、地点、人物关系等。实践智慧以趣味的方式分辨出或感觉到在具体情况下怎样做才是适度。在这里个别相对于一般而言更有优先性。因此在应用一般德性观念时,个别情况会对其进行创造性的补充和修正。当然实践智慧也依赖于社会共同性,但不是习俗或经验的一致性,而是预设了一个理想共同体的同意,因而它具有内在的自由和优越性。伽达默尔指出,趣味伦理学在今天看起来显得有些陌生,首先在于我们通常在趣味概念中看不到理想的规范要素,而且受到关于趣味差异性的相对主义—怀疑论看法的影响。更重要的是现代人被康德的道德哲学所支配,使伦理学从审美和情感的因素中纯化出来,这样在法律和道德中的趣味经验和审美(感性)判断力被排斥出了哲学的中心,与认识和真理无关,而只与审美有关。这就背离了亚里士多德的实践哲学传统。

　　总之,近代人文主义传统中的共通感、趣味和判断力是相互联系的概念,它们所包含的认识模式不同于理论认识的模式,而是接近于亚里士多德用"实践智慧"概念所表达的实践知识模式。这类知识不同于抽象的普遍性的知识,如可以被论证和或逻辑演绎的科学知识,而是结合了普遍性和具

---

①　《伽达默尔全集》(第1卷),第45页注释71。

体性,以感觉的方式表现出的知识。当然,无论是共通感、趣味、判断力还是实践智慧都不是先天的认识能力,而是植根于教化中,通过人们的实践交往和教育逐渐培养起来的,就此而言它们具有伦理生活的基础。下面就谈谈作为实践智慧基础的伦理。

第　五　章

实践智慧的基础——伦理

第一节　伦理共同体

1. 人作为政治的动物

伦理学这门学科是建立在希腊的伦理（ethos）概念上的。Ethos 最初表示风俗习惯，与之相关的 ēthos 除了习惯意义外，还融入了品格、状态等意义。希腊的伦理概念是带有社会性的、传统性、文化性的概念，表示体现在历史文化传统中并支配着人们品格和行为的社会习惯和规范。可以说伦理生活造就了人类的文明。

对伦理的认识是和对人的构成性的认识联系在一起的。古代还缺乏现代的个人主义观念、独立自主的人的观念。人成为什么是通过共同的伦理生活来塑造的，对于伦理问题的探讨不能离开这个基础。我们在前面已经说到过，古希腊的德性概念与功能概念相关，而伦理意义上的德性总是与社会功能相关。在英雄时代，德性表达了人所处的社会秩序以及这种秩序赋予人的社会地位和社会功能，比如武士的德性是勇敢，妻子的德性是忠诚。"对英雄社会中的德性的任何充分的说明，都不可能脱离其在此社会结构中的语境……道德与社会结构在英雄社会中实际上是一回事。这里只有一套社会关系。道德作为某种独特的东西尚未出现。评价的问题就是社会事实的问题。"①善是与德性同源的词，任何具有德性的事物都可以说是善的。

---

① 麦金太尔：《追寻美德》，宋继杰译，译林出版社 2003 年版，第 155 页。

如果一个人具有他在履行社会职责上的德性，他就是善的，伦理意义的善就在于社会职责的履行。到了古典时代，希腊世界的社会环境发生了巨大变化。随着城邦和商品经济的发展、殖民化的扩展、商贸往来和旅行的增长以及频繁的战争，希腊人和其他民族的交往更加密切，希腊很多城邦内部建立在血缘关系上的氏族社会开始瓦解，古代的社会等级制度和职责系统开始崩溃。善和德性词汇（如友谊、勇敢、正义）的内涵也随之发生变化，它们开始脱离具体的社会角色和特定的社会功能，而表示个人的特质。不过德性仍没有脱离功能概念，只是一个人的德性不是他作为君主或战士的功能，而是作为公民的功能，做一个好人与做一个好公民密切相关。诗人、哲学家们在为诸德性观念寻找确定的、连贯的涵义时并不区分什么是普遍性的、什么是地方性的。大多数希腊人会认为自己城邦的生活是最好的生活，是人类应当具有的生活方式，他们对德性的理解是作为共同体的成员而获得的，但这种理解也为他们提供了标准去探讨或质疑城邦共同体的具体政策或做法是否正义。他们是城邦的孩子，也是城邦的主人，当他们发挥公民的德性时不只是维护城邦的既定规范秩序，也对其进行修改和完善。城邦成为了最大的伦理共同体。

亚里士多德对希腊的社会政治生活进行了总结，将政治学作为专门的学科进行研究，这构成了实践哲学的重要组成部分。在《政治学》中他对于共同体的发展进行了描述。最初的共同体是家庭，它是男女为了繁衍后代、满足人们日常生活需要而自然形成的共同体。为了更多的需要，多个家庭联合起来形成村落。当多个村落为了满足生活需要并且生活得更好而联合起来就形成了城邦。这些共同体的形成都是出于自然，而城邦就是这一过程的完成，它获得或接近自足，因而是最高的共同体。城邦是政治共同体，它包含了一切其他的共同体，它所追求的是最高的善。城邦是自然形成的，人在本性上就趋向于城邦生活。脱离城邦独立生活的人不再是自足的。人们不仅仅为了生存或获得帮助才生活在一起，单单共同体的生活本身就有某种美好的东西，因为人天生就具有合群性，只有在政治城邦中人才能获得自己应享有的美好的幸福生活，过上这种生活就是最大的目的。在亚里士多德看来，虽然在时间起源上城邦后于家庭和个人，但由于城邦是目的，所以在本性上城邦先于家庭和个人。正如脱离了身体的手足不再是手足,当个人离开城邦就不能自足,个人的完善只有在城邦生活中才能实现,因此他把人定义为"政治的动物"。

　　亚里士多德指出,人作为政治的动物不同于蜜蜂等群居动物,因为人具有语言(逻各斯),而动物只有声音。声音可以传达苦乐,语言则能表达利和弊以及公正或不公正等观念。人和其他动物比较起来其独特之处就在于,他具有善与恶,公正与不公正以及诸如此类的感觉,由此人才能联合起来组成家庭和城邦。(1253a10-20)可见"人是政治的动物"和"人是有语言(逻各斯)的动物"这两个关于人的著名定义在亚里士多德那里是统一的。人必须能辨识利害关系、是非善恶,这样才可能组成政治共同体,而只有语言才能表达利害善恶的观念,因此政治共同体需要通过人的语言交流来维系,而作为实践理性的实践智慧也离不开语言共同体。这里我们可以看到亚里士多德的政治学本质上是一种伦理理论,政治学和伦理学在他那里是连贯的,构成一个整体。如果说伦理学研究个人如何获得善的生活,那么由于人的社会本性,这种目标只有在政治共同体中才能实现,这就需要政治学探讨哪种政治形式更适宜达到这种善,并对不完善的形式提出补救方案。所以伦理学和政治学都是定向于人类的善,以培养德性、获得幸福生活为目的。政治学(politike)一词来源于城邦(polis),亚里士多德探讨政治问题的视域始终没有离开作为一个伦理共同体的城邦。

　　不过亚里士多德也注意到,一个好公民的德性并不与一个好人的德性完全相同。公民是共同体的成员,公民的德性是和他在共同体中的功能相关的。他把整个城邦比喻成航行的船,而把公民比喻成水手。水手有不同的职能,有的划桨,有的当舵手,有的是瞭望员,他们各自的功能不同,但他们都有一个共同的目的,即航行的安全。同样公民都是共同体的成员,每个公民的职业不同,因而他们的德性彼此不同,但是他们有一个共同的目的即共同体的安全。城邦共同体具有某种政体,公民的德性与他所属的政体相关,他的德性要符合这个政体。政体有多种形式,所以好公民的德性有不同的种类,不能要求有唯一的完满德性,而好人就在于具有一种完满的德性。(1276b20-35)这种完满的德性是什么,亚里士多德并没说明,很有可能指的是实践智慧。好公民是相对于城邦的政体而言的,因此好公民的德性是用一种相对的标准来衡量,好人则是以绝对的标准来衡量的,好公民不一定具有好人的德性。要使城邦成为优良的城邦,所有人都应当是好的公民,但无须也不可能要求所有公民都是善良的人。不过对于部分公民而言,好公民的德性和善良之人的德性是相同的,这部分公民就是统治者。只有对于一个统治者才要求他是善良的、有实践智慧的人。不过在自由人组成的共和政体中,所有公民都是统治者同时也是被统治者。公民社会中的统治是自由人对自由人的统治,这不同于主人对奴隶的统治。公民既要学习受人统治,也要学习进行统治。没受过统治也不能成为好的统治者。公民作为统治者和被统治者所要求的德性不同。实践智慧是统治者所独有的德性,而其他德性(如节制、正义、勇敢)则是统治者和被统治者都应当具有的,当然各自有不同的表现形式。这些德性都是好人的德性。被统治者虽然不具有实践智慧,但具有真实的意见。他们就像制笛的人,而统治者就像吹笛的人,也就是说被统治者提出真实的意见,而具有实践智慧的统治者选取合适的意见来实行。在一个自由人组成的理想城邦中,由于所有公民都可当统治者,所以好人的德性与公民的德性完全相同。在好公民作为政治家时,他和好人一样具有实践智慧这种德性,当他作为被统治的自由公民时,他和好人一样具有其他伦理德性。亚里士多德的这种观点继承于柏拉图,同时又作了某些修正。他和柏拉图都强调统治者应该有实践智慧,但在柏拉图那里被统治者的德性只有节制,而亚里士多德加上了正义、节制、勇敢以及真实的意见。

2. 德性的培养

亚里士多德之所以批评苏格拉底,一个重要原因就是苏格拉底只探讨什么是德性,而不追问德性是如何产生,从什么产生的。伦理学的目的不同于科学,后者只是为了获得关于事物本性的理论知识,而伦理学不仅要认识什么是德性,还要能帮助人成为善人。所以对于德性而言,最重要的不是知道它是什么,而是它源出于什么,只有这样才有助于我们获得德性,成为善人。(1216b10-22)当然亚里士多德关注培养的德性是指伦理德性,但由于伦理德性和实践智慧具有密切关系,通过考察伦理德性的形成也可以澄清实践智慧的形成过程。

亚里士多德比较重视习惯在培养伦理德性中的作用,伦理(ethos)一词本来就有习惯的意义。伦理德性不是自然形成的,因为自然本性不可改变,如石头的本性是下落,不可能通过训练形成上升的习惯,而伦理德性是可以改变的。同时伦理德性也不是违反自然的,自然赋予我们接受德性的能力,我们通过习惯完善它。伦理德性的这种特点使它不同于自然赋予我们的能力。我们是先有了这些自然能力然后才将其运用于活动中,比如有了听觉和视觉才有听和看的活动。相反,对于德性而言,我们是通过合德性的活动才获得德性,比如实行正义的行为而成为正义的人。通过行为造就德性是亚里士多德的一个核心思想,"一个人的实现活动怎样,他的品质也就怎样。所以,我们应当重视实现活动的性质,因为我们是怎样的就取决于我们的实现活动的性质。"(1103b21-24)同样是和别人交往,有的人成为公正的人,有的人成为不公正的人。同样面对危险处境,有的人成为勇敢的人,有的人成为懦夫。正是由于在具体情况中行动方式的不同会形成不同的性格和品质,所以从小养成这样或那样的习惯就非常重要,甚至是最重要的。

实际上对于如何成为一个好人、获得德性,古希腊人是有不同看法的。除了习惯之外,有的人认为是由于自然本性,有的人认为是由于学习。亚里士多德承认这些观点都有部分合理性。但他最看重的还是习惯。在他看来,出于自然本性的东西非人力所及,因此一个天生的有德之人是神所眷顾的幸运之人。学习教导不是对所有人都有效,因为那些处于受感情支配状态的人听不进去教导。人必须首先有亲近德性的品质,能够爱高尚的东西并且憎恨卑贱的东西,这样才能听从教导。(1179b20-30)在《政治学》中他提出了类似的看法,即成为善良之人的途径是本性、习惯和理性(逻各斯)。人天生就具有人的本性,即人的身体和灵魂的自然禀赋。后天的习惯可以改变本性,使其向善或向恶,而动物主要按照自然本性生活。除了本性和习惯之外,人还有理性,理性为人所独有。人的本性、习惯和理性应该一致。当不一致时,为了好的结果,人们应当服从理性的劝导,宁可违背本性和习惯。亚里士多德指出,在公民所应具有的素质中,除了一部分本性容易被立法者驾取,其他的事情都依赖于教育,即习惯的训练和理性的教导。(1332b1-10)公民习惯的训练应以理性作为准则,这样培养出的习惯才是好的习惯。只有习惯和理性彼此一致才能产生最佳效果,单凭理性或者单凭习惯都可能偏离最高的善。亚里士多德对习惯的训练和理性的教导的区分已经包含了区分实践教化和理论教化的萌芽。不过在他看来重要的还是好的习惯的培养,因为理性的教导对那些本身受情感欲望支配的人来说起不了什么作用。

对于好的习惯的培养,亚里士多德还很重视法律的作用。要养成好的习惯需要建立健全的法律,因为大多数人追求的是快乐而不是高尚的事物,他们不会自觉地听从理性,而只会服从具有强制性的法律。过节制的、忍耐的生活并不快乐,只有在健全的法律的约束下进行教育和训练,使这种生活成为习惯,人才不会觉得痛苦。那么什么样的法律才是好的、健全的法律呢? 亚里士多德突出了法律的正义性。好的法律应该"在城邦的政体利益和公民的共同利益面前一视同仁"(1283b40),它能进行毫无偏私的权衡,使事物合乎正义。由于法律是普遍的规则,不受偶然激情的支配,可以说"法律即是摒绝了欲望的理智"(1297a33)。而且好的法律可以使人获得正确的感觉和情感。比如,一个人如果违反了公众的口味,就会引起反感,哪怕他是对的,但好的法律能够使公道的行为不会引起反感。可以说依照好的法律的习惯训练也就是依照理性的习惯训练。由于好的制度是通过好的法律建立起来的,亚里士多德也就突出了好的制度对公民成长的作用。他和柏拉图一样都欣赏斯巴达,因为那里的制度关心公民的教育和训练,而当时大多数城邦都忽略了这一点,任凭个人去生活,或者把教育责任归于家庭。建立好的法律不仅要求立法者具有立法学的知识,同时也应具有实际的政治经验,这样才能制定适合特定城邦的法律。也就是说立法者应该具有实践智慧,好的法律就是体现实践智慧的逻各斯。

虽然亚里士多德强调习惯在培养德性中的重要作用,但并不意味着习惯是无理智地重复某种行为方式,因而是一种机械的适应过程。习惯的形成要通过一次次的具体行动,而这些具体行动都伴随着理智和考虑的作用。正如 Nancy Sherman 所指出的:"如果我们把外在的行动因素和内在的认知和情感因素相分离,我们将误解亚里士多德的行为产生品格的观念。"①重复并不是意味着做同样的行为,而是意味着试图接近某种作为目标的理想,比如正义,而在每种情况下如何做到正义需要不同的考虑。人通过重复而学习如何为人处世,包括培养对环境的敏感性、分辨能力、控制情感的能力以及应用规范的能力等。这样一个学习过程是一种连续的试验过程,它并不排除失败、错误和不足,重要的是保持对于理想的行为方式的意识,并且通过重复改进自己、接近这一目标。所以习惯的形成不是通过行为的机械重复,重复是具有反思性和批判性的。

通过习惯而形成的只是接近德性的品质,要达到真正的德性离不开实践智慧。亚里士多德区分了自然的德性和严格意义上的德性。他认为,虽然孩子和野兽也可以自然地拥有某些和德性类似的品质,比如勇敢,但这种自然的品质如果没有努斯,就会显得有害,就像一个强壮的身躯离开视觉会摔得更重。如果加上了努斯,这些自然品质就会使行为完善,原来类似于德性的品质就成了为严格意义上的德性。这里所谓的努斯是指实践智慧中起作用的努斯。所以"严格意义上的德性离开了实践智慧就不可能产生"。(1144b16)"德性不仅仅是合乎正确的逻各斯,而且是与后者一起发挥作用的品质。在这些事务上,实践智慧就是正确的逻各斯……德性和逻各斯一起发挥作用。显然,离开了实践智慧就没有严格意义的善,离开了伦理德性也不可能有实践智慧。"(1144b26—32)实践智慧与伦理德性不可分,它代表了伦理德性中的理智成分。在此亚里士多德修正了苏格拉底的"德性即知识"的观点,这种观点实际上把伦理德性和理智等同起来,而忽视了习惯在形成伦理德性中的作用。

至于实践智慧的来源,亚里士多德没有详谈。他指出:"理智德性主要通过教导而产生和发展的,所以需要经验和时间。"(1103a14)如果说对于伦理德性而言,本性、习惯和教导都被赋予了一定地位,其中习惯是最重要的,那么对于作为实践的理智德性的实践智慧而言,本性、习惯和教导也都

---

① Nancy Sherman, "The Habituation of Character", in Nancy Sherman (ed.) *Aristotle's Ethics—Critical Essays*, Rowman&Littlefield Publishers, INC 1999, p.247.

是不可少的,其中教导是最重要的。正如前面谈到过的,人之所以不同于动物就在于灵魂中具有逻各斯的部分,逻各斯的部分又被分为知识的部分和考虑的部分,实践智慧作为一种德性是考虑部分中的最好状态。由于人的灵魂具有逻各斯的部分,所以从本性上就有发展出实践智慧的可能。显然要达到这种最好的状态也需要后天的努力,习惯和教导是必不可少的。只有养成良好习惯的人才可能接受教导,教导也可以促进好习惯的养成。教导和习惯相互促进,最终使人成为一个具有实践智慧和伦理德性的好人。实践智慧和伦理德性一样,是通过一个探索和试错的学习过程而达到的理智的完善状态。所以实践智慧依赖于经验,而经验在道德决定中起到了关键作用。实践智慧首先关注的是特殊的事物,它指导一个特殊的人在特殊的处境中作出特殊的决定。我们只有通过经验才能了解特殊的东西,一个经历了很多特殊的事情从而具有经验的人,比那些只具有一般知识的人能更好地作出决定。青年人身上看不出实践智慧,就是因为他缺乏经验,而经验需要日积月累。(1142a12—21)青年人可以在数学和几何学上学得很好,因为这些知识是抽象的、清楚明白的,而与实践智慧相关的品质如体谅、理解、努斯,则不是通过学习得到的,而是随着年龄的增长而自然地获得的。所以有经验的人、老年人才可能具有实践智慧,他们并不依赖知识的证明,他们的见解和意见"即使未经过证明,也应当像得到了验证的东西那样受到尊重。因为经验使他们生出了慧眼,使他们能看得正确"(1143b10—14)。纳斯鲍姆指出,在实践慎思(考虑)方面亚里士多德有两件反柏拉图的事情,"首先实践慎思不是而且不可能是科学的……其次,正确选择的恰当标准就是一个地地道道的人,即一个具有实践智慧的那个人。这个人并不试图在人类生活的条件之外占据一个立场,而是把他的判断建立在他对这些条件长期而广泛的经验基础上。"①这两个方面是相关的,正因为实践智慧不是一种科学的认识,所以实践的慎思不需要科学的程序和方法,而是依赖于经验所培养出来的判断力和识见。一个具有实践智慧的人本身就是标

———————

① 玛莎·纳斯鲍姆:《善的脆弱性》,徐向东、陆萌译,译林出版社2007年版,第397—398页。

准，他对事物的看法与事物本身的逻各斯是一致的。

　　值得注意的是学习实践哲学本身就属于理论教导，它也有助于培养实践智慧，不过接受实践哲学的教导要以生活经验为前提。亚里士多德指出，青年人由于缺少生活经验，不大适合学习政治学，即使学了也会不得要领、无所收获。另外，青年人在生活和欲求中容易受情感左右，即使学习了也没什么效果。对于年纪上年轻或品性上不成熟的人，他们不能从这种知识中获得益处，也无法将其运用到行为当中，难免学一套、说一套，做的又是另一套。只有那些欲求和行动合乎逻各斯的人，这些知识才是有用的。显然他所讲授的伦理学是为那些在实践中受过教化、品格比较成熟的人准备的。他认为不同的学科因为题材的不同而有不同的始点（arche），且始点的获得方式是不一样的。伦理学研究应该从已知的东西出发，而受过良好教育的人具有或很容易获得这种始点。"此（hoti）就是始点。如果它对于一个人是足够明白的，他就不需要问为什么"①（1095b4-10）。伦理学研究的始点就是人的伦理存在。这说明伦理学不能作为单纯的道德知识的思辨，而是植根于活生生的生活经验，它以传授者和学习者参与实际的共同体生活为前提。亚里士多德还说："这种实践事物上的真实性却要从事实和生活中得到验证。因为事实与生活是最后的主宰者。所以，我们所提出的东西必须交给事实与生活来验证。如果它们与事实一致，我们就接受。如果与事实不合，它们就只是一些说法而已。"（1179a17-21）可见实践哲学作为对人类实践生活的研究既来源于生活，也要在生活中得到检验。

　　亚里士多德对德性的性质与来源的认识反映了他的伦理学思考的独特路径。伽达默尔指出，亚里士多德是通过批判柏拉图的善的理念而成为伦理学的创始人，"亚里士多德这种批判的方向证明，德性和知识、'Arete'和'Logos'的等同——这种等同是苏拉格拉底—柏拉图的德性学说的基础——乃是一种言过其实的夸张。亚里士多德因为证明了人的道德知识的

---

①　这里作为始点的"此"（hoti），英译者 Terence H.Irwin 翻译成为 that，认为指被接受的道德信念，而伽达默尔把"此"与人的此在之"此"联系起来，在他看来"此"就是人的伦理存在或伦理的事实性。Martin Ostwald 和 W.D.Ross 的英译本直接就把 hoti 翻译成 fact（事实）。

基础成分是 orexis,即'欲求',及其向某种固定态度的发展,所以他把德性学说带回到正确的尺度上。伦理学(Ethik)这一概念在名称上就指明了亚里士多德把德性建立在习性(Übung)和伦理(Ethos)基础之上的这一关系。"①如果说苏格拉底—柏拉图的"德性即知识"的命题过于强调了知识的重要性,因而表现出一种片面的唯理智主义,那么亚里士多德通过强调德性的基础是欲求以及共同体的伦理生活和习性在培养德性中的作用而克服了这种唯理智主义,并且使得道德知识和道德理性不再建立在对超越者的洞察上,而是植根于现实的人类伦理生活。

3. 道德的相对性和普遍性

如果把伦理生活作为实践智慧乃至整个实践哲学的基础,自然会面临这样的问题:这是否会导致一种伦理相对主义,即认为人的价值观和德性观植根于特定的文化传统中,我们无法找到一个中立的立场进行客观的评价或比较优劣。根据这种相对主义,实践智慧不同于理论智慧,不是普遍性的智慧,而只是相对于特定伦理共同体而存在,那么处在不同伦理共同体中的人,根据实践智慧作出的选择和判断会很不一样。

确实伦理概念似乎降低了个人确证道德行为的重要性,而将其作为表现既定社会的习惯和制度的实践。但亚里士多德在描述行为的道德性时使用了"高尚"、"正确"、"真"等概念,强调它自身的内在价值,而实践智慧概念也突出了行为者对行为道德性的把握。道德行为是按照逻各斯的要求的行为,逻各斯以及体现逻各斯的实践智慧具有超越具体伦理环境的意义。如我们前面谈到过,亚里士多德区别了好人和好公民,公民的德性是政体所要求的,而好人的德性则不受政体的限制。这里好人是具有普遍意义的,好人具有的实践智慧也是如此。这表明我们对于道德的把握并非完全相对的,而是具有某种客观性。在这方面亚里士多德与康德是接近的。

如果联系古希腊的自然论和约定论之争,我们可以发现亚里士多德批判了智者派的正义都是约定的观点。他认为政治的正义有些是自然的,有

---

① 《伽达默尔全集》(第1卷),第317页。

些是约定的。约定的正义当然是可变的，主要是关于具体的事情，比如规定囚徒的赎金或者其他具体法令。自然的正义对于所有人都有效，不管他承不承认。承认存在自然的正义显示了亚里士多德的道德普遍主义立场。不过他又并不是坚持某种僵化的自然法观念，而是认为在神的世界里自然的正义也许不变，但是在人类社会中自然的正义也是可变的。（1134b19-35）自然的正义只是抽象的原则，当它应用于人类社会中就会表现出差异性。在伽达默尔看来，亚里士多德所说的东西不只适合于法律，也适合于所有关于人应当是什么的德性概念。这些德性概念不是任意约定的理想，虽然它们在不同时代和民族表现出差异，但在所有变异中仍有某种像实事的本性的东西（如勇敢的理想），不过这不是某种可以认识和应用的固定标准，而只具有图式的有效性，需要由道德意识对它们的应用得到规定。① 亚里士多德也曾谈到，人们因为高尚的和正义的行为包含差异和不确定性，就认为它们是出于约定，而不是出于本性（自然）。他并不赞同这种说法，因为我们只能寻找和题材的本性相容的确切性。对于实践的事物，我们只能大致地、粗略地说明，而不能要求数学家的确定性。（1094b15-30）

　　总体来看，亚里士多德试图调和约定论和自然论。他反对极端的约定论，认为道德要求有一部分与特定政体或约定有关，但有一部分具有普遍性。由于前者总是关于具体事情的规定，因此可以从属于普遍性的道德要求。另外他又反对抽象的自然论，认为普遍的道德要求也没有固定标准，它们只是理想的图式，在应用于具体社会环境中时也会有差异。可见，虽然伦理生活不可避免地具有地域性、多样性，但伦理生活中也包含着普遍性的一面。人们只有在伦理生活中获得普遍性的道德观念，普遍性的道德观念也只有在具体的伦理生活中得以实现。

　　亚里士多德坚持道德的普遍性也表现为他从人的功能来论证道德要求，就此而言，他的伦理学是建立在形而上学和灵魂学说的基础上的。他将整个哲学目的论框架和四因说应用于人类生活。他相信人有特定的、共同的本性，因而具备某些潜在的功能，将这些功能实现出来就能达到人的终极

---

① 参见《伽达默尔全集》（第 1 卷），第 325—326 页。

目的,道德要求是从属于人的自我实现和终极目的的。具体而言,亚里士多德认为人是有欲望和情感的理性存在者,自然地倾向于过社会生活。人既能够思考,也能够在共同体中行动。对这样的存在者而言,他的自我实现就是其本质能力的全面发展,从而达到人生的幸福——人的完满无缺的状态。由于人既不同于无肉身的神灵,也不同于无理性的动物,故而人既要顾及欲望、情感的需要,也不能忽略理性能力的发展。由于理性是人区别于动物并且使人接近神灵的特性,人必须使得欲望和情感服从于理性,具有合理的欲望和情感反应,因而依据德性生活构成了适合于人的实现的生命。人可以运用理性去认识世界,得出必然的结论,而当人运用理性指导人的实践时,由于人和环境的可变性,只能获得或然性的真理。亚里士多德这种关于人的功能和实现生命的一般看法产生了衡量道德信念的标准,这些标准并不依赖于特殊文化的预设。[①] 这一点也构成了亚里士多德与当代德性伦理学的显著差别,后者具有相对主义倾向,强调道德的标准植根于特定社会或群体的传统和实践,否认伦理学能提供跨文化的、可被普遍人类理性确证的标准,而在亚里士多德那里,把伦理学建立在德性的基础上和捍卫人类善的客观性并不矛盾。正如努斯鲍姆指出的:"他(指亚里士多德)不仅是德性伦理学理论的捍卫者,而且是对人类善或人类幸福做一种单一的客观性描述的捍卫者。这种描述之所以被认为是客观的,是由于它诉诸理性而得到证实,而这些理性不仅仅来自地方性的传统和实践,而且也来自埋藏于各种地方性传统之下,并且无论在地方性传统中它们事实上是否被认识到,在那里都可以被发现的人类的本性。"[②]

根据亚里士多德的观点,实践理性虽然是从伦理生活中培养起来的,但根源于人性。人类发展出不同层次的伦理生活是合乎人性的,因而伦理生活中本身就包含合理性。他所探讨的各种德性(如节制、友爱)虽然植根于伦理生活,但又不仅仅是地方性的,而是针对人类普遍经验的境遇而确定的,因此具有普遍性意义。另外亚里士多德对这些德性概念的分析又是非

---

① 参见 Gerard J.Hughes, *Aristotel on Ethics*, Routlege, 2001, pp.216-217。

② 努斯鲍姆:《非相对性德性:一种亚里士多德主义的研究路径》,载《20 世纪亚里士多德研究文选》,聂敏里选译,华东师范大学出版社 2010 年版,第 269—270 页。

常一般化的,在内容上较为空洞,在与具体条件和实践相联系时需要进一步的补充和说明,因而可以容纳习俗和制度的多样性。总体上看,亚里士多德的德性伦理学涉及一般性原则和具体细节之间的巧妙平衡,他认为对于人类善只能给出了概略的说明,至于细节或空缺则可以由任何人添加,这也是适合伦理学研究的确定性的。(1098a21-30)

虽然亚里士多德认为从家庭到国家的伦理生活都是适合人性的,因而具有自然的维度,但他也强调在伦理生活中不是单纯的自然力量或能力在起作用,因为人是通过长期的训练适应才成为以某种方式行动的人。伦理领域虽然是有规则的,但这些规则不是自然规律,也不会像自然规律那样起作用,因为人的行为方式和规章制度是可变的。由于人类的非理性和现实环境的复杂性,伦理生活不是在所有方面都是完全合理的。我们前反思的道德信念即使大部分是正确的,也会包含了谬误和混乱。这就需要伦理学理论对其进行澄清,达到理性的自觉。亚里士多德虽然以伦理生活作为实践理性和伦理学的基础,并没有否认理性的批判和反思,也没有否认道德进步的可能性。实践理性只有从伦理生活中发展起来,因为人只有在现实的社会关系中才能意识到道德的实事,但实践理性也可以反过来批判伦理生活中不合理的方面,有助于人类实现良善生活。这一点也可以应用到亚里士多德身上。他的伦理学实际上是把他那个时代的各种流行的观点综合起来,对它们进行澄清、评价并将它们置于某种秩序中,在批判它们的片面性的同时也保留了它们的合理性。在《政治学》中他批判了有缺陷或不适于人类幸福的政体,分析了现实中治理良好的政体,也提出了最能实现优良生活的政体。他主张习俗和法律与技术一样需要适时变革。(1068b25-1069a25)没有批判性,实践哲学就无法实现自身的目的,即不仅要认识善,也要有助于善。当然不可否认,亚里士多德的某些具体观点并没有克服时代的局限性,比如他对于奴隶制的辩护,以及反对妇女参与公共事务。这一方面反映了他对不同人的能力的错误认识,另一方面也反映了在他那里还没有出现现代的人格或权利平等的思想。但他对于实践理性和实践哲学的性质的一般认识还是可以为我们所接受的。

总体上看,亚里士多德力图把伦理和逻各斯统一起来,从而使得实践理性具有现实的基础。实践理性不是超验的,而是属人的,需要在具体的生活环境中培养和发挥其功能;同时它又具有某种超越性,不是使人顺应现实,而是让人在现实中追求卓越和完善,并且能够通过反思和批判推动习俗和制度的变革。

第二节　康德的纯粹理性立场

1. 纯粹实践理性的确证

我们可以看到亚里士多德是从现实的、经验的立场来看待实践理性(实践智慧)的。实践理性是通过共同体的生活培养起来的,与人的伦理德性密不可分。具备实践理性需要有丰富的经验,只有成年人才可能拥有。培养实践理性包括习惯的训练和一定的教导,而这又与良好的社会秩序、健全的法律相关。但到康德那里,我们可以看到他对实践理性的看法发生了很大改变。和他的先验哲学一致,他从先天的立场来考察人的实践能力。他区分了经验的实践理性和纯粹的实践理性。经验的实践理性只能做工具性的运用,即为给定的目的选择适当的手段。只有纯粹实践理性具有先天立法能力,能给出普遍有效的道德原则。在实践哲学中坚持纯粹理性的立场是康德的特点。

在康德的用语中纯粹是与经验相对的,指独立于一切经验、逻辑上先于经验,大致与先天的意思相同。在康德那里实践意味着一种行动,但它不同于机械的活动,而是通过意志才有可能的行动。意志是根据概念行动的能力,概念的表象就其作为规定实践的原则而言是属于理性的,因此有意志的地方就有理性,意志就是实践理性。当意志不是从经验中获得自身的规定根据,而是自己决定自己即意志自身表象出它的意愿的规定根据时,它就是纯粹意志。纯粹意志就是规定行为的纯粹理性,即纯粹实践理性。实践理性是纯粹的意味着它是独立于经验的、给出道德法则的先天立法能力,但是否存在着纯粹实践理性,它的源泉和界限是什么,则是摆在康德面前的问题。在《道德形而上学奠基》中康德从分析普通的道德知识入手得到了道德形而上学,即纯粹的道德原则体系,也就是定言命令的各种表达式。不过道德形而上学本身并未得到奠基，它可能像自然形而上学一样是某种幻相，从而我们日常的道德知识和义务概念也是虚假的。在康德看来如果道德是真实的，它的原则就必定是先天必然的，否则道德就只是虚构的理念，义务也就不成其为义务。要为道德形而上学奠基也就是回答定言命令如何可能的问题，这就构成纯粹实践理性批判的内容。康德明确地说，对于道德形而上学"除了纯粹实践理性的批判以外，严格说来并没有其他的基础"①。

在《道德形而上学奠基》的第二章中，康德证明了意志的自律原则是道德的最高原则。不过意志自律必须以自由概念为前提。意志是有理性的生命存在者的一种因果性，自由指这种因果性能独立于外来的规定时的属性。因此自由就是自律的意志的属性，同时只有自律的意志才是自由的，这就造成了自律原则和自由概念的循环论证。也就是说，因为我们是自律的，我们才能设想自己是自由的，而因为我们是自由的，我们才会服从自律的道德法则。由于自由和自律是可互换的概念，所以不能用自由来解释自律的道德原则如何可能的问题。为了回答这一问题，康德从人的自我认识入手。康德认为，人可以通过内部感觉对于自己有所知识，但这只属于现象的性状。除了那些现象的性状之外，人还意识到自己纯粹的能动性，即纯粹理性的自发性，由此人把自己与其他事物，甚至与接受对象刺激的自己区别开来，因而必然假设有一个作为奠基性的自在的我。从理性的纯粹能动性出发可以区分感性世界和知性世界，人根据自己的感受性把自己归入感性世界，同时又根据自己的纯粹能动性把自己归入知性世界（Verstandeswelt）。根据人分属于两个世界的认识，人可以从两种立场考察自己的实践能力以及行动的法则。"第一，就他属于感性世界而言，他服从自然规律（他律），第二，就他属于理知世界（intelligiblen Welt）而言，它服从独立于自然的、并非经验性的、而只是建基于理性的那些法则。"②人如果只是理知世界或者说知性世界的成员，那么他的行为就会任何时候都符合意志自律，但由于人同时又是感性世界的成员，具有感性欲望和偏好，所以人不会必然服从道德法则，

① 《康德著作全集》（第 4 卷），第 391 页。
② 《康德著作全集》（第 4 卷），第 452 页。

而只是"应当"符合道德法则,这样道德法则就以定言命令的形式表达出来。所以解决定言命令如何可能的问题就在于对人进行两重划分,使人分别属于现象界(感性世界)和本体界(知性世界)。由于人既是理性存在者同时又是感性存在者,我们才可能把自己设想成负有义务的。不过在二重世界的划分中,知性世界始终处于主导地位,"由于这个知性世界包含着感性世界的根据,从而也包含着感性世界的规律的根据,因而就我的意志来说(它完全属于知性世界)是直接立法的,因而也必须被作为这样的来设想"①。虽然一方面我属于感性世界,但另一方面我仍把自己看做理智的,服从于知性世界的法则,把知性世界的法则作为对我的命令。这表明知性世界高于感性世界,而且知性世界中包含着人之为人的本质,任何人,哪怕是恶棍,也会有遵守善的准则的意向,只是往往由于爱好和冲动不能做到这一点,但人能从思想上用更高的法则来要求自己,就已经表明人处于高出感性领域的秩序中了。可见康德继承了西方传统对人的基本认识:"人是理性的动物",因而人具有感性和理性二重性,但理性是人的本质,而且他像某些理性主义者一样从本体论上划分了两个世界:经验的世界和超验的世界,纯粹理性就植根于超验的世界即知性世界。正因为人属于知性世界才可以设想他被要求服从于纯粹理性的法则。至于为什么有纯粹实践理性,或者说纯粹理性如何可能是实践的,则是纯粹实践理性批判所要解答的问题,不过在康德看来人类理性本身无法回答这一问题,因为知性世界是超验的本体界,超出了我们的认识范围。"纯粹理性如何可能是实践的,对此一切人类理性都完全没有能力作出解释,而试图进行解释的一切辛苦和劳作都是白费力气。"②

---

① 《康德著作全集》(第4卷),第453页。

② 《康德著作全集》(第4卷),第461页。康德虽然从认识上解释纯粹理性如何可能是实践的,但在一处地方隐含着用某种目的论框架来说明。他认为人有一般的实践理性,它可以为实现人的各种目的、获得快乐幸福服务。如果人只是为了生活的享受和幸福,服从本能的引导可能会做得更好,通过理性来处心积虑地获得生活的享受常常离人的满足更远,甚至产生"理性恨",因此自然把理性当做主宰赋予我们意志不会只是为了享受,而是有更高的意图即道德,它是理性的纯粹的运用。〔参见《康德著作全集》(第4卷),第395—396页〕

在《实践理性批判》中康德修改了《道德形而上学奠基》中的观点,认为应当阐明的只是有纯粹实践理性,并以此为准绳来批判理性的全部实践能力,只要阐明了纯粹理性现实地是实践的,就不需要对它进行批判了。"纯粹理性是本身包含有对它的一切运用进行批判的准绳的。所以,一般实践理性批判有责任阻止以经验性为条件的理性想要单独充当唯一对意志进行规定的僭妄。"①批判是对理性及其来源和界限的考察。如果说康德在《纯粹理性批判》关注的是否定纯粹理论理性的僭越,那么在《实践理性批判》中则是要否定经验的实践理性的僭妄,即阻止它单独充当意志的规定根据。贝克(Beck)指出,批判在消极的意义上是规定理性的界限,防止思辨形而上学的辩证幻象,在积极的意义上则确保理性成为科学的可靠来源,反对怀疑主义。康德对于《实践理性批判》的任务主要是从否定的意义上来说明的,即限定基于经验动机的实践理性的要求,但同时《实践理性批判》对于义务及其范围和界限的可能性原则给出了说明,这在积极的意义上就是纯粹实践理性批判。②

那么康德是如何阐明纯粹实践理性的实在性的呢? 这就是通过纯粹实践理性的唯一事实——道德法则。《实践理性批判》已经不追问道德法则、定言命令如何可能了,而是把它作为一个事实确定下来。由于道德法则只能是纯粹理性的事实,所以它的实在性也就证明了纯粹理性的实在性。道德法则之所以被称为一个事实,是因为我们对它有直接的意识,它在我们这种感性的存在者身上表现为一种无条件的定言命令,我们能直接感受到它对我们的强制性。康德也把对于道德法则的意识称为"理性的事实":"我们可以把这个基本法则的意识称之为理性的一个事实,这并不是由于我们能从先行的理性资料中,例如从自由意识中(因为这个意识不是预先给予我们的)推出这一法则来,而是由于它本身独立地作为先天综合命题而强加给我们。"③道德法则被看做是被给予的,我们能直接意识到它,所以康德

① 《实践理性批判》,邓译本,第 17 页。
② 参见 Lewis White Beck, *A Commentary on Kant's Critique of Practical Reason*, University of Chicago Press, 1960, pp.44-45.
③ 《实践理性批判》,邓译本,第 41 页。

认为道德法则对于普通知性来说是自明的。道德法则作为事实的可能性条件就在于我们现实地意愿着,只要我们现实地意愿着并对行为作出决定,我们就有对纯粹法则的意识,哪怕是一个恶人也会感到道德法则对他的要求。对于道德法则的意识根本上是由于纯粹理性的作用,纯粹理性在颁布道德法则时那种独立于一切经验条件的必然性使得我们能意识到道德法则。

由于道德法则是直接被给予的,所以它的客观实在性不能由任何演绎来证明,相反它本身可以充当自由能力的演绎原则。康德认为,对于无条件的实践之事的认识不是从自由开始,而只能从实践法则开始,因为我们既不能直接意识到自由,也不能从经验中推出自由,"所以,正是我们(一旦为自己拟定意志的准则)直接就意识到的那个道德律,它是最先向我们呈现出来的,并且由于理性将它表现为一种不被任何感性条件所战胜的、甚至完全对立于这些条件的规定根据,而正好是引向自由概念的"。① 道德法则的事实证明了自由不仅是可能的,而且是现实的、具有实在性,因为道德法则就是出于自由的原因性的法则。

道德法则的事实是种什么样的事实? 康德认为,道德法则作为事实不同于经验性的事实,"我们为了把这一法则准确无误地看做被给予的,就必须十分注意一点:它不是任何经验性的事实,而是纯粹理性的唯一事实,纯粹理性借此而宣布自己是原始地立法的"。② 道德法则作为"纯粹理性的唯一事实"不同于经验性事实,就在于它的原因性是独立于经验的纯粹自由,所以不能像对经验现象那样加以认识。纵然经验中找不到遵守法则的实践,我们也可以将道德法则看成纯粹理性的先天被给予的事实。不过这并不表明我们对道德法则没有经验,因为我们能直接意识到道德法则,那么对于道德法则的意识又是什么样的呢? 道德法则作为"纯粹理性的唯一事实"以及对这种事实的直接意识,似乎让康德走向了某种理智直观的立场。但康德明确地否定这一点,他说道德法则是作为先天综合命题强加给我们,

---

① 《实践理性批判》,邓译本,第38页。
② 《实践理性批判》,邓译本,第41页。

"这个命题不是建立在任何直观、不论是纯粹直观还是经验性直观之上"①。

实际上康德把道德法则作为纯粹理性的事实确立下来,由此证明纯粹实践理性以及自由的实在性,这种做法是有问题的。正如 Sussman 所指出的,引入道德法则的事实性是为了解释某种道德经验,即绝对地承担责任、受无条件法则支配的感觉。道德法则是这种道德经验的必然的前提条件,只有当道德法则发布命令时这种强制的感觉才是可能的。不过我们的道德经验是否真的就是承担无条件的责任,或者只是我们自己认为如此,则是不能确定的。康德对道德权威的证明只有对那些根本不质疑我们具有无条件的道德责任经验的人才适用。康德并不能消除对于道德法则的事实性的怀疑,因为对于所谓"道德法则"的意识也许只是我们自己认为的那样。②

2. 与亚里士多德的比较

康德对实践理性的看法显然与亚里士多德有明显的不同。康德区分了纯粹实践理性和以经验性为条件的实践理性,这使他对实践理性的看法表现出二元化的倾向。当然这不是说有两种不同的实践理性,"纯粹实践理性并不是一个单独的什么理性,而是一般的实践理性中的一个层次,一个最高层次,一个必然的成分。不纯粹的实践理性和一般的实践理性,只是把纯粹理性加上了一些其他的东西,混杂起来,使它变得不纯粹而已。"③不过纯粹实践理性和经验实践理性所起的作用显然是不同的。经验实践理性只能给出假言命令,相对于一个规定的目的寻找合适的手段,这种目的最终是建立在幸福或自爱的原则之上。相反纯粹实践理性给出的是无条件的定言命

---

① 《实践理性批判》,邓译本,第 41 页。康德对于道德律的特殊事实性及其经验方式没有给出清楚的说明。海德格尔在对康德的解读中认为,纯粹理性、纯粹法则和自由的事实性都是寓于我们自身的事实性,而不是作为现成存在的事实性。这种事实性出于我们自身的本质,我们不能对象化地考察这种事实性,它只有通过生存论上的自身理解才显露出来,对道德法则的意识就表达了这种自身理解。(参见拙文:《论海德格尔对康德实践哲学的解读》,载《现代哲学》2008 年第 6 期)

② 参见 David G. Sussman, *The Idea of Humanity: Anthropogy and Anthroponomy in Kant's Ethics*, Routledge, 2001, pp.56—60.

③ 邓晓芒:《康德哲学讲演录》,广西师范大学出版社 2005 年版,第 84 页。

令,它不是建立在外在的基于感性的目的上,而是以理性人格本身为目的。只有纯粹实践理性才与道德价值相关,而经验实践理性与道德价值无关。实践理性的这两个层次对应着道德和非道德的区分。但是在古代,道德和非道德的区分没有那么明显,因而实践理性的作用也未分化。正如 Annas 所指出,"古希腊人缺乏与道德和非道德的语词概念严格对应的语词概念。而且,没有伦理学理论认为实践理性分为两类,它们如基本事实一样具有根本不同的力量。不如说,所有古代理论都宣称,好人是由拥有 phroneis(实践智慧或实践理智)所标示的,phronesis 是在考虑某人的作为一个整体的生活时一种尚未区分的德性。"① 和同时代人一样,亚里士多德对于实践理性(实践智慧)的看法是一元的。所有行为最终都是为了作为至善的幸福,幸福把所有的善都包括在内了,如灵魂的善、身体的善和外在的善。实践智慧不仅对于道德上的善作出正确的决定,也对于非道德的善作出正确的决定。亚里士多德采取一元的实践理性概念是顺应他同时代人的共通感,即追求整体的善,从而倾向于模糊道德推理和非道德推理的区别。② 这表明实践智慧综合了康德所区分的纯粹实践理性和经验实践理性的功能。

虽然实践智慧也会考虑到快乐、健康、财富,但在亚里士多德看来灵魂的善、德性才是最重要的。德性行为本身就有道德价值,它是"高尚的",甚至为了它可以牺牲利益,承担痛苦。这种对于德性行为的观点似乎与康德相一致,也就是说做合乎德性的事情不是为了获得什么,而是因为德性行为本身就具有道德价值。不过在亚里士多德那里还没有纯粹实践理性观念,也就是说他并不把纯粹理性作为道德行为的动因。对他来说欲望是引起人和动物运动的原因,实践智慧的作用总是伴随着欲望,并且与感情有关,它不是作为行为的动因,而是指导欲望情感达到适度。亚里士多德反对苏格拉底式的纯粹理性主义。在苏格拉底那里灵魂的本性就是理性,德性是通

---

① Julia Annas, "Ancient Ethics and Modern Morality", in Philosophical Perspectives, Vol.6, Ethics.(1992), p.120.

② Julia Annas, "Aristotle and Kant on Morality and Practical Reasoning", in Stephen Engstrom and Jennifer Whiting(ed.) *Aristotle Kant and the Stoics*, Cambridge University Press, 1996, pp.247-248.

过知识获得的,是纯理性的,这就忽视了情感欲望的作用。而亚里士多德对实践的思考是以人的混合本性为出发点,既肯定了人的非理性部分的价值,同时又和苏格拉底一样批评某些智者用非理性的情感欲望主宰一切。在他那里人的实践是由欲求推动的,但人的实践不同于动物的活动就在于人有理性,好的实践是理性选择的活动。德性的养成是以欲望情感为基础的,但又是听从理性的结果。黑格尔赞同亚里士多德对德性的看法,他认为这种德性概念体现了理性和非理性的统一:"在德性中,因为它的目的是实现,并且它是属于个人的,所以善并不是唯一的原理,灵魂的非理性的一面也是一个环节。冲动、爱好乃是推动者、特殊者,在主体的实践行为方面,它乃是向实现迈进者;主体在其活动性中乃是特殊化的,同时它在活动中也必须与共相一致。这个理性在其中占统治地位的统一性,就是德性;这是一个正确的定义。"①黑格尔认为亚里士多德的德性观可以反对两种极端的意见:一种认为人的爱好本身就是善的,生而美好高贵的人要比义务更高、更有价值;另一种认为义务应该纯粹作为义务来履行,不必考虑个人的特殊情况。显然,前一种意见代表了卢梭的立场,后一种意见代表了康德的立场。在黑格尔看来康德的缺点就是没有把特殊方面作为整体的一个环节加以考虑,纯粹义务是空洞的东西,什么内容成为义务是不确定的,而且会产生冲突。在亚里士多德那里由于德性包含了冲动、爱好、热情,它才是属于个人的东西,这样善就不是抽象的共相,而是包含着特殊性。当然实践智慧所代表的理性部分在德性中具有主导地位。

亚里士多德基本上是用一种经验主义的眼光来看待实践智慧的,实践智慧离不开共同体的生活,是通过后天的训练教育培养起来的。人获得实践智慧需要经验的积累,只有成年人才可能具备这样的条件。而且实践智慧的活动与共同体的善观念和个人的欲求不可分。相反,对于康德来说,纯粹理性是独立于任何经验的,属于超感性的、本体的世界,它如何可能是实践的是我们所不能认识的。纯粹实践理性不需要从经验中为其现实性取得

---

① 黑格尔:《哲学史讲演录》(第二卷),贺麟、王太庆译,商务印书馆 1960 年版,第 360 页。译文有改动。

证明理由,其可能性根据也不依赖于经验原则。可见纯粹实践理性并不是一种需要从经验中得以发展的能力,它是人先天就有的,任何人哪怕是个恶棍都会感受到它发布的命令。纯粹实践理性超越了伦理共同体,甚至超越了人类,它不仅对于人,而且对于一切有理性的存在者都具有先天立法效力。这种对实践理性的不同看法从根本上反映了两人在道德本质问题上的分歧。亚里士多德是从一种现实的、自然的观点来看待道德的本质,道德及其价值是属于现实的世界整体,在这个世界上还有许多其他东西也是善的、有价值的,道德仅仅是这个世界的一部分。实践的考虑是统一的,把道德因素带入到考虑中并不意味着引入了完全不同的考虑。相反,康德划分了经验世界和本体世界,人同时是两个世界的成员,道德的地位和功能并不属于经验世界,而是属于超验的世界,而对于这个世界人是不可认知的,这使得道德的本质神秘化了。

康德的这种纯粹理性立场实际上受到基督教的影响。在他那里纯粹理性代替了上帝的位置成为立法的根源,上帝的绝对命令变成了纯粹理性的绝对命令。道德法则并不只对人有效,而且对一切有理性存在者都有效。康德之所以使用"法则"概念,正是通过与法律的类比来表达道德原则的强制性及其对意志的必然的约束力。康德表达了启蒙时代对普遍理性的信念,而在我们这个时代普遍的理性框架越来越受到质疑,人们更愿意承认多元化、多样性。在这种环境中德性伦理学的复兴是有其现实基础的。德性伦理学以德性为中心,德性不是天生就有的,而是后天教化中形成的,因此德性伦理学比规则伦理学更重视道德与传统、共同体、个人品质和情感的关系,更加注重道德的差异性,使伦理学更接近于我们的生活世界。当然康德并不是完全从先天的立场来看待道德问题,完全忽视了后天的经验和教化因素的重要性。他的道德哲学除了纯粹的部分之外,其实还包括非纯粹的部分,从后者那里我们可以发现教化因素对于道德的意义。

3. 康德的道德人类学

在《道德形而上学奠基》中康德将哲学分为经验性的和纯粹的,就道德学说而言,纯粹的道德哲学就是道德形而上学,它研究先天的道德原则,而道德哲学的经验性的部分被称为实践人类学或道德的应用哲学,研究的是道德原则应用于人性的条件。在《道德形而上学》中康德类似地把实践哲学分为道德形而上学和道德人类学:"与道德形而上学相对的部分,作为一般实践哲学的划分的另一个分支,将会是道德人类学,但是道德人类学将会只包含人的本性中贯彻道德形而上学法则的条件,即道德原理的产生、传播、增强(在教育中,在学校教导和民众教导中)以及其他这类基于经验的学说和规定。"①道德人类学虽然是不可缺少的,但不能放在道德形而上学之前或与之相混淆。道德法则必须是纯粹的,义务只能由纯粹理性先天地规定,只有在道德形而上学已经建立的前提下才能提出道德人类学,后者只是考察道德形而上学在经验世界中实现出来的条件和规定。不过,康德并没有系统地发展构成道德哲学第二部分的道德人类学,在他的伦理学著作中对此只是稍有涉及,因为在他看来经验知识总是不完备的、开放的,而在他关于伦理学、人类学的讲座以及历史、美学、宗教学的著作中可以发现更多这方面的论述。

康德对道德人类学的规定具有教育学的色彩,从他的教育学作品中可以发现许多关于道德人类学的内容。康德认为,人就其本性而言是需要被教育成道德的,道德属于文化,是广泛的教育过程的结果,"人并非天生是

---

① 《康德著作全集》(第6卷),第217页。"道德形而上学"概念随着康德道德哲学的发展,其内涵有所变化。在《道德形而上学奠基》中道德形而上学研究的是纯粹的道德原则,即定言命令,而在《道德形而上学》中研究的是纯粹道德原则应用于一般人性的所构成的义务体系,其他涉及具体处境和特殊关系的义务则由经验的道德哲学处理。纯粹的道德原则是先天的、不依赖于经验的,因而是纯粹的知识,而义务则是包含着经验因素的,它如何能属于研究先天知识的形而上学呢? 实际上康德从先天知识中区分出纯粹知识,纯粹知识是没有任何经验性的东西掺杂其中的先天知识,但有些先天知识却是掺杂经验的,如"一切变化都有原因"虽然是个先天命题,但变化概念是从经验得来的,所以不是纯粹命题。在《道德形而上学》中康德仍把道德形而上学作为"纯粹的道德哲学",他所使用的"纯粹"显然不是那么严格的意义上使用的,可以等同于更广泛的"先天"的意义。道德的最高原则即定言命令是严格意义上的纯粹实践命题,而普遍义务是道德最高原则应用于人类经验的先天命题,它包含经验的要素,只是这些要素的连接不依赖经验,而是先天的连接。(参见 Mary Gregor, *The Laws of Freedom*, Oxford: Basil Blackwell, pp.1–17)

一个道德存在"①。当然这不是说道德是教育或文化在因果关系意义上的结果。如果是这样的话,那么道德就是一个自然过程的产物。康德的意思是,人是有理性的存在者,内心中潜在地具有道德律的观念,但是需要教育将其实现出来,使人清楚地意识到道德律并自觉地遵守它,这样人才成为道德的人。道德必须预设文化的发展,它是文化的产物,但这并不意味着在某个文化水平上人就必然有道德。文化是道德的必要条件而非充分条件。在《教育学》中康德划分了教育的几个阶段,它和个体成长过程相适应:一是照管,指对孩子的照料,主要是采取预防措施,不让孩子有害地使用自己的力量;二是训诫,指驯服野性,即控制违背人性目的的动物性冲动,并力图将动物性转化为人性;三是文化,主要是各种技能的培养;四是文明化,这是一种特殊的文化,指培养人与人交往的世俗智慧;五是道德化,指按照自由的法则对待自己和他人。这五种阶段是一个从低级到高级的过程,其中前两个阶段是教育的初级阶段,对待的是自然的人,主要是消极地防止动物性本能造成的伤害和破坏。后三个阶段才是真正意义上的实践教育,也是人区别于其他自然存在的地方。

这里所描述的人性的发展过程不仅指个人的发展,也可指整个人类的发展。在《实用人类学》中康德认为地球上人与其他自然存在的区别就在于三种素质:利用事物的技术性素质,利用别人以达到目的的实用性素质,以及按照自由法则对待自己和别人的道德性素质。这三种素质的培养也就是人类发展的三个必然阶段,即文化、文明化和道德化。道德化是前两个阶段的统一,过渡到道德化不只是文化和文明化的简单相加,而是有特殊的性质,即意味着进入自由领域。文化和文明化是道德化的必要条件。一个人经过文化和文明化不一定在道德上是善良的,但是没有文化和文明化就不可能在道德上是善良的。康德对道德化并不乐观,他认为人类的文化和文明化已经发展得很高了,但还远未达到道德化。从文明化过渡到道德化对人来说也是最困难的,实际上这是一个无限的过程。在这一过程中法律、政治组织和宗教都是必要条件。

---

① 转引自 Robert B Louden, *Kant's Impure Ethics*, Oxford University Press, 2002, p.39。

实践教育中的文化、文明化、道德化对应着人类历史中文化、文明化、道德化的三个阶段，同时对应着实践中的技术命令、实用命令和道德命令。道德化是教育的最终目的，也是人的最终规定（Bestimmung）。康德强调个人不可能达到人的规定性，只有作为种属的整个人类才能达到。动物的规定性很少改变，每个动物能够单独实现种属的最大潜能，达到它的规定性。而个体的人则依赖于种属，不能靠自己达到理性的完善。文化和文明需要一代代人的积累，这样合目的地发展了人的自然素质，并导致整个人类趋向于它的规定性。所以个人的发展离不开群体的一般发展水平，个人的道德完善只有在种属的完善中才可以实现。

除了这些关于人性的一般发展和教育的论述之外，康德在其伦理学著作中还有许多专门针对道德教育的论述。在《实践理性批判》中康德提出了"纯粹实践理性的方法论"："这种方法论被理解为：我们如何能够做到使纯粹实践理性的法则进入人的内心和影响内心准则的那种方式，也就是能够使客观的实践理性也在主观上成为实践的那种方式。"①方法论提出的方法是为了对人进行道德教化，将其粗野的内心带到道德善的轨道上来，培养纯正的道德意向。康德反对情感教育的方法，比如为儿童树立一些行为高尚、慷慨的榜样，通过灌输某种热忱使他们对道德行为产生好感。康德主张要按照道德律进行评判，并使之成为习惯，并且通过追问行为是否符合道德律而使评判变得锋利，另外可以通过榜样的力量使人注意到意志的纯洁，建立起对于道德法则从而对自己的敬重。康德这里提出的只是道德教育的最普遍的方法论准则，其主旨在于启发人的实践理性，塑造道德思维方式。在《道德形而上学》中康德又提出了伦理学方法论，进一步发展了道德教育的内容。在康德看来，德性不是生而具有的，而是必须被获得的，"人的道德能力倘若不是通过决心的力量在与强大的相反偏好的冲突中产生的，它就会不是德性了"。② 虽然德性是被纯粹实践理性所规定，但现实中的人要具有德性必须通过长期与内心感性偏好的斗争，当纯粹实践理性能够完全控

---

① 《实践理性批判》，邓译本，第205页。
② 《康德著作全集》（第6卷），第477页。

制了感性偏好时才可以说人有德性。伦理方法论就是培养德性的方法,处理的是实践理性在理论和实践中的练习,包括伦理教学法和伦理的修行法。伦理教学法是实践理性在理论练习中采取的方法,即询问学生对于义务概念已经知道的东西,包括问答法和对话的方法。问答法是指让学生凭记忆讲出别人已经告诉他的东西,对话法是苏格拉底式的方法,指通过对话将包含在学生理性中的东西引出来。伦理的修行法是关于在实践中德性如何能够被实施和培养的方法。虽然决疑论不属于方法论而是作为片断附录插入要素论中,但实际上伦理方法论中也运用到决疑论。比如康德认为在道德课程中剖析义务时可以提出一些决疑论问题,让学生们尝试运用自己的理智来解决,使青年的理智更加敏锐,这对于道德教化很有用处。①

我们可以看到,在康德的伦理学体系中纯粹伦理学只能告诉我们道德的基本原则和先天义务,不能告诉我们在具体情况中应当做什么,要建立两者的联系需要引入人类的经验知识。所以在将义务原则应用于人的具体生活时,就要考虑不同的人群、民族、性别、年龄等因素,这正是道德人类学涉及的内容。比如道德教育就涉及对于道德判断力的培养,运用决疑论就是训练如何在特殊的情况中运用义务准则。当然道德形而上学和道德人类学并非同等重要,在康德看来前者始终是第一位的,只有当纯粹原则应用于经验环境中,非纯粹因素才被考虑,而且在应用中纯粹的原则支配着经验因素,这样道德人类学始终居于从属地位。正如康德所说的:"就像要求自然形而上学对物理学有一种具有其特殊规则的跨越一样,也有理由要求道德形而上学作出一个类似的跨越,亦即通过把纯粹的义务原则应用到经验事例上而仿佛使道德形而上学图型化,并阐明其已可以做道德实践的使用。——因此,对待人,例如在其状态的道德纯洁性中或者在其堕落中,采取什么态度是适宜的;在开化的或者粗野的状态中什么是适宜的;对于有学识的人或者无学识的人,以及对于在使用其科学时作为会处事的(精炼的)学者或者在自己的专业中不会处事的学者(书呆子)、务实的学者或者更多地旨在精神和鉴赏的学者的那些人来说,什么是适宜的;按照地位、年龄、性

---

① 参见《康德著作全集》(第6卷),第483—484页。

别、健康状况、富裕或者贫穷等的差异,什么是适宜的:这并不是如此多种多样的在伦理上承担义务的方式(因为只有一种,亦即一般德性的承担义务),而仅仅是运用的种种方式(附论);因此这些方式不能作为伦理学的章节和一个体系之划分的环节(体系必须先天地从一个理性概念出发)被提及,而只能是附带地提到——但是,恰恰这种应用却属于体系阐述的完备性。"①

从康德的道德人类学的思想来看,康德强调只有通过教化人才能成其为人,人并非天生的道德存在者,人的道德是在政治文化、宗教、教育的体制中发展起来的。虽然道德的基础是先天的理性原则,但道德人类学表明了没有经验的后天的因素,道德原则就无法实现出来,它们是道德的必要条件。而且人的世界知识和具体经验情况对于道德判断和决定也是必需的。从概念上讲先天的伦理学是第一位的,但从时间上、从人的道德能力的现实发展来看,经验伦理学应该是第一位。实际上道德人类学隐含着对纯粹实践理性的否定因素。如果放弃道德的先天的立场,道德人类学应当占据更重要的地位。

第三节　伽达默尔对伦理的诉求

1. 伦理的自由

伽达默尔注意到希腊的道德哲学更多地是以斯多葛派的形式,而非亚里士多德的形式影响到后代。康德的命令伦理实际上就来源于斯多葛传统。正如斯多葛派站在古代快乐主义的对立面,康德的伦理学也反对启蒙运动的功利主义,他们都体现了一种遵循理性命令的严格自律的态度。这种伦理学形式与亚里士多德的实践哲学显然有很大的不同,后者所关注的实践智慧并不具有遵循道德法则的无条件命令的特征,而是一种不那么严格的审慎(prudentia)。伽达默尔发现古代的审慎概念还是一种关系到人的

---

① 《康德著作全集》(第 6 卷),第 468—469 页。

存在的德性概念,而自现代以来它已经以技术的方式被理解,成为关于正确手段的知识,最终与聪明混同起来了。这在康德那里表现为明确地区分了明智的命令和道德命令。伽达默尔指出这两种命令的区分隐含着自然因果性和自由因果性区分。对于康德来说自由是理性的事实而不是科学经验的事实,道德命令出于自由意志,它是自明的、自我确定的,而明智的命令则受经验条件的限制。康德道德哲学中的这种区分在新康德派那里发展为"是"(Sein)与"应当"(Sollen)的区分。"是"的领域是可以被科学研究的纯粹事实领域,它与善无关而且可以通过知识被支配,而应当的领域就是善的领域,它与事实无关而与价值有关。这样应当和价值的领域被排除在现代科学的知识世界之外,最终导致了价值判断和事实判断的严格区分。

在伽达默尔看来以道德命令为出发点是很狭隘的,它忽略了我们现实之所"是",因而"忽略了道德真理以及道德现实的丰富性和广度"①。命令伦理在古代的斯多葛派那里表现为从不能掌握的事物中抽身而退,无论面对幸运还是不幸都泰然自若、听凭世事的变迁。这种"不动心"的理想意味着远离公共事务,它和希腊化时期人们的精神状态是相一致的。在伽达默尔看来这也合乎科学时代的精神状态,其结果就是导致现代主观主义的困境。在现代"是"(事实)缺乏与善的联系,"是"的领域可以运用科学的方法进行客观研究和支配,而价值的领域则是主观的领域,只是个人选择或良心的事情。为了摆脱命令伦理的狭隘性,我们必须考虑道德—政治世界的整体,因此需要返回到亚里士多德。亚里士多德没有使用与命令伦理中的"义务"或"应当"相当的用语,他所使用的接近"应当"的术语是 deon,相当于"必要的"。Deon 与善相关,它并不指向约束个体的命令,而是指向习俗和生活形式的共同基础。也就是说什么是"必要的"离不开共同的伦理生活,所以决定必要的道德行为的理智因素即实践智慧总是伴随着伦理(ethos)出现。实践智慧是道德存在的本质要素,而道德存在被归之于伦理德性。苏格拉底提出了证明德性存在和正当行为的要求,把善的问题提高到新的明确意识中。亚里士多德处于苏格拉底问题的影响之下,他吸收了

---

① 《伽达默尔全集》(第 7 卷),第 381 页。

苏格拉底"德性即知识"的观念,对道德存在进行说明。另外他也批评把德性和知识等同起来,而是以伦理习俗作为基础。

正因为把道德知识以及伦理学置于伦理之上,亚里士多德追求的是属人的善,而不是普遍的善的理念。伽达默尔认为,当柏拉图把灵魂的善、城邦的善和宇宙的善结合在一起时,这种世界观是建立在毕达哥拉斯主义的数学理论的基础之上的,它对于人类的生活并不能提供真正的满足。亚里士多德的实践哲学不是建立在普遍的善的理念之上的,他的始点是'dass'(hoti)。"它意味着,我们要从实践本身以及在实践中对什么是善的活生生的意识出发。由此,亚里士多德指出,他只使用适合于实事的论据和原则,并以此批判柏拉图。在他看来,如果一个人要从事研究实践哲学,任何以作为数学和谐概念的善为出发点的论证都与实事相疏远。当他自己对什么是实践的善作出理论的说明时……这些说明只是源于实践本身的经验领域。因此,它们是基于合乎实事的原则的。"①亚里士多德强调每种研究都要合乎研究的实事,因此每种研究的出发点、方法乃至研究所能达到的确定性都会有所不同。在伽达默尔看来,亚里士多德的这种研究态度暗合现象学的"面向实事本身"的态度。由于这种态度,伦理学不能建立在对整个世界的抽象思考上,不能以具有本体论意义的善的理念为出发点,而是要以 dass,即人们活生生的伦理实践以及具体的善的意识为出发点。

伽达默尔还指出,dass 表示事实(Tatsache),但这种事实不同于一般的事实。"事实在这里所指的并不是陌生事实的事实性,对于陌生的事实我们必须学会自己解释它们才能对付它们。它是最可理解、最为共同的、被我们所有人一起分享的信念、价值、习惯的事实性(Tatsächlichkeit),是构成我们生活体系的东西的总体。表示这种事实性总体的希腊词是著名的'伦理'(Ethos)概念,是通过练习和习惯而生成的存在的概念。"②在伽达默尔看来,作为伦理的事实不是与我们相疏远的陌生的事实,不是与主体相对的可以认识和改变的客体,而是我们身处其间,被我们分享,构成我们的生存

---

①　H.G.Gadamer, *The Idea of the Good in Platonic-Aristotelian Philosophy*, pp.162-163.

②　《伽达默尔全集》(第 2 卷),第 325 页。

状态的事实。伽达默尔对于伦理的特殊"事实性"的解释受到了海德格尔早期的"实际性(Faktizität)的解释学"的影响。① 他在1923年参加海德格尔的第一个讲座的标题就是《存在论：实际性的解释学》。海德格尔在讲座中说道："实际性标示了'我们的''本己的'此在的存在特征。确切地说这个表达意味着：当下的(jeweilig)这个此在，就其合乎存在地在其存在特征中在'此'而言。"②实际性概念表明了我们的此在是向来本己的，不是可以从外部把握的对象，而只能通过自身的理解来接近。解释学就是作为实际性的自我阐明。在《存在与时间》中海德格尔指出，树木或石头是在世界中现成在手的，这是一个事实，可以称为事实性。此在不只是或不首先是以树木或石头的方式存在，后者是无世界的，而此在的存在具有在世存在的特征："每一此在总都是作为实际此在而存在，我们把实际此在的这一事实性称作此在的实际性⋯⋯实际性这个概念本身就含有这样的意思：某个'在世界之内的'存在者在世界之中，或说这个存在者在世；就是说：它能够领会到自己在它的'天命'中已经同那些在它自己的世界之内向它照面的存在者的存在缚在一起了。"③实际性与被抛状态密切相关。被抛状态不是一个可以被超越或处理的事实，不是可以通过观望的规定活动被通达的，而是在现身情态中展开的此在的生存论性质，它表达了此在的被托付的实际性。所以"实际性不是一个现成东西的factum brutum(僵硬的事实)那样的事实性，而是此在的一种被接纳到生存之中、尽管首先是遭受排挤的存在性质。实际之为实际的'它存在着'从不摆在那里，由静观来发现"。④ 总之在海德格尔那里此在的事实性即实际性不同于其他在者的事实性。这种事实性不是隶属于现成性的事实性，也就是说不是可以进行对象性的观察、规定的

---

① 实际性一词Faktizität也可译为事实性，为了和Tatsächlichkeit相区别，在此遵从《存在与时间》中译本的译法，将Faktizität译为实际性，Tatsächlichkeit译为事实性。事实性比实际性的涵盖面更广些，而实际性特指人的此在的事实性。

② Martin Heidegger, Gesamtausgabe Band 63 *Ontologie：Hermeneutik Der Faktizität*, Frankfurt am Main：Vittorio Klostermann, 1995, p.7.

③ 海德格尔：《存在与时间》，陈嘉映、王庆节译，熊伟校，陈嘉映修订，三联书店1999年版，第65—66页。

④ 海德格尔：《存在与时间》，陈嘉映、王庆节译，熊伟校，陈嘉映修订，三联书店1999年版，第135页。

事实性,而是在被抛的生存中展开的实际性,它属于此在的生存论性质。

在伽达默尔看来,海德格尔在"实际性的解释学"中提出的实际性包含着生命的不可化约性(irreducibility)的意思,它所指示的事实不是某种可以对象性地进行研究的事实,这受到了狄尔泰的影响,后者把生命描述为不可化约的事实。同时代的伯格森、尼采、那托普也表达了类似的思想。实际性表明了生命就是操心,它关注于世界并消除了与所操心的东西的距离,因此遵循沉沦的模式。在这种生存中它与自己隔绝了,不再遭遇自身。"在操心的实际性中,在消除距离的实际性中,在生命的'模糊状态'(haziness)的实际性中,任务是展现这种自身思虑(thinking oneself),敏锐地意识到人的'在此'并使其成为他自己。"①伽达默尔根据海德格尔的"实际性的解释学"思想来阐释亚里士多德。他把作为伦理学基础的伦理就解释为人的事实性,这种伦理的事实性不是陌生的、与我们相对立的、可以去对付和超越的事实性。相反,人与伦理没有距离,伦理是我们生存于其中的生活世界,伦理的事实性是构成我们存在的事实性,我们就被抛在这种的事实性中。伦理的事实不同于物理的事实,它包含着人们所共有的价值、规范和信念,在这里"是"与"应当"的分裂被克服了,而伦理学不过是人对自己伦理生活的事实性的阐明。

虽然伽达默尔批判康德的狭隘性,但也承认它的积极意义,即康德像亚里士多德一样维护了实践理性不同于理论理性的独立性,从而把实践领域从现代的科学应用之下解救了出来。康德谈到理论的思辨理性和纯粹实践理性是同一个理性的两种不同运用。思辨理性只能局限于现象界,超出经验之外就会产生幻相,只有纯粹实践理性才能达到超验的本体世界,因而纯粹实践理性满足了理性的最高兴趣。纯粹实践理性的命题虽然不能被理论理性所肯定,但也不会与之相矛盾,它们是理性的运用向实践意图的扩展,并不会违背限制思辨的禁令。纯粹实践理性在与思辨理性结合时具有优先性,"一切兴趣最后都是实践的,而且甚至思辨理性的兴趣也只是有条件

---

① H.G.Gadamer, "Martin Heidegger's One Path", in Theodore Kisiel and John van Buren (ed.), *Reading Heidegger from the Sstart*, State University of New York Press, 1994, p.25.

的,唯有在实践的运用中才是完整的。"①康德的这种思想隐含着使理论理性从属于实践理性,从而为人的目的服务。在伽达默尔看来,理性的真正使命并不满足于科学以及与科学一致的行为,而是还有道德的使命,它要求善的兴趣以及人在地球上共同生活的兴趣,因此"就对康德区分的狭隘性的所有批评而言,他在主要事情上是正确的:面对科学—技术力量的日益增长使道德使命发挥作用"。② 康德道德哲学的意义就在于为道德责任奠定了自由的基础,这不同于理论的奠基,因为自由不是理论理性能够证明的一件事实,而是实践理性的自我确认。如果一个人要把自身设想为一个人的话,他就必须设定他的自由。"他(康德)把自由作为理性的唯一要素,也就是说,他指出,如果不承认自由,那么人的实践理性以及人类的道德此在和社会此在都是不能设想的,从而他与源于近代自然科学的一切决定论倾向相反,为自由概念之下的思想开辟了新的合法性。"③在科学主义时代里康德的自由学说有助于抵制科学主义的扩张,特别是对实践领域的入侵。不过康德的自由观也有局限性,这种自由揭示的是人的超验的存在,具有自由意志的人是独立于一切自然和社会的限制之外的,仅仅根据最高的立法原理而行动,这种立法并不受外在的限制,而是自己立法、自己遵守。按照这种自由观,现实的伦理世界就不是自由的世界,而是受束缚的世界。如黑格尔所指出的,康德的道德哲学是建立在道德的自我确证之上,它对义务的认识独立于所有外部条件,并且认为实践理性能够仅凭自己的自律发生作用,这使得道德要求具有了排斥所有外在考虑的力量。这种内在的道德性代表了一种反对国家社会现实的道德态度。

然而在伽达默尔看来,伦理生活并不意味着纯粹的训练或适应,也与因循守旧无关,而是通过与他人交换意见,通过在社会和国家中一起生活而认识我们自己并且达到共同的信念和决定。这并非一种"顺从主义"(Konformismus),相反,"它构成了自我存在和自我理解的尊严"。④ 只要不是反

---

① 《实践理性批判》,邓译本,第 167 页。
② 《伽达默尔全集》(第 7 卷),第 394 页。
③ 《伽达默尔全集》(第 2 卷),第 187 页。
④ 《伽达默尔全集》(第 2 卷),第 325 页。

社会的人总是已经接受他人，与他人交换意见并且接受共同的习俗世界。接受习俗也不是指一味地顺从外部规则，"习俗就是指意见一致，而意见一致的效用并不指纯粹由外部规定的规则体系而来的外在性，而是指个体意识与在他人意识中表现的信念之间的一致性，从而也就是与人们创造的生活制度的同一性"。① 这个伦理习俗世界作为实践哲学出发点的"此"（dass）不能理解为僵硬的事实（factum brutum），因为伦理意向是建立在人们在共同生活中所具有的理解之上的，它是通过人的生活筹划体现出来。伽达默尔认为，在古希腊社会中具有许多生活筹划，享乐主义者把享受快乐筹划为生活的目的，还有人把实际的成功筹划为政治生活的目的。有一种筹划的定向超越了所有合目的事物，这就是朝向"美"（kalon，或译"高尚"）的筹划，美摆脱了所有计算，就是善本身。② 过一种有德性的生活就是基于这种筹划。可见，把"此"作为出发点并不排斥个人的自由选择，"它是建立在人的此在的自我筹划之上的"。③

　　亚里士多德强调不同研究所要求的原则不同，所以实践研究不同于数学，这表明实践哲学的原则与可演证的知识理想无关，与从普遍引出特殊的理想无关，因为在我们所牵涉的实践处境中所要求我们的不是把普遍规则运用于个别情况，而是鼓励人们作出负责任的决定，那么伦理就不能仅仅理解为固定的习惯。正如伽达默尔说："Ethos 首先不外是指已经成为第二自然的习惯。我们也谈及动物的习惯生活。但当我们谈到 ethos 和伦理学（ethics）的可能性的时候，我们所指的比单纯'固定的习惯'的含义要广得

---

① 《伽达默尔全集》（第 2 卷），第 326 页。
② 伽达默尔谈到 kalon 一词在古希腊是与"有用"（chrēsimon）相对立的，"所有不属于生活必需品、而关系到生活的方式，关系到 eu zē，亦即被希腊人理解为 paideia（教化）的东西就叫做 kalon，美的事物就是那些其价值自明的东西。我们不可能询问美的事物究竟用于何种目的。它们之完美全然只同自身相关（di hauto haireton），而不像有用的事物只是为着其他的目的……于是美的概念就和善（agathon）具有了密切的关系，因为善也是为自身而选择的东西，是目的，并把其他一切都归属于有用的手段，而美的事物则绝不能被看作是为其他事物服务的手段。"[《伽达默尔全集》（第 1 卷），第 481—482 页]在柏拉图哲学中美的理念与善的理念具有密切的联系，而美的自我显露的特点与"真"（alētheia）所表达的显露、澄明相关，这种真善美相统一的观念也被亚里士多德继承。
③ 《伽达默尔全集》（第 7 卷），第 386 页。

多。我们指一种自我控制（self-conduct）和一种行为方式，它能解释自身并为自身负责。这是人的最大的荣耀，同时也是他的最大危险，即他是一个进行选择，以至于承担他的整个生活的人。"①伽达默尔认为，在亚里士多德那里伦理的普遍性和个人的自由选择并不是矛盾的。亚里士多德把自由公民描述成具有自由选择的人，自由选择并不削弱德性的有效性和生活的秩序，相反恰恰是通过个人的选择和具体的道德经验才显示出普遍性的力量。人对于普遍性并没有产生距离感，普遍性不是理论考察的对象，而是构成了人的存在。伽达默尔并不像康德那样从先验立场来看待自由，而是认为我们生活于其中的伦理世界就构成了自由的领域，这是一个包含着普遍规范的自由领域。

伽达默尔对伦理的看法显然继承了黑格尔。黑格尔把伦理看成比道德更高的阶段，是体现自由精神的更高层次。黑格尔和康德一样认为意志就是实践方面的理性，意志的根本规定就是自由。然而他所说的意志超越了纯粹主观性，建立了客观精神的世界。黑格尔把客观精神分为抽象法、道德和伦理三个阶段。在黑格尔看来，康德式的自由观局限于道德的自由，这种自由是先验的、独立于一切感性的东西，它体现为意志的自律，即意志只服从先天的"应当"的法则，而与需要、偏好、利益割裂开来。这种自由在主观方面表现为没有内容的、空洞的良知，而追求的善只是行为的普遍性的形式，因而也是空洞和抽象的。这种停留在形式的良知和抽象的善之上自由是主观的、抽象的、片面的自由，不是真正的自由。真正的自由是具体的，是要把主观的道德实现于客观的习俗制度中，使其具有客观内容，这时善也是得到具体规定的、活生生的善。所以伦理比起道德来是自由精神发展的一个更高的阶段。真正的道德不能仅仅停留在自由意志、内在的良知，而是要实现于客观世界中，具有社会性的内容，即成为伦理的一个环节。伦理是体现在家庭、社会和国家中的客观的规范，同时又是自我意识的内容，因而是现实的实践的东西。伦理的客观制度不是与主体对立的，而是主体本身的产物，是主体的理性客观化为外部世界，体现了主客统一。伦理体系加在个

---

① H.G.Gadamer, *Praise of Theory*, p.8.

人身上的规范不应被看做自由的限制,而是自由的真正的实现。正如黑格尔所说:"伦理是自由的理念。它是活的善,这活的善在自我意识中具有它的知识和意志,通过自我意识的行动而达到它的现实性;另一方面自我意识在伦理性的存在中具有它的绝对基础和起推动作用的目的。因此,伦理就是成为现存世界和自我意识本性的那种自由的概念。"①黑格尔的伦理自由观是一种理性主义的积极的自由观,与亚里士多德的自我实现的自由观有相通之处。正是由于黑格尔的影响,在伽达默尔看来伦理是不同于自然同时又是有规则的领域,它是人的合理性和普遍性的客观化。人在伦理中就像在家里一样,在受到伦理约束的时候实际上是受到自己理性的普遍性的约束。自由在伦理中得到真正的实现,这种自由既不同于无规则的任意,也不同于纯粹意志的自律。遵从伦理并不意味着"顺从主义",而恰恰意味着在伦理中获得教化,实现真正的自我。

我们可以看到康德的自由观和黑格尔、伽达默尔一样,是一种理性主义的积极自由观。但康德的自由观是基于他的纯粹理性的立场,自由只是纯粹实践理性或纯粹意志的属性。伽达默尔反对纯粹理性的立场,认为实践理性是在共同生活中的合理性,人的自由只有在伦理生活中实现。对于实践哲学具有决定意义的观点就在于:"人有限的基本状况相对于无限的认知任务都处于决定性的地位。这显然就是我们称为合理性的本质特征。"②这表明伽达默尔对合理性的看法是和康德不一样的。伽达默尔以伦理为出发点意味着认肯人的存在的有限性,实践理性也要建立在此有限性的基础上,而康德代表了启蒙时代的普遍理性的立场,他是以无限的观点来看待人的理性和人的道德本质。在他那里理性和道德超越了历史、传统和共同体生活的有限性,甚至超越了人类,对一切有理性者都普遍有效。这反映了伦理学的两种不同的思路。

黑格尔严格区分了 Morälitat(道德)和 Sittlichkeit(伦理),他选择 Sittlichkeit 一词就是为了翻译古代的 ethos,而在康德那里这两个词都表示道德

① 黑格尔:《法哲学原理》,范扬、张企泰译,商务印书馆1961年版,第164页。
② 《伽达默尔全集》(第1卷),第325页。

的含义。康德的道德哲学实质上是反伦理的。正如黑格尔所说:"道德(Moralität)和伦理(Sittlichkeit)在习惯上几乎是当做同义词来用,在本书中则具有本质上不同的意义。普通看法有时似乎也把它们区别开来。康德多半喜欢使用道德一词。其实在他的哲学中,各项实践原则完全限于道德这一概念,致使伦理的观点完全不能成立,并且甚至把它公然取消,加以凌辱。"①如果我们像黑格尔那样严格区分道德和伦理,那么康德的实践哲学只是一种道德哲学,伽达默尔的实践哲学才是真正的伦理学,这与古代的实践哲学是一致的。当代的德性伦理学家也注意到古代伦理学还没有现代意义上的道德概念。近代以来道德哲学寻求普遍的规则和义务,而古代的伦理学则是关于德性和美好生活的理论,相比而言,前者具有激进的反传统的色彩。伽达默尔指出"古代伦理学优越于近代道德哲学的特征在于:古代伦理学通过传统的不可或缺性证明了伦理学向'政治学',即正确的立法艺术过渡的必然性。与此相比较,现代启蒙运动则是抽象的和革命的"。② 启蒙运动的纯粹理性精神鼓舞人们去质疑和批判传统,与现存伦理保持反思的距离,寻求抽象和普遍的道德体系,进而以此为依据改造社会。康德就是这种启蒙精神的代表。在伽达默尔看来,这种思想倾向忽略了人的有限性。通过伽达默尔对于启蒙运动的批判,我们可以更好地理解他所说的人的有限性的观念。

2. 对启蒙运动的批判

伽达默尔认为启蒙运动的本质就是怀疑传统、习俗和权威,并且用纯粹的、非历史的、不偏不倚的理性取而代之。"启蒙运动的普遍倾向就是不承认任何权威,并把一切都放在理性的审判台面前。所以,书写下来的流传物,《圣经》以及所有其他历史文献,都不能要求绝对的有效性,传统的可能的真理只依赖于理性赋予它的可信性。不是传统,而是理性,表现了一切权威的最终源泉。"③在这种理性至上的信仰下,启蒙运动企图消除一切前见,

① 黑格尔:《法哲学原理》,范扬、张企泰译,商务印书馆1961年版,第42页。
② 《伽达默尔全集》(第1卷),第265页。
③ 《伽达默尔全集》(第1卷),第277页。

把前见看成错误和盲信的根源,而主张理性才是真理的唯一准绳,一切都应该在理性的法庭面前获得自己的合法性。

伽达默尔在其解释学理论中则要维护前见的合理性,认为前见非但不是我们理解的阻碍,反而是一切理解得以可能的条件。在这方面他继承了海德格尔的思想。海德格尔将理解作为生存论的环节,它不只是作为一种认识活动,在更深层的意义上是此在的存在方式。他从生存论意义上对解释学循环作出了创造性的论述,阐发了理解的前结构。他认为此在存在的结构是被抛的筹划,理解就是一种筹划。前有、前见、前把握构成了理解的前结构。在理解的筹划中,存在者在其可能性中展开。解释基于理解的前结构,它活动于对被解释者的理解中。理解的前结构理论表明了在理解某个文本之前,解释者就已经预先筹划了某种意义,这形成了对特殊意义的期待。这里筹划的东西是他已经理解的东西,它开放了文本的可能性。伽达默尔正是在理解的前结构理论的基础上发展了自己的理解"前见"理论。他认为:"构成我们的存在的与其说是我们的判断,不如说是我们的前见……前见并非必然是不正确的或错误的,从而会歪曲真理。事实上,从我们存在的历史性就可以推出,从文字意义上讲,前见构成了我们整个经验能力的先行指向。前见是我们开启世界的先入之见。正是它们构成了我们经验事物的条件,构成我们遭遇到的事物对我们诉说的条件。"①可见伽达默尔是从生存论意义上来阐述前见的合法性,前见"构成了我们的存在",这是由我们存在的历史性决定的。当然并非一切前见都是正当合理的,也有一些需要消除和抛弃的假前见,它会导致误解,从而遮蔽实事本身。因此要通过理解获得真理,就必须坚持合理的前见。

在伽达默尔看来将理性和前见对立起来其实也是一种前见——客观主义的前见。这种前见恰恰是不合理的,因为它坚持无限的理性而否认了人存在的有限性。如果我们肯定人类存在方式的历史有限性,那么就要正视前见,并承认存在着合理的前见。启蒙运动批判所有前见,它自认为是站在某种不偏不倚的理性立场上,这种立场是超历史的,而伽达默尔认为人是生

---

① 《伽达默尔全集》(第2卷),第224页。

活在一定的历史环境中的,并受到各种现实条件的制约,因此人是有限的存在者。对于有限的历史人性来说绝对的理性观念是根本不可能的。当然这并不是否定理性本身,理性仍然是社会存在的根基,但对它要做历史性的理解。"理性对于我们来说只是作为实际历史性的东西而存在,即根本地说,理性不是它自己的主人,而总是经常地依赖于它所活动的被给予的环境。"①因此人的历史有限性决定了理性也是有限的。这种理性甚至可能在权威中表现出来。

笛卡尔曾区分了轻率的前见和权威的前见,前者来自使用理性时的轻率,而后者源于权威压制了我们理性的使用。两者都和使用方法论规则的理性相对立的,并且导致错误。启蒙运动继承了这种将权威和理性相对立的观点,认为权威造成的先入之见是由外在权力强加给我们,并由我们非反思地盲目接受的,是必须用理性克服的错误认识。伽达默尔认为这种权威和理性的抽象对立导致了对权威的曲解,因为权威也可以是理性的。他最先是从精神科学的研究中体会到这一点。成为学术权威的饱学之士比起初学者来总是能够理解得更好、更正确,因为他们经过长期训练,培养了机敏感,虽然并不总能用科学的方法进行证明。"权威所说的东西并不是无理性的和随心所欲的东西,而是原则上可以被认可接受的。"②这表明,权威培植的前见也可以成为合理的前见。

在伽达默尔看来,权威的真正基础不在于我们的盲目服从,而在于我们的承认和认可,即承认和认可别人的判断和见解比我们自己的包含着更多的真理。承认自己理性的有限性,恰恰也是一种自由的和理性的行为。"权威性并不是一种要求盲目听从,禁止思考的权力优势。权威性真正的本质毋宁在于:它不是一种非理性的优势,甚至我们可以说,它可以是一种理性本身的要求,它乃是另外一种优势,以克服自己判断的观点作为前提。听从权威性就意味着领会到,他者——以及从传承物和历史中发出的其他声音——可能比自己看得更好。"③当然如果权威的威望取代了我们自己的

---

① 《伽达默尔全集》(第 1 卷),第 280—281 页。
② 《伽达默尔全集》(第 1 卷),第 285 页。
③ 《伽达默尔全集》(第 2 卷),第 39—40 页。

判断,那么用理性批判权威是合理的,但这并不排除权威也可能是真理的源泉。

作为权威的另一种形式,传统表现为流传下来的风俗习惯和生活方式。启蒙运动以理性的名义反对传统。随后的浪漫主义延续了启蒙运动的传统观,即把传统视为历史上给定的、与理性对立的东西。然而浪漫主义凸显了传统的积极意义,认为传统的东西虽然没有理性的证明,但仍然是有价值的,而且能够有效地规定人们的制度和行为。一个成熟的、自主的人并不意味着摆脱一切习俗和传统。伽达默尔倾向于浪漫主义的传统主义态度,但他反对把传统和理性绝对对立起来。他认为传统不是僵化的惰性的东西,在传统中存在着自由和发展。传统按其本质就是保存,而保存是一种理性活动,它所保存的正是一切具有真理性的东西。这种保存也意味着变化,包含了对不合理的东西的批判。传统只有在不断地变化中才能存在,在这个过程中既有对既存事物的捍卫也有对既存事物的改变。伽达默尔并不是鼓吹盲目地顺从传统,而是主张继承和发展传统中合理的东西。

关于权威和传统具有合理性的观点也适用于人类的道德实践。作出道德决定的人已经是被教育和习惯所规定的人,他已经一般地知道什么是正当的。因此当我们进行道德判断时,我们实际上已经具有了前见,这种前见是由一定的习俗和传统所规定的。"道德的实在性大多都是而且永远是基于习俗和传统的有效性。道德是在自由中被接受的,但绝不是被自由的见解所创造,或者被自身所证明。其实,我们称之为传统的东西,正是在于没有证明而有效。"[①]我们道德见识的条件性并不表现出缺陷或障碍,相反它具有社会—政治规定性的积极内容。当然社会—政治条件也是在不断变化的,每个人都从属于他自己的世界和时代,随着时代的变迁,道德观念也会发生变化。然而在伽达默尔看来,时代以及道德观念的变化并不意味着导致道德怀疑主义或道德相对主义,"尽管道德概念在最不同的时代和民族中表现了变异,但在所有这些变异中仍有某种像实事的本性这样的东

① 《伽达默尔全集》(第1卷),第285页。

西"。① 道德的变迁发生在持久的基础上,因为家庭、社会、国家规定了人类存在的本质结构。虽然我们不知道人类的生活形式会变成什么样子,但这并不是说一切皆有可能,一切都能被任意地规定。伽达默尔认同柏拉图的话"有些东西是自然正确的",他也赞同亚里士多德的自然法思想,这源于他对于人类存在的普遍秩序的信念。他认为存在的秩序足够强大,能为所有人类混乱设定界限,即使在腐化堕落的社会形式中也能发现深层次的合理性的存在,虽然这种合理性需要被道德意识的具体应用所规定。

伽达默尔相信合理性就在人类的文化、传统、伦理生活中保存和延续着,它既经历变迁也保持着一贯性,这受到了黑格尔关于历史合理性的观点的影响。黑格尔提出了"凡是合理的都是现实的,凡是现实的都是合理性"这一著名命题,它表明合理性不是抽象的标准,而是通过历史的中介实现出来的。伽达默尔认为,历史合理性并不排斥人的自由。我们的历史经验表明人是活跃的、能动的,虽然历史中的人往往并没意识到正在发生什么,但实际上每个人都卷入历史中。黑格尔的命题并不是要我们满足于现实,而是说不合理的东西不能够持久,它也并不是要我们静等合理性的实现,而是表达了对每一个个体的任务,即促成合理性的实现。

我们可以看到,伽达默尔对纯粹理性的批判是在一种存在论层面上的。他接受了海德格尔关于人的有限性的立场,人是"被抛"在世界上的,这构成了我们的存在论条件。在伽达默尔看来这意味着我们总是置身于世界中,即处于一定的历史中。在我们进行思考之前我们就已经从属于这个历史世界了,所以理性不能独立于历史及其传统、习俗而存在,它总是被我们的这种生存条件所限定,即使在进行批判的反思时也是如此。理性和伦理并不是对立的,一方面伦理是具有合理性的,另一方面理性也离不开伦理,两者相互渗透,共同规定了人。人具有理性,这意味着他能够选择,并找到在具体处境中的善。同时伦理之"此"作为始点(原则)意味着人的本性与生活秩序相联系,而生活秩序就是国家和社会的存在,但它需要不断以合理的方式重新获得。"作为理性的存在者他知道去选择,即或多或少地运用

---

① 《伽达默尔全集》(第1卷),第325页。

他的批判能力,并影响他的生活秩序的不断的变革。规定人的不仅是 Ethos,也是 Logos,即他的知识和思想。"①

伽达默尔对启蒙的批评并不是完全否定启蒙运动,而是揭示它的偏颇之处。他认为启蒙运动的局限不在于它批判传统和权威,而是没有承认人的理性在存在论上的有限性,并且武断地将传统和权威作为错误的汇集,而不是包含着真理和智慧的财富。我们不可能拒绝所有的前见,当我们批判某种前见的时候,我们实际上接受了其他的前见。这是因为我们不可能脱离所有的历史和文化的条件,达到一种不偏不倚的、完全中立的立场,从而对所有的前见进行批判。一种纯粹理性的立场是不存在的,本身是一种幻象。我们对一些前见的批判总是源于其他前见的立场,即被一定的文化和历史所限定。因此"消除前见这一启蒙运动的总要求本身被证明是一种前见,这一前见不仅统治了我们人类本性,而且同样支配了我们的历史意识,而扫除这一前见就必然为某种对有限性的正当理解开辟了道路"。② 当然伽达默尔也承认前见可能是错误和扭曲的来源,所以他区分了正确的前见和错误的前见。正确的前见是理解得以可能的生产性前见,它使我们通达事情本身,揭示真理。错误的前见则是阻碍理解并造成误解的前见。至于如何区分正确的前见和错误的前见,伽达默尔并没有给出方法论原则,在他看来也不可能有这样的原则。这要在理解过程本身中,在历史的运动和实践中去解决。伽达默尔特别强调时间距离造成的过滤作用可以使得具有特殊性的前见消失,而使促成真实理解的前见出现。可见,虽然伽达默尔反对启蒙运动的客观主义,但他并不就走向了一种相对主义或视角主义,好像任何前见都是可允许的,从不同视角中看到的事物都是真的。他认为我们虽然置身于一定的历史文化中,我们并不就无批判地肯定所有传统的前见,相反可以通过对事物的考察或者与他者的对话修正我们的原来对事物的看法。就此而言解释学并不排斥批判。继承了启蒙传统的哈贝马斯曾批评伽达默尔对前见、传统和权威的维护导向了保守主义。他认为传统、权威及其

---

① 《伽达默尔全集》(第 10 卷),第 243 页。
② 《伽达默尔全集》(第 1 卷),第 280 页。

造成的前见是由于统治力量的影响而支配着我们,是为了维护统治阶级的利益,使不平等的社会关系合法化,因此需要用解放性的反思来进行意识形态批判。伽达默尔则认为解释学反思的批判性恰恰在于通过揭示前见存在于一切理解中而破除了"天真的客观主义"。把理性与传统、权威对立起来就体现了这种客观主义的前见。传统和权威并非总是错误的,它们的合法性可以建立在人们的自由接受和承认上,而反思也并非总是一种消解原来信念的活动。解释学的反思使我们能考虑在自己的前理解中哪些可以被证明为正当,哪些则是不能证明的。这可以促使我们修正自我理解,从而更正确地对待自己的经验,避免意识形态的僵化。

David Detmer 指出:"伽达默尔对启蒙的批判是在存在论层次上,而不是在改变我们行动的实践建议上。"①伽达默尔对传统和权威的维护只能从存在论意义上去理解,而不能由此推出保守主义的实践要求。在他那里人的历史的存在论和人的实践要求是两个不同层次。对启蒙的存在论批评并不必然导致对启蒙运动实践的批判。伽达默尔也反对把自己的解释学置于"启蒙的批判"的标签之下,他所质疑的只是"完全的启蒙"(completed enlightment),即消除所有的人的偏向和社会前见。在伽达默尔看来"完全的启蒙"与费希特相关,而不是康德。实际上康德一直致力于为理性划界,承认人类认识的有限性。他认为,在很大程度上康德的著名论文"回答这个问题:什么是启蒙"已经属于自卢梭开始的启蒙批判,它反对这样的期望,即科学的进步将导致人的道德完善。伽达默尔甚至宣称"康德称之为启蒙的东西实际上对应着解释学所看到的东西"。② 启蒙运动是个复杂的历史现象。启蒙运动中的唯物主义者如狄德罗、爱尔维修、霍尔巴赫等人,相信科学的发展将清除各种偏见、迷信,实现人类的进步和繁荣。他们在世界观上有科学的机械主义倾向,而在道德观念上则有功利主义的倾向。他们认为将自然科学的可靠方法应用于道德和政治或其他领域,可以获得和牛顿

---

① David Detmer, "Gadamer's Critique of the Enlightenment", in Lewis Edwin Hahn(ed.), *The Philosophy of Hans-Georg Gadamer*, Chicago: Open Court Publishing Company, 1997, p.282.

② Lewis Edwin Hahn(ed.), *The Philosophy of Hans-Georg Gadamer*, p.287.

物理学一样的成就。这就要通过对人的本性和行为的客观规律的研究,在人的内在世界和社会领域中发现像物理学世界一样的合理结构。他们强调人是环境的产物,环境决定了人的思想和道德品质,因此他们希望能够在对人的科学认识的基础上合理地改造社会,从而培养出道德高尚的人,使个人幸福和社会福利都得以实现。伽达默尔所反对的正是启蒙运动中的这种科学主义倾向,而他赞同卢梭—康德对人的道德良知的维护,对科技文明的批判。这也是一种"启蒙",而且抵制着前一种启蒙。面对着现代科学主义造成的困境,康德的意义更为彰显。伽达默尔指出"启蒙的辩证法是正确的,科学—技术文明的错误发展伴随着盲目服从规则。相反,我诉诸康德的实践理性和判断力。这就是我称之为作为哲学的解释学的东西"。①

3. 教 化

伽达默尔赞同康德在于他维护实践理性的独特本质,具有反对科学主义和技术操纵,维护人类自由的意义。但事情的另一方面是要考虑人类存在的条件性以及理性运用的条件性,康德显然不大重视这一点。基于人的有限性立场,伽达默尔注重后天教化对人的塑造作用,实践理性也是在伦理的教化中形成的。前面谈到人文主义传统中教化是个核心概念,与实践智慧相关的共通感、判断力、趣味都是基于教化。从教化概念中我们可以发现古代实践哲学对近代人文主义的影响。

根据伽达默尔的考察,教化(Bildung)概念起源于中世纪的神秘主义,表示在人中造就上帝的形象,因为人是上帝创造的,在人的灵魂中就有上帝的形象。这种含义一直被保留了下来,如在巴洛克时期的神秘主义以及后来克洛普斯托克的史诗《弥赛亚》中,教化表示人的潜能的充分的、超自然的实现,具有宗教的精神意蕴。在赫尔德那里,教化的含义被世俗化了,它被规定为"向人性的提升",表示人通过文化教育成其自身。这种含义在德国人文主义者那里得到发展,并且逐渐地与"培养"(Kultur)概念区分开来。培养主要是指发展人的自然素质或天赋能力,服务于某种外在的目的,如为

---

① Lewis Edwin Hahn(ed.),*The Philosophy of Hans-Georg Gadamer*,p.287.

了谋生而发展某种技能。而教化首先指人通过吸收文化传统而造就自身，获得某种存在方式。通过教化获得的东西就成为了人自身的东西。所以教化没有外在目的，它本身就是目的。就此而言，教化从根本上来说是一个生存论概念，与人的存在密切相关。

黑格尔对于教化概念作出了深刻的哲学阐释，他把教化理解为使人脱离直接性和特殊性而向普遍性提升。在《精神现象学》黑格尔描述了人通过劳动发展出自由的自我意识的过程。人在劳动中并不出于欲望去直接消耗物品，而是抑制着欲望去塑造物品，从而也塑造自身。通过将本质力量的对象化，人赋予了物品以独立存在，同时人又在物品中发现了自己，从而获得一种特有的自我感。这就是一种实践的教化，它包含了放弃直接的欲望以及对某种普遍性的追求。不过在黑格尔看来只有在理论教化中教化才得到完满实现。理论态度本身是一种异化，它超出了直接认识和经验的东西，而去处理一些非直接的、生疏的、属于思维的东西。在理论教化中人学会不带个人偏好地去看待事物，寻求普遍性的观点，由此也发现了自身普遍性的精神本质。黑格尔揭示了教化的辩证结构：人通过教化脱离自己的直接的、自然性的存在，与自身保持距离，这就造成人的异化；同时人同化陌生的东西，在其中发现自我，从而成为一种普遍的精神存在。这意味着达到了自我的实现或向自身的回归。所以教化具有异化和返回的结构。

黑格尔的教化思想对伽达默尔产生决定性的影响。然而黑格尔的教化是和他关于绝对精神的哲学体系联系在一起的，在他那里教化的运动是在消除一切对象性事物的绝对知识中完成的。伽达默尔抛弃了黑格尔的绝对精神学说，而吸收了他的客观精神学说，并对教化作出了一种人本学的阐释。他认为教化就是使人脱离自然的本能和个别性，发展潜在的精神性，向普遍性提升。他说："人之为人的显著特点就在于，他脱离了直接性和本能性的东西，而人之所为能脱离直接性和本能性的东西，就在于他的本质具有精神的理性的方面……人类教化的一般本质就是使自身成为一个普遍的精神存在。谁沉湎于个别性谁就是未受到教化的。"①只有通过教化人才能脱

---

① 《伽达默尔全集》（第1卷），第17—18页。

离自然本性而成为他应当所是的东西———一种精神的存在。人的本质在于精神中的理性,向普遍化的提升就是"在总体上维护人类理性的本质规定"①。教化发生在由民族的语言、习俗、制度等构成的客观精神领域,它好像某种前定的实体,构成了个人生存于其中的世界。这个世界是一个人文化的世界,合乎人性地造就的世界。个体对它并不陌生,而是在不断接受它的影响的过程中塑造自己,并且成为它的一部分。因此个体始终处于教化的过程中,即对自然性的扬弃中。

伽达默尔认为理论教化和实践教化是统一的。只有一个在实践中受过教化的人才有条件进行理论教化,而一切教化的获得都包含着理论兴趣的发展。伽达默尔反对受科学主义影响的现代人把理论和实践对立起来或者把实践蜕变为理论的技术应用,而是强调生活中理论和实践的辩证统一。他主张恢复古代的理论概念(Theoria)的含义。在古希腊语中理论家(Thēoros)最初指的是节日代表团的参加者。在某个城邦举行节日庆典活动时,其他城邦都要派"理论家们"去参加,他们并不具有其他的作用,而只是同在(Dabeisein),所以 Thēoros 是原本意义上的观赏者,他通过同在而参与了庆典活动。从事理论活动就是和真实事物同在,"Theoria(理论)并不首先被设想为主观性的一种行动,即设想为主体的一种自我规定,而是从它所观看的东西出发来设想的。Theoria(理论)是实际的参与,它并不是行动(tun),而是一种遭受(Pathos),即由观看而来的入迷状态。"②古希腊的理论概念具有"参与"(Teilhabe)的意义,它不是规定一个对象或通过解释它将其为我所用,而是与存在的东西同在。显然古希腊的理论概念不同于现代科学意义上的理论概念。在伽达默尔看来,现代理论是建立在自我意识的确定性之上的构造,人们通过理论概括经验,由此去规定事物,从而能操纵事物。古代理论则是指对存在事物的是其所是地观看,它首先意味着同自己保持距离,向普遍性开放。这种意义的理论不仅指观察现存的秩序,而且指参与到秩序整体之中去。古希腊人所谓的存在的合理性也不是指人的

① 《伽达默尔全集》(第1卷),第18页。
② 《伽达默尔全集》(第1卷),第129—130页。

自我意识的属性,而是指存在本身的属性,人的理性被设想为存在合理性的一部分。伽达默尔对于理论和理性的看法显然受到海德格尔的影响,强调现代科学的理论和理性是建立在主体主义态度之上,而古代的理论和理性则以存在为基础。在伽达默尔看来,既然亚里士多德把理论作为人的最高实现活动,那么理论最终是一种实践,同时真正的实践也包含着理论。理论和实践都是人的源始的现象,实践执着于目的,而理论远离目的,两者都属于人类生活,因为只有人才能够在有目的的行为中同时对目的保持着自由。人类生活就依赖于理论和实践不断更新的平衡,在这个过程中,人要与自己保持距离,认识到自己的局限性并向他人开放。"生活就是理论和实践的统一,这是每个人的可能性和任务。不专注自己,而专注于存在的东西:这是一种受教化的意识,我甚至要说这是一种神圣的意识。它不是通过科学而被培养的意识,而是通过人道培养的意识,这种意识学会了同时考虑他人的立场,并寻求对共同的和共同意指的东西的相互理解。"①

伽达默尔指出,要获得教化就需要向他者、向更普遍的观点敞开自身,由此个体能超越自身而向普遍性提升。这种普遍性不是可以规定特殊事物的知性的或概念的普遍性,而普遍的观点也没有固定的标准。"受到教化的人为其敞开自身的普遍观点对这个人来说,并不是一个适用的固定标准,对他来说,这个普遍观点只作为可能的他者的观点而存在。就这一点而论,受到教化的意识实际上就更具有某种感觉的特质。"②这里把普遍的观点描述为"可能的他者的观点",实际上表明一种受过教化的意识不是从个人固有的观点出发去看问题,而是能够保持着开放的态度,因而具有一种对自身的距离和尺度的普遍感觉。由此它能把握特殊事物及其差异性,但不能作出证明。受过教化的意识是以普遍感觉的方式来进行辨别和判断的。"我们所说的一种普遍的共同的感觉,实际上就是对教化本质的一种表述。"③

可以说教化就是培养共通感。我们在前面已经谈到过,共通感首先表现在对于合理和不合理、适当和不适当的东西去判断。谁有这样的判断力,

---

① H.G.Gadamer,*Praise of Theory*,p.35.
② 《伽达默尔全集》(第1卷),第23页。
③ 《伽达默尔全集》(第1卷),第23页。

谁就能以正确、合理、健全的观点去观看事物。这种共通感和判断力具有趣味的特征。有趣味的人就是要与自身的偏爱保持距离，能够根据整体对个别事物进行判断，但整体绝不是作为抽象原则或概念预先给定的。可以说与实践智慧相关的共通感、判断力、趣味都是教化的表现，它们不能脱离人们生活的共同体，并且是在人们的生活实践和交往中逐渐培养起来的，就此而言它们是后天的、具有历史性的。它们代表了人的存在的精神品性，从本质上讲是它们是生存论概念，只要是脱离了纯粹自然和个别性的人都或多或少都具有某种程度的共通感、趣味和判断力。

可见，一个具有实践智慧的人是离不开教化的。实践智慧作为一种理智德性，只有在教化中才能培养发展起来。亚里士多德就指出，人虽然天生具有理性，但从潜在的理性发展出实践智慧，需要时间和经验。一个有实践智慧的人必然是具有伦理德性的人，他能不受情感和欲求的左右，品性比较成熟，同时又经历了很多事情，具有经验，因此面对特殊处境能作出正确的判断和选择。这表明有实践智慧的人具有由教化获得的更普遍的观点。亚里士多德的伦理学是建立在伦理的基础上，实践智慧与伦理不可分割地联系在一起。我们就是在伦理共同体中受到教化并发展出实践智慧。实践智慧的活动是合乎理性的，而它的基础在伦理中，这表明实践知识不是超越性的知识，而总是受到人类伦理生活的限制。

4. 他者、友爱和团结

教化意味着超越个人的特殊性向普遍性提升，也就是要超越自己直接的意见、欲望、偏好，与社会伦理中的普遍的东西相认同，这样人就成为理性的存在。有实践智慧（实践理性）的人就不局限于个人的偏见、爱好，而是能以普遍的、健全的观点去评价事物。要达到这一点，显然需要在共同体中与他人的交往互动，这样才能超出自我的特殊性而达到普遍性。在伽达默尔看来，他者标示了自我的有限性，同时又是自我存在的一部分，因为人的存在总是与他者的"共在"（Mitsein）。和海德格尔一样，伽达默尔从存在论上把共在标示为人的存在的基本结构，因此他者具有存在论的意义，这意味着人是通过他者才成其自身。在伽达默尔看来，亚里士多德已经揭示了在所有人类认知中的"共同"（Mit）要素，对事物的认知意味着人与事物共同存在。亚里士多德的伦理学还揭示了，人与他者的共在不仅是出于需要，而且是为了人自身的实现和完善。通过他者，我们的生命才得到丰富和扩展。人生活于其中的世界就是与他者共同存在的世界。"生命实现的本质在于在他者中间存在，无论是事物的他性还是他人。这也适用于看和感知、思考和认知。但同时在这种自我实现中，本己的自身被共同觉察和共同感受到。这种'共同'（Mit）结构伴随着一切世界开放性而被给予。"①人总是试图认识他者，但是"他者"概念意味着某些东西不能进入自我的视域而成为自我筹划的一部分，因此对他者的理解总是伴随着对他者的遮蔽。人也总是在进行自我认识，而这种自我认识离不开他者。柏拉图曾把他者比喻成自我的一面镜子，我们是通过他者认识到自己，而不是自我反映的。自我认识并不意味着只关注于自己，而是建立在自己和他人的共同性之上的。人在他者这面镜子中看到的不是自己存在的特殊性，而是对自己和他人都起作用的东西，并且认识到仅凭自我反思无法清楚看到自己的弱点。正是有他者的存在，自我理解才会不断丰富发展，所以对他者的他性的尊重是真正达到自我理解的条件。这对于解释学具有重要意义。"解释学的态度在这一事实中具有它的本质特征：他者首先作为他在中的他者出现。"②伽达默尔在解释学理论中还谈到解释学经验就是你—我之间对话的经验，真正的你—我关系是彼此开放的，理解就是在互动的过程中实现你—我视域的相互融合，从而获得一种新的更广阔的视域。

伽达默尔强调"我"与"你"或者"我"与"他"之间通过平等的、开放的对话交流实现视域的融合，克服自己偏见的局限性，达到更高的普遍性，这既是解释学经验的描述，同时也表达了一种实践的要求。人都有偏见，但在实践交往中偏见要受到控制从而不压制他者的声音。正确地对待他者意味着不受"强力意志"的驱使去控制他者，而是用"善良意志"去努力理解他人，以平等开放的态度和别人交流。这要求我们不能忽略他者的他性，并且

① 《伽达默尔全集》（第 7 卷），第 403—404 页。
② D.Misgeld and G.Nicholson(ed.)，*H-G..Gadamer on Education Poetry and History*，p.233.

能够承认他者可能是对的,而自我可能是错的,还要能宽容他者。人是社会性的存在者,学会和他者共处是人类的基本任务,因为我们都既是我们自己,同时又是他者。不仅对于个人是这样,对于更大的群体如民族、国家也是如此。甚至他者不只是局限于人类,而是可以泛指一切和我们共同存在的事物,这些他者的他性都值得我们去尊重。然而在现代技术社会,人们习惯用统一的规则标准去支配操控事物,包括对人本身进行管理,他者的他性被抹杀。因此如何克服自我的偏见,在承认他者的他性的前提下与他者共存,正是我们需要学习的。"当人不是致力于学习如何控制事物时,我们就将通过经验到我们自己的偏见认识到他者在其存在中的他性。参与他者,成为他者的一部分是我们能努力并完成的最困难和最好的事物。"①

实践要求我们回应他者并达成共识,这是自我参与和他者的对话过程,而向他者的敞开是对话发生的条件。达到理解就是达到共同的理解,理解的目的就是通过对话和他者建立共同的世界。因此平等、自由、开放、宽容等观念在不仅解释学经验中起作用,而且具有伦理学内涵,它们是实践理性的条件。一个有实践理性的人就不是一个固守教条的人,而是能够倾听他人,考虑到他人观点的合理性并勇于修正自己的观点。如果只坚持自己有理而他人无理,恰恰是没有理性的,"任何人以理性的名义说话是自相矛盾的。因为承认自己的见解是受限制的,并因此能够接受无论来自何处的更好的见解,这才是合理的。"②伽达默尔反对那种先验理性观,理性不是个体意识中的固定不变的东西,而是在和他人的交流中培养形成的。这种思想显然也受到了黑格尔的相互承认的辩证法的影响。黑格尔表明一个自我意识只有通过另一个自我意识的承认才得到真正的具体的确证,这体现在"尊重"现象中。但承认必须是相互的,只有我从别人那里获得确证而别人也从我这里得到确证,自我意识才成为真正的自我意识,也就是普遍的自我意识。在普遍的自我意识中自我承认对象是独立的他者,同时又承认对象就是自我。这样就过渡到理性,主客体的对立同一正是理性的原则。

---

① D.Misgeld and G.Nicholson(ed.),*H-G..Gadamer on Education Poetry and History*,p.235.

② H.G.Gadamer,*Praise of Theory*,p.48.

与他者的共在、相互开放、相互理解在友爱现象中得到充分体现。友爱(philia)在古希腊所涉及的范围相当广泛,不仅指朋友关系,也包括家庭关系、同胞关系、政治关系等,简言之涵盖了人类的一切共同生活。虽然友爱不属于古希腊的四美德,但实际上希腊人很重视友爱。在柏拉图的对话中有许多关于友爱的论述,也有专门讨论友爱的对话《吕西斯篇》。在亚里士多德的《尼各马可伦理学》中论友爱的部分几乎占了四分之一的篇幅。亚里士多德之后的很多希腊思想家也曾写过大量关于友爱的书。伽达默尔甚至认为友爱在希腊伦理学中发挥着主导性的作用。他自己也长期思考友爱问题,在1929年开始教学生涯时他的就职演说的题目就是"友爱在希腊伦理学中的作用"。他认识到友爱在古代和现代所发挥作用并不同,而且用现代的概念很难确定古代友爱的内涵。古代的友爱不是一种作为个人品质的德性,也就是说不是表示个人存在特性的概念,而是一种人类生活的善,是被给予我们的东西。友爱不只是人对自己的道德要求,当然一个人必须能够友爱,但友爱需要的是与人与人的联系、创造联系的时机乃至幸运,它不是通过个人努力就能够实现的。友爱和情爱(eros)也不一样。虽然两者都包含着把自己托付给他人,并且能够感受到快乐,但友爱超越了自我关切的狭隘领域。"友爱指向了共同性(Gemeinsamkeiten)的最广泛的维度,一般的社会生活就建立在这种共同性之上,没有这种共同性就没有共同生活的制度秩序,无论是宪法、法律秩序还是管理机构都无法发挥作用。"①总而言之,友爱涉及整个实践领域,涉及所有人与人的关系和共在。它不是个人的品质,但所有个人的品质都与友爱有关。由于友爱不是一个人的事情,阐明友爱的结构有助于克服自我意识的优先性。在伽达默尔看来,正是友爱赋予了实践哲学以其本质特征,并且使得希腊实践哲学在很多方面成为批判支配着当代思想的主体性的典范。

伽达默尔对友爱的分析也结合着对亚里士多德的解读。亚里士多德区分了三种友爱关系,它们分别基于利益、快乐和德性。这三者不是同一种友爱的不同类型,而是有层次之分。基于德性的友爱具有绝对优越性,是充分

---

① 《伽达默尔全集》(第4卷),第214页。

意义上的友爱，其他两种友爱都隶属于它。也就是说真正的友爱总是包含了其他两种有限意义上的友爱，而在后两种友爱中友爱的本质只是得到了部分实现。这些友爱具有相同的特征：首先是相互性（Gegenseitigkeit）；其次在友爱关系中双方不能隐藏自己，而是要相互敞开、彼此关联；最后在友爱关系中还包含有爱的情感。友爱不同于单纯的善意，虽然同情或良好愿望都在两者中出现，并因此构成了相互性，但在单纯的善意中两个人没有真正相互敞开，建立起真正的联系。可见在友爱的要素中伽达默尔最看重的还是真正的联系（Verbundenheit），它意味着一种共同生活（Mitleben）。

在对友爱的分析中亚里士多德还论及自爱。自爱是与自身的友爱，体现为灵魂的不同部分的和谐统一。灵魂可以基本地区分为理性部分和非理性部分，这两部分在友爱中就像朋友一样。亚里士多德认为，只有好人才有这种与自身的友爱，而坏人对自己并不友好。好人是身心一致的，他希望自己善，并且去追求善、获得善。他愿意与自己为伴，对自己感到快乐，而且能与自己悲欢与共。相反，坏人的内心是分裂的，他们所欲求的和所希望的并不一致，他们做的事情总是伤害了自身。他们对自己并不感到快乐，而是充满悔恨。这些人没有可爱之处，也缺少对自己的友善和同情。（1166a1 - 1166b28）

伽达默尔注意到，亚里士多德对于友爱有一个很重要观点，即只有对自己友好的人才能成为其他人的朋友，他怎么对自己就会怎么对待朋友。也就是说自爱使得友爱成为可能，而从自爱中我们可以发现友爱的一般特征。这种观点继承于柏拉图。柏拉图在《国家篇》中设计的理想国其实就是灵魂的放大，国家三个等级（统治者、卫士、工农群众）的和谐对应着灵魂中三个部分（理性、欲望和激情）的和谐。正如好的制度能够克服内部的分裂并将所有公民在共同行为中团结起来，好的灵魂也能够控制它自己内部不同部分的冲突并将其结合为一个整体。这表明"人的内在的状况和他成为共同体成员的能力根本上是同一的。只有当一个人能成为自己的朋友才能适应共同体。"①这种对自爱和友爱的关系的论述显然不同于一般的看法，根

---

①　H.G.Gadamer, *Praise of Theory*, pp.111-112.

据这种看法,被自爱支配的人是无法得到友谊的。当然这里的自爱是指出于人的本性而遵循自己的兴趣,在这个意义上自爱一词是带有贬义的。而亚里士多德认为这样的自爱只是幻相,他要维护柏拉图所使用的自爱的积极意义,这种真正的自爱只有在用理性控制自己的感性欲求和情感时才能实现。这表明实践的合理性存在于自爱中,并且扩展到对他人的友爱关系中。

由于自爱和对他人的友爱密切相关,这种自爱观念也不同于苏格拉底派的自足理想。苏格拉底要求人们去关心自己的灵魂,已经表现出追求自足的倾向,犬儒主义将此倾向发展到极端。而在亚里士多德看来,自爱并不意味着不需要朋友。当一个人自爱时,他并不仅仅关注自身,而是向着与他人的交往和共同的善开放自己,这也意味着要认识到自身的有限性。神是完善的、自足的,不需要朋友,他的幸福就在于自身。人却不一样,作为有限的存在者,人的幸福的实现离不开朋友。通过朋友这个我们所倾心的他者,我们能够感受自身和生命的丰富,获得自我理解的确证,并且促使自己追求更好的自我。伽达默尔认为,亚里士多德的友爱学说表明了自我关系的结构不能归结为主体性结构,人与自己共在的维度在友爱中扩展到与他者共在。因此不仅人首先要与自己一致才能与他人联系在一起,否则在与他人的共同生活中会感到阻碍和隔阂,而且只有在与别人的友爱关系中灵魂的统一和完善才得以实现。

古希腊的友爱思想不仅影响了基督教的爱的学说,而且在现代的各种伦理学说中也有反响,然而所受的重视程度还不够。在伽达默尔看来,人们的各种生活形式都呼唤友爱,友爱所指向的是将所有人结合起来的共同性,在这种共同性中蕴含着我们的实践合理性,因为在共同生活中我们所有人对于彼此和对自己都是负有责任的。在当前这个科学主义时代,人类社会根据自身的组织技术创造出了人与人相互陌生的世界,造成了友爱的缺失,而解决现代社会问题的重要途径就表达在古希腊人关于友爱的思想经验中。

友爱是建立团结的基础上的,缺少团结就意味着孤立和友爱的丧失。团结的力量使我们共属一体,人们在伦理生活中所感受到的休戚与共就体现了团结精神。伽达默尔认为团结是人们组成共同体并且遵守规范秩序的前提条件,"共同生活除了建立在团结的基础上之外没有其他的基础。"①伽达默尔强调劳动生活中的团结,个人是通过劳动和劳动的能力而意识到自己的自由。"能力奠定了团结。在能力之中的团结、职业中的责任以及我与别人分享并允许别人掌握的知识,都是团结的诸形式,它们指向人的内在的基本的可能性,使自己适应自己和世界,或与之友好相处。"②团结也是实践理性的根本条件。实践并非只是个人的活动,而是与他人、与社会全体相关,人们通过实践活动一起决定着共同利益,因此需要实践理性的指导来确定社会成员普遍赞同的目标并找到正确的手段。伽达默尔指出,在当代技术文明过分刺激的进步中,我们尤其需要认识到共同社会生活的稳定和不变的因素,对人类的团结有一种重新的觉醒的意识,这意味着把自己作为人类的一员来认识。不管怎样人毕竟是共属一体的,人类需要共同解决在这个地球上生活的诸多问题。为了人类的生存和发展,需要唤醒团结的意识,正是共同的团结让实践理性发出了声音。"实践就是在团结中引导自己和行动。因此,团结是所有社会理性的决定性条件和基础。"③虽然伽达默尔承认人类文化和伦理形态的多样性,甚至不同的价值观之间会发生冲突,但他更强调从人类的多样性中可以发现人类作为整体的共同利益和基本价值,从表面的冲突中发现深层次的人类团结,它指向了我们所是的人性。康德的普遍化的道德法则在某种意义上就隐含着这种团结。团结不仅可以扩展到全人类,甚至可以扩展到人和其他生物以及自然的关系。要解决当前人类遭遇的生存问题:国家间的恶性竞争、种族主义、核战争的威胁、环境破坏等,必须重新发掘团结的意义,它是我们实践理性考虑的基础。这反映了伽达默尔是在全球化的背景下重新思考团结问题,不同于亚里士多德局限于城邦视野,而是具有世界主义眼光。伽达默尔也注重从节日庆典、仪式、游戏等人类学现象中发掘人类深层次的团结精神。他相信我们不需要发明什么团结,它就存在于我们的生活中,我们所需要的只是唤醒团结意识,

① H.G.Gadamer,*Praise of Theory*,p.111.

② H.G.Gadamer,*Praise of Theory*,p.113.

③ H.G.Gadamer,Reason in the Age of Science,p.87.

"人们应该意识到真正的团结,然后团结才有可能"。①

团结意味着自明的共同性,这种共同性使得建立共同的决定成为可能。同样只有在友爱的前提下人们共同生活的规范和秩序才有有效性。伽达默尔所讲的友爱和团结实际上表达了人的共同性、公共的精神,这既来自古代的伦理学,也受到黑格尔的客观精神学说的影响。客观精神学说表明我们在共同体中生存的基础不是个人意识,而是超越个人意识的共同的规范和秩序。黑格尔展现了自我所经历的成长过程,它超越了纯粹自我的特征而进入到精神的客观性中。在伽达默尔看来,这可以帮助我们纠正现代主观主义的倾向。不过伽达默尔不同于亚里士多德,他是在现代的自由平等的价值观下来思考友爱和团结的。他认为团结和友爱要建立在个人的自由、平等和相互尊重的基础上,否则就不是真正的团结和友爱。真正的共同体是具有团结和友爱精神的共同体,在这个共同体中人们能够平等地参与政治,通过协商对话达成共识,共同决定与自身前途相关的问题。这样的社会才是一个具有合理性的社会。

从伽达默尔对于实践合理性的论述中我们可以看到这种合理性不是个人独白的、思辩的理性,而是一种以对话协商为中介的交往合理性。显然实践合理性与语言有着密切的关联。亚里士多德也曾说过,事物有利还是有害、是否合乎正义都只有凭借语言来表达。动物有声音,但没有语言。声音可以表达哀乐,利害善恶的观念只能通过语言表达。正是基于这些利害善恶的观念,家庭和城邦才能得以结合,由此人才超越群居动物而达到更高的政治组织。(1253a9-20)在伽达默尔看来这表达了对于解释学和实践哲学都至关重要的思想。人拥有语言使得人的生活形式区别于其他群居动物。语言的交流不是像动物的声音那样指示直接环境中可欲求的或要避开的东西,而是表达出哪些东西有益或有害,什么是正确或错误的。这里有益或有害的东西可能本身并没有追求的价值,而是为了别的还根本未存在的东西,它们只是服务于获得这些东西。因此人的显著特征就在于超越了现存当下

---

① 伽达默尔:《友谊与团结》,林维杰译,载成中英编:《本体与诠释:中西比较》(第三辑),上海社会科学院出版社 2003 年版,第 285 页。

的东西,具有对未来的感觉,由此才会产生公正和不公正、正确和不正确的意义。"人是有逻各斯的动物:他有语言,他与直接加之于他的东西保持距离,他能自由选择善的东西并且认识真的东西。"①人们一般把逻各斯翻译成"理性",把"人是有逻各斯的动物"翻译成"人是有理性的动物"。伽达默尔受海德格尔的影响追溯逻各斯的原初意义"语言"。他表明逻各斯所具有的"语言"和"理性"的意义其实是相通的。语言使我们对当前的东西有了距离,并对将来的事物作出展望,这样人就不像动物一样受当下的事物所支配,而是能对事物形成好坏、利弊的观念并作出选择,这就意味着人有了理性。而且,由于人有语言,人能够通过他的话语表达出当下并未出现的东西,使其他人能够预先了解。通过向他人传达自己意指的东西以及相互传递信息,人才有了共同的意见,这使得共同生活成为可能。所以"正是逻各斯及其与对象的距离首先使得习俗成为可能,而且包含了有用性、合目的性以及正当性的含义"。② 在伽达默尔看来,距离属于语言的本质,通过距离我们能够表达任何和我们遭遇的事物,使其可以被听见并传达给他人。德文中的传达(Mitteilung)具有分享的意思,它包含着这样的思想,即我们彼此分享某物,这不会使东西减少,甚至会增加更多。文化就是所有人能够共同分享而变得更多的东西。可见语言导致了共同性,"我们称之为人的共性是以对我们生活世界的语言把握为基础的"。③ 解释学的普遍性表现为:人的理解过程是以语言为中介的,而理解和相互理解构成了人类社会生活的进行形式。"人类社会生活的最后形态就是交谈共同体。没有任何东西,包括一般世界经验能同这种交谈共同体相脱离。"④可以说人类生活的共同体是一种语言的共同体,这个语言共同体是实践理性的普遍媒介。

---

① H.G.Gadamer, *Praise of Theory*, p.20.
② 《伽达默尔全集》(第10卷),第263页。
③ 《伽达默尔全集》(第2卷),第498页。
④ 《伽达默尔全集》(第2卷),第255页。

第 六 章

实践智慧对哲学理论的意义

第一节　实践智慧与实践哲学的理论特征

我们在前面已经展示了,伽达默尔的实践哲学继承了亚里士多德的实践哲学传统,同时也吸收了康德实践哲学的合理方面,实现了某种综合。当然在阐发这种实践哲学的时候,伽达默尔引入了现象学、生存论和解释学的维度,他的实践哲学不是狭义的伦理学或政治学,而是一种揭示人的存在、反思现代性命运的实践哲学,同时还涉及历史性、理性、精神科学认识论、语言等一系列相关的哲学问题。这显然与康德局限于道德问题的实践哲学有很大不同。

1. 实践和实践智慧

既然实践哲学是研究实践的,他们实践哲学的不同风格显然与他们对实践的看法有关。康德认为,实践的东西是通过意志而可能的东西,意志作为欲求能力是按照概念起作用的原因,它不同于自然界中通过机械作用(如无机物)或本能(如动物)而起作用的原因。按照规定意志的概念的不同,实践又可分为技术的实践和道德上的实践,"如果规定者原因性的概念是一个自然概念,那么这些原则就是技术上实践的;但如果它是一个自由概念,那么这些原则就是道德上实践的"。① 在康德看来技术上实践的原则属于理论哲学,因为它们只涉及自然的可能性。意志就其按照这种原则被自

---

① 康德:《判断力批判》,邓晓芒译,杨祖陶校,人民出版社2002年版,第6页。

然冲动规定而言属于自然概念。但意志不仅从属于自然概念,也从属于自由概念,当它的原则与自由概念相关时这些原则就是法则。只有实践法则及其推论才构成实践哲学。如果说理论哲学是作为自然学说,那么实践哲学则是作为道德学说。

可见康德对理论哲学和实践哲学的划分是基于自然原则和自由原则的划分。他批评人们往往把按照自然概念的实践和按照自由概念的实践混淆起来,这样一来理论哲学和实践哲学就没划分出来,因为按照自然概念的实践和理论哲学一样拥有相同的原则。比如经济、社交艺术、饮食规范、幸福学说等,它们所包含的都是熟巧规则,即技术上的实践规则,为的是产生按照自然因果概念的可能结果,这些东西只能作为理论哲学的补充,而不能在实践哲学中占有任何位置。只有排除了自然的规定根据而完全建立在自由概念之上的道德实践规范才属于实践哲学的范围,这种规范不是基于感性条件,而是基于超感性原则。所以实践规范有一部分是属于理论哲学,一部分属于实践哲学。属于理论哲学的部分是基于以感性为条件的自然概念,而属于实践哲学的部分是基于超感性的自由概念。前者是技术上的实践规则,后者是道德上的实践法则。① 在《道德形而上学》中康德说道:"一切根据自然法则而可能的实践的东西(真正的技艺活动),按其规范完全依赖于自然理论;只有根据自由法则的实践的东西才可能具有不依赖任何理论的原则,因为超出自然规定以外就不存在任何理论。所以哲学不能把实践的部分(与理论的部分相邻)理解为技术实践的学说,而只能理解为道德实践的学说。"②

康德一方面区分了技术的实践和道德的实践,另一方面又认为实践哲学仅仅讨论道德的实践,这样几乎把人类生活的大部分内容排除在实践哲学之外了。这就造成了实践哲学的狭隘性。由于他对理论哲学和实践哲学划分是建立在自然和自由的划分之上,那么对于实践哲学的狭隘化实际上也意味着对于自由看法的狭隘化。康德远不是像黑格尔那样,用辩证的态

① 参见康德:《判断力批判》,邓晓芒译,杨祖陶校,人民出版社 2002 年版,第 5—7 页。
② 《康德著作全集》(第 6 卷),第 217—218 页。

度来看待自由和自然(必然)的关系问题,而是把两者绝对对立起来。自由意志是独立于一切自然和社会的限制之外的,仅仅依靠最高的立法原理而行动。由于他把自由仅仅局限在道德领域,那么"一个道德上无所谓善恶的行为[adiaphoron morale(道德上的中间物)]将是一个纯然产生自然法则的行为,它与作为自由法则的道德法则毫无关系"①。按照这种说法,不仅我们最直接感受到的心理自由被否认,而且生活中广泛存在随意的动作、活动、游戏等等由于不具备或不完全具备道德的性质而将被划入自然的范畴。同样从实践智慧演变而来的明智的命令是基于自然因果性的技术规则,在严格意义上并不属于实践哲学。

当然康德区分了意志(Wille)和任意(Willkür)。相应地,实践的自由可分为两个不同的层面:意志的自由和任意的自由。在《道德形而上学》中他说:"法则来自意志,准则来自任意。任意在人里面是一种自由的任意;仅仅与法则相关的意志,既不能被称为自由的也不能被称为不自由的,因为它与行动无关,而是直接与行动准则立法(因而是实践理性本身)有关,因此也是绝对必然的,甚至是不能够被强制的。所以,只有任意才能被称做自由的。"②意志属于立法层面,它的自由实际上就是自律意义上的必然。任意直接与行为相联系,它的自由指不受感性冲动规定的独立性,但并不排除它可能服从于感性冲动,当然它也可能服从于意志的法则。在康德看来,任意的自由不能通过遵循或违背法则的选择能力来界定,虽然经验现象提供了这方面的例子,因为"显象不能使任何超感性的客体(毕竟自由的任意就是这类东西)得以理解。而且自由永远不能被设定在这一点上,即有理性的主体也能够作出一种与他的(立法的)理性相冲突的选择;尽管经验足够经常地证实这种事曾经发生"③。康德一方面承认在经验中表现出任意的自由,这种自由既可能遵守也可能违反道德律,但他却反对因此把任意的自由规定为"无区别的自由"(libertas indifferentiae),他对任意的规定是:"任意的自由是不受感性冲动规定的独立性。这是它的自由的消极概念。积极的

---

① 《康德著作全集》(第6卷),第21页。
② 《康德著作全集》(第6卷),第226页。
③ 《康德著作全集》(第6卷),第226页。

概念是:纯粹理性有能力自身就是实践的。"①我们可以看到基于技术规则的明智命令也是出于"自由的任意",并非完全受自然因果性的规定。现实经验中的其他现象也与任意的自由相关,比如审美的自由,我们在前面所谈到的文化和文明化也属于这个意义上的自由。但这些自由由于和经验相关,因而是不纯粹的,它们只是人的自由本体的象征、类比和暗示,真正的、纯粹的自由还是道德自由。② 康德的矛盾在于一方面承认现实经验中有违背道德或与道德无关的自由现象;但另一方面又仅仅从先天的道德立场来定义实践自由概念。那么在康德看来趋向于道德自由的广泛的实践领域,即自然王国向自由王国的过渡阶段——文化和文明化——到底是属于自由还是属于自然呢? 这在康德那里是模糊不清的。"归根到底,道德教育和道德转变问题是康德所面临的一切困难的核心,因为这个问题涉及两个领域即道德领域和自然决定论领域的相互影响和交流,而康德又极力保持这两个领域彼此之间的根本分离。"③

如果说康德的实践哲学根本上还是局限于道德实践,那么伽达默尔的实践哲学则不局限于道德实践,而是包含了整个实践领域。伽达默尔有时在宽泛意义上使用实践概念,把实践扩展到一切生命体。比如在《作为实践哲学的解释学》一文中他援引 Joachim Ritter 的观点说,实践表达了最广泛意义上活着的东西的行为模式,它处于活动性(activity)和情境性(situatedness)之间。对应于某种实践的是某种生活方式。不仅是人,动物也有实践和生活方式。当然伽达默尔更强调动物的实践和人的实践的区别,及其对应的生活方式的不同。人的生活方式不像其他动物那样被自然所固定,而是具有自由选择的特征。自由选择意味着挑选或优先选择,这里面包含了理智的要素。亚里士多德就曾说过:"选择这个名词就包含了逻各斯和思想,它的意思就是先于别的而选取某一事物。"(1112a16)人类实践不同

① 《康德著作全集》(第 6 卷),第 220 页。
② 参见邓晓芒:《康德哲学诸问题》一书中的相关文章"康德历史哲学:'第四批判'和自由感"、"康德自由概念的三个层次"等。
③ 列奥·斯特劳斯、约瑟夫·克罗波西主编:《政治哲学史》(下),李天然等译,河北人民出版社 1993 年版,第 711 页。

于动物实践,就在于它建立在自由选择之上,这种选择是包含理性的,而动物的行为是建立在固有的生存本能之上,受自然法则支配。"理智地要求一物而不是另一物,有意识地在可能的选项中进行抉择,这是人类独具和特有的特征。"①伽达默尔还通过对很多人类文化现象的分析来说明人的实践是一种超越了自然秩序的生命活动,比如在《何谓实践——社会理性的条件》一文中,伽达默尔结合着历史考察了死者崇拜、葬礼、劳动、语言甚至战争,这些都属于人类的基本实践领域。他认为"实践意味着所有实际事物之整体,亦即一切人的行为以及人在此世界中的一切自我设置,这一切还包括政治及其中的立法"。② 这种实践概念涵盖了人的生活整体。对于实践活动,伽达默尔一方面强调实践的能动性的一面,即受实践理性指导的自由选择的特征;另一方面又强调它的客观制约性的一面,即处境性方面,这是我们实践的得以可能的条件。伽达默尔似乎更强调处境性,他认为一个行为要考虑主动和受动、行动和遭受的复杂整体,"只有这样才可避免现代主观主义的偏见"③。

伽达默尔的实践概念直接与现代德国哲学对"生活世界"的关注有关。生活世界不仅是胡塞尔晚期思想的主题,也是很多激发许多现象学家思考的动力。对生活世界的探讨在很大程度上伴随着对现代科学的质疑,特别是质疑科学的因果说明以及由此达到的对自然过程的控制。科学本身是源于生活世界的,但科学主义的态度倾向于将生活世界对象化,将其作为科学可以操作和控制的世界,这样"实践"就退化为科学技术的应用。解释学对实践的理解就是要返回生活世界,揭示科学只是我们通向世界和自身的有限的方式,而且是非本源的方式。伽达默尔正是从生活世界的探讨中,塑造了实践的存在论意义。我们的生活世界就是实践的世界,这个世界构成了我们实践活动的范围,它使我们的实践活动成为可能同时也形成了对它的制约。实践活动具有自由选择的特征,因而不能被科学理论预先规定,同时这种选择总是在一定处境下进行的,实践的处境性特点决定了我们对实践

---

① H.G.Gadamer,*Reason in the Age of Science*,p.92.

② 《伽达默尔全集》(第2卷),第324页。

③ D.Misgeld and G.Nicholson(ed.),*H-G.Gadamer on Education Poetry and History*,p.217.

并没有一种客观的距离。科学研究者总是力图达到对对象的距离,以使我们变得"客观",而作为实践的存在者,我们总是以多种方式牵涉到事情,也就是说我们整个地完全置身于实践中。实践的知识不是如科学那样的客观的知识,而是始终与处境不可分的"无距离"的知识。由此伽达默尔强调实践的经验是超科学的,不能将实践狭隘地理解为科学理论的技术应用。当然实践也包括了技术应用,但这类活动要服从于实践整体。"我们的任务是把人的理论知识和技术的可能性纳入和从属于他们的'实践'。这决不意味着把实际的生活世界——它正是实践的世界——转变为一种理论上证明的技术构造。"①

显然伽达默尔并不像康德那样认为实践哲学仅处理道德实践,而把道德实践之外的所有实践都归为技术性的实践,而是认为实践哲学涵盖了我们整个生活世界,其中包含了实践合理性的作用。我们知识和能力的正确运用都要求实践合理性。实践知识不仅在知识形式上不同于科学知识,而且从实践角度来看要高于科学知识,应该把科学知识以及建立在这上面的能力纳入到实践知识考虑之中,从而更好地为人服务,而不是成为异化的统治人的力量。"实践知识实际上就是从自身出发为一切建立在科学基础上的能力指示其位置的知识。这就是苏格拉底追问善的问题的含义,柏拉图和亚里士多德都坚持了这种做法。如果有谁相信,科学因其无可争辩的权能而可以代替实践理性和政治合理性,他就忽视了人类生活形式的引导力量,相反只有它能够有意义地并理智地利用科学和一切人类的能力,并能对这种利用负责。"②

在伽达默尔看来,虽然康德对于自由和实践理性的理解比较狭隘,但他毕竟通过理论理性的批判限制了科学知识的范围,同时证明了实践理性的自律,在道德领域中维护了人的自由,这和亚里士多德又有某种一致性。伽达默尔认为实践领域的特点就是"绝不能容忍距离而是要求义务"。这个

①　D.Misgeld and G.Nicholson(ed.),*H-G.Gadamer on Education Poetry and History*,p.216.
伽达默尔有时也把 praxis 与 practice 区分开来。理论的应用属于"practice"意义上的实践,但这不是"praxis"所指的意思。

②　《伽达默尔全集》(第 2 卷),第 23 页。

问题最初是由克尔凯郭尔的"生存激情"概念而引起了他的注意。生存是没有距离的,它不是有距离地应用理论,而是自己承担自己的生存。伽达默尔说:"在这个问题上我是以亚里士多德的实践哲学的典范为依据的。我力图避免那种关于理论及其应用的错误模式,这种模式从现代科学概念出发对实践概念做了片面规定。康德正是在这点上开始了对近代的自我批判。我一直都相信在康德的《道德形而上学奠基》中可以发现一种虽说是部分的亦即只是局限在绝对命令之中、但整个来说却是不可动摇的真理,如果启蒙运动的动机是想维护卢梭的批判(这种批判对康德说来按他自己的承认乃是确定的),它就不应该缠留在一种社会功利主义之中。"[1]社会功利主义受科学主义模式的影响,将公共利益作为道德的基础和尺度,把道德判断建立在功利计算之上,这不能正确地对待道德现象,对待人的本真的生存。康德受卢梭的影响维护普通人的良知的权利,反对功利主义的道德观。同样亚里士多德批判柏拉图善的理念,关注实践的具体的善,这也表现出在实践中反对"有距离的认知"。伽达默尔认同康德的形式主义道德学说,就在于绝对命令和实践智慧一样当下对于意志提出要求,要求人自己作出决定,自己承担责任,而不是进行技术的应用。所以他说:"康德在其道德哲学中坚持柏拉图—亚里士多德的基本原则,就在于他把实践的、道德的命令与聪明的技术命令相分离。"[2]

2. 实践哲学范式

实践哲学的对象是处于变动中的人类实践,但实践哲学在某种意义上仍是理论性的,它不是解释和决定具体实践的实际的"行动知识",而是关于人的行为以及人的政治存在形式的一般知识。在西方的科学史传统中,实践哲学作为独特的科学形式既不同于理论的科学,也不同于提供实践规则知识的实践"技艺学"。那么实践哲学本身作为一种理论或科学形式,它的合法性何在? 面对着现代科学的理论概念,实践哲学具有什么样的理论

---

[1] 《伽达默尔全集》(第 2 卷),第 22 页。

[2] H.G.Gadamer, *The Idea of the Good in Platonic-Aristotelian Philosophy*, p.171.

特点呢？在伽达默尔看来实践哲学的范式是由它与实践的关系决定的,实践哲学把理论和实践两个方面带入真正的联系中。实践的特点就在于包含着实践合理性,实践哲学通过对实践的理论反思把实践合理性转变为一种普遍的反思形式。当然实践哲学本身并不是实践的合理性或者实践智慧,但"实践哲学的可能性建立在实践中的合理性之上"①。这表明要从实践活动包含的理智成分,即实践智慧所展开的实践合理性出发去理解实践哲学的理论特点。

在亚里士多德那里真正与实践对立的不是科学而是制作。实践哲学是由具有自由选择的人的实践知识和专家的技艺之间的区分决定的。实践哲学并不像技术一样局限于特定的领域,而是处理涉及人类生活总体的"善"的问题。但善并不是通过哲学才获得,而是已经存在于人的生活中,人的实践就是以善为目的。可见,实践哲学具有内容前提,"我认为在人类生活实践这个领域,整个理论认知欲问题最具决定性的意义在于,在一切理论说明之前,我们已经预设了一切人先行献身于某种具有确定内容的合理性理想。"②亚里士多德也曾提到,为了学会实践哲学,学习者必须已经受过教育并具有理性能力,而哲学家本人也必须参与到伦理生活中。实践哲学就是要对实践的合理性和责任性要求作出解释,即通过概念的努力理解为什么在理论的理性之外还存在实践的理性运用。不过实践哲学的分析不是要取代在具体处境中所要求的实际的合理决定,不是去规定我们应当如何去实践。实践合理性和实践知识已经展现在人类的行为和决定中,实践哲学只是去澄清它们而已,也即是"把模糊的直觉提高到更大的清晰性"③或者说"将人特有自由选择的特征提高到反思意识的层次"④。

另外,实践哲学不单纯是一种知识,而是内在地具有实践要求,要在实践中发挥自己的作用。正如亚里士多德所指出的,实践哲学不仅要知道什么是善,也要有助于善。亚里士多德曾把政治学在实际生活中所起的作用

① 《伽达默尔全集》(第10卷),第264页。
② 《伽达默尔全集》(第2卷),第328页。
③ H.G.Gadamer, *Hermeneutics religion and ethics*, p.151.
④ H.G.Gadamer, *Reason in the Age of Science*, p.92.

比作弓箭手在瞄准猎物时注视的准线。虽然射箭不仅仅在于瞄准准线,而是要掌握射箭的技术,但准线可以帮助人们更好和更精确地掌握发射的方向,从而有助于射中目标。这表明,实践哲学对实践的作用不同于技术规则的应用。实践哲学的作用如同射手瞄准的准线,能使他更好地击中目标。这并不意味着实践哲学能给出用以"击中"正确东西的规则,而只是说实践哲学在确定方向上有用,它让我们更清楚地知道我们必须往什么方向看,我们必须注意什么事物,从而帮助了我们判断具体事物的实践能力,所以我们不能像依赖规则一样依赖实践哲学的普遍原则。实践哲学本身并不能保证我们能够把握正确的东西,我们在实践中所依靠的是实践智慧,学习实践哲学并不就意味着获得了实践智慧。伽达默尔坦然承认,实践哲学对正确生活形式的理论描述应用于人的生活经验时不能给予人多少帮助,具体的实践洞察始终是决定性的。实践哲学的作用只是范导性的,它不是那种掩盖具体处境要求的有距离的普遍知识,接受实践哲学的教导也并不是像接受技术性思想一样让人放弃自身的责任。他说:"按他的'习行'行事的人,在其具体的决定中受他的实践合理性的指导,而确实不依赖于某一个教师的指导,虽然这里也可能由于帮助理性思考保持其行动的最终目标,从而为有意识地避免在道德事务中可能出现的偏差而提供帮助。"①总而言之,实践哲学对实践的作用不同于技艺的具体指导,而是一种更高层次的范导,即通过理性的反思,澄清人生的根本的问题和德性的一般原则,使人不偏离善的目标,虽然这并不能保证人们就一定能达到这种目标。

可以说,实践哲学作为理论既来源于实践,又反作用于实践,理论和实践是不可分的。伽达默尔说道:"实践哲学作为理论和实践行为是相互蕴涵、相互作用的。一方面理论概念拒斥纯粹有效性的兴趣,另一方面实践的首要性也不容否认。这类似于解释学和解释实践的关系。"②正如解释学是解释实践的理论总结,具有超越单纯技艺指导的反思性,但它最终要服务于实践,这就需要适应具体的解释条件。实践哲学也是如此,它作为理论超出

---

① 《伽达默尔全集》(第2卷),第316页。
② H.G.Gadamer, *Reason in the Age of Science*, pp.111-112.

了具体的技艺之学,是一种可以传授的普遍知识,但另一方面它需要应用于实践,因而是一种需要特定条件去完成的知识。实践哲学要求学习者和教授者都保持与实践经验的关系,因而它是开放的。实践哲学的反思也不是无限的反思,它在实践中感受到自己的根据和界限。

正是实践哲学和实践的这种密切关系使得实践哲学的理论特征有别于理论哲学,也与现代科学方法论概念不大吻合。实践哲学是一种带有内容前提的科学,因为我们总是已经在社会中受到教化并被作为社会生活秩序之基础的规范观念所决定,这些规范会随着历史的发展受到批判并发生改变,所以"要想抽象地推导出规范观念并且企图以科学的正确性来建立其有效性,这乃是一种幻想"。① 而且实践哲学本身有促进人类的善的要求,"伦理学并非只描述有效的规范,而且也证明这些规范的效用,甚或制定更为正确的规范"。② 所以实践哲学要求的是这样一种科学概念,这种概念不承认理论科学所推崇的不相干(不参与)的旁观者的理想,而是力图达到联系一切人的共同性的意识,也就是说要用"参与"理想代替科学的客观性理想。因此实践哲学不能满足自然科学所要求的确定性,也不能获得科学的奠基或证明。不过这并非实践哲学的缺点,而恰恰是合乎它的本性的,因为实践哲学是以实践为对象,实践是变化的并且离不开人的参与。实践哲学的研究者不能像自然科学家保持一样客观中立地对待自己的研究对象,而是能够参与到实践中,具有自己的体验和理解,这样才可能通过反思提出切合实践的一般性理论。

在伽达默尔看来,实践哲学中所表达的普遍的东西与引导我们日常生活的、非理论的规范意识没有什么本质不同。实践哲学的理论思考与实践生活中的非理论的考虑也没有什么本质不同。指导具体实践的实践知识与伦理存在密不可分,同样实践哲学也是脱离生活的学院学说,而是与伦理生活息息相关。可见实践哲学的理论知识和生活中的实践知识具有密切的关系,前者不如说就是对后者的描述或澄清。由于实践知识不同于理论或技

---

① 《伽达默尔全集》(第2卷),第317页。
② 《伽达默尔全集》(第2卷),第304页。

术,那么指向这种实践知识的实践哲学既不是数学形式的理论知识,也不是专家的技能,而是某种特殊类型的科学。在这个意义上"实践哲学的方法论特征只是亚里士多德在其概念特性中所发现的'实践合理性'的结果。单从现代的科学概念出发是根本无法把握它的结构的"。① 可见作为实践哲学核心的实践智慧概念对于实践哲学的理论类型具有决定性意义,实践智慧的特点也反映在实践哲学的理论中。

在伽达默尔看来,康德对于实践哲学理论表达了和亚里士多德相似的观点,即"人类道德的自我证明并不是哲学的任务,而是道德自身的任务"。② 在康德那里正如在亚里士多德那里一样,道德责任并非通过理论反思来被概念性地奠定。我们并不是通过哲学思考去建立道德责任,而是道德责任本身就存在着,它是自明的,道德哲学只不过通过哲学反思把它表达出来而已。所以道德哲学并不超越朴素的责任意识,而这种责任意识并不要求特别高的理智能力。伽达默尔很重视康德的《道德形而上学奠基》一书,称之为"他的最深刻的道德哲学作品",这本书"明确地提出了这样的问题:哲学反思一般能寻求什么,如果人心和良知的敏锐获得了不可超越的自我验证和考虑的准确性"。③ 这本书是从普通的道德知识出发经过通俗的道德哲学而过渡到道德形而上学,它表明道德原则就是从人的一般的义务观念中提炼出来的,普通的道德知识中就隐含着道德原则,即使是最普通的人都有实践评判能力。康德说:"人们即使不教给理性任何新东西,只要像苏格拉底所做的那样,使理性注意自己固有的原则,因而也不需要科学和哲学,人们就知道该如何做才是诚实的和善良的,甚至才是智慧的和有德的。"④在《道德形而上学》一书中康德也认为,就道德形而上学而言"每个人心中也都拥有这种形而上学,虽然通常只是以模糊的方式拥有:因为他怎么可能没有先天原则就相信自己心中有一种普遍的立法呢?"⑤道德原则是

---

① 《伽达默尔全集》(第2卷),第500页。
② 《伽达默尔全集》(第2卷),第327页。
③ 《伽达默尔全集》(第7卷),第387页。
④ 《康德著作全集》(第4卷),第404页。
⑤ 《康德著作全集》(第6卷),第216页。

先天原则,以潜在的、模糊的形式存在于人们心中,与经验规则和感性的动机混杂在一起。道德哲学只是将其以纯粹概念的形式表达出来。道德哲学之所以必要,是因为普通的人类理性很容易被诱惑,从而产生自然的辩证法,即怀疑义务法则的纯洁性和严格性,并使义务尽可能投合我们的愿望和偏好。这就需要道德形而上学将真正的道德原则和建立在需要和爱好之上的准则对立起来,这是"为了使自己的规范为人接受和保持长久",而且"对其原则的来源及其正确的规定获得了解和清楚的指示,理性由此将走出由双方的要求而来的困窘,不致面临由于它容易陷入的模棱两可而丧失一切真正道德原理的危险"。①

可见伽达默尔和康德都承认实践哲学来源于实践经验,它是对我们实践生活中具有的比较模糊的善观念、规范或合理性进行澄清,从而对实践又能起到一定的指导作用。这种作用不同于技术的应用,并非在我们实际的生活之外提出一些规则来让人遵守。"因为道德现象的本质标志之一显然就是,行动者必须认识自身和决定自身,并且不能够让任何东西从他那里夺走这种职责。所以,对于正确地接触某种哲学伦理学来说具有决定性的东西乃是,这种伦理学绝不侵占道德意识的位置,然而它并不追求一种纯粹理论的、'历史的'知识,而是通过对现象的概略性解释帮助道德意识达到对于自身的清晰性。"②不过我们应该看到康德认为实践经验来自纯粹实践理性所颁布的绝对命令的强制性,而伽达默尔—亚里士多德则认为实践经验来自于伦理生活。显然他们对于"实践经验"的理解是不同的。伽达默尔

---

① 《康德著作全集》(第 4 卷),第 405 页。

② 《伽达默尔全集》(第 1 卷),第 318 页。伽达默尔对于康德的解读在很大程度上与他的现象学视角有关,这也是他如此重视《道德形而上学奠基》一书的原因。Findler 在"康德的现象学伦理学"一文中指出,《实践理性批判》是先确立道德原则再推导其他的东西,这是从道德原则到道德经验的综合的方式。《道德形而上学奠基》则是从道德经验出发来分析地得出道德原则。综合的方式和分析的方式类似于先验主义的方式和现象学的方式。现象学的伦理学就是要"从道德现象中看出道德性的本质",也就是从人的实际责任和道德意识中寻找责任的基础。《道德形而上学奠基》正是从我们普通的、一般的道德认识过渡到道德性的先验描述(定言命令)。(Richard S. Findler, Kant's Phenomenological Ethics, in *Reaserch in phenomenology*; 1997; 27, Academic Research Library, pp.167—187)

的实践哲学是建立在伦理之上的,而伦理是地方性的并具有历史性,这意味着实践哲学不仅承认所有人的存在的条件性,而且承认这种学说本身的条件性。"实践哲学的范式必须取代理论(Theoria)的地位,这种'理论'的本体论证明唯有在'无限理智'(intellectus infinitus)中才能找到,而我们的与启示无关的此在经验则对此一无所知。这种范式也必然会同所有把人的合理性置于'匿名'科学的方法论思想之下的观点相对立。我认为相对于科学的逻辑自我理解的完善化,这种范式乃是真正的哲学的任务,它同样并且正是面对科学对于我们的生活和继续生存所具有的实践意义而成为真正的哲学任务。"①在亚里士多德那里理论沉思要求无限的理智——智慧,它认识的是永恒不变的事物。实践智慧则植根于此在的有限经验,关注的是变化的实践事务。以实践和实践智慧为基础的实践哲学并不要求无限的理智,因而也反对现代的科学提出普遍性的要求。康德的纯粹理性立场似乎还要求着实践方面的无限理智。

第二节　实践智慧对解释学范式的影响

实践智慧不仅影响了实践哲学的范式,它对于哲学解释学的理论建构也产生了深远的影响,当然这得益于海德格尔的阐释。正如伽达默尔所说,"我从海德格尔处得到的早期激励对我很有帮助,因为亚里士多德的伦理学出乎所料地减轻了深入理解解释学问题的难度。"②我们在前面已经讲到了实践智慧概念启发了伽达默尔对于解释学的基本问题即应用问题的阐明。在他看来,实践智慧所体现的对于抽象一般的批判随着历史意识的产生对于解释学成为决定性的。当然伽达默尔的出发点是与历史学派的浪漫主义遗产相联系的精神科学,他是通过探讨精神科学的理解问题来澄清一般的理解结构的。解释学长期以来致力于阐明精神科学的方法论和认识论基础,伽达默尔的哲学解释学实际上继承并发展了传统解释学的遗产。

---

① 《伽达默尔全集》(第2卷),第500页。
② 《伽达默尔全集》(第2卷),第422页。

1. 精神科学范式

自 19 世纪后半叶以来,面对着自然科学的巨大成就以及自然科学方法的普遍化趋势,精神科学的合法性问题成为了哲学的一个重大课题。特别是在德国,以兰克、德罗伊森为代表的历史学派,以文德尔班、李凯尔特为代表的新康德主义,以狄尔泰为代表的生命哲学都对精神科学的地位、方法,及其与自然科学的联系和区别等问题进行了有益的探讨。不过人们仍然强调精神科学的科学性,把精神科学作为科学实际上已经用科学主义的尺度来衡量它。① 在伽达默尔看来,自然科学的进步在于其方法的应用,然而自然科学方法不能为科学提供统一的标准。精神科学并不排除方法的运用(比如材料的收集和检验、考证等),但方法在精神科学中处于次要的地位,它只是从事经验事实的准备工作,精神科学所要达到的是对人文—历史世界的理解以及由此获得的知识和真理,而这超出了科学方法论的控制范围。精神科学的实践表明存在着对科学方法的普遍性要求的抵抗。"精神科学的丰硕成果似乎更接近艺术家的直觉本能而不是自然科学研究的方法精神。"②赫尔姆霍兹就注意到精神科学的活动方式类似于艺术家的感受和机敏,还需要记忆和对权威的承认。

伽达默尔认为只有从人文主义传统中精神科学才能找到自己赖以生存的土壤。虽然 19 世纪精神科学的自我反思没有意识到这一点,但精神科学的实践已经证明了这一点。他说:"精神科学之所以成为科学,与其说从现代科学的方法论概念中,不如说从教化概念的传统中更容易得到理解。这个传统就是我们所要回顾的人文主义传统。这个传统在与现代科学要求的对抗中赢得了某种新的意义。"③我们前面谈到过,教化是精神以异化为前提的返回自身的运动。这种在他物中认识自身正体现了精神科学的根本特

---

① 德文中精神科学涵盖的范围比较广,除自然科学外涉及人类精神现象的学科都可纳入其中,实际上囊括了通常所说的人文科学和社会科学。现在也有人把人文科学称为"人文学"正是力图摆脱科学主义模式的影响。

② 《伽达默尔全集》(第 2 卷),第 38 页。

③ 《伽达默尔全集》(第 1 卷),第 23 页。

征。我们对古代艺术、文学、哲学或历史的研究就是促使我们离开我们熟悉的日常生活而进入到陌生的东西中去，并在这种异化过程中重新认识我们自己，寻找我们的精神家园。精神科学活动需要艺术家那样的机敏。机敏使我们能够对美的东西和历史的东西有感觉，知道进行区分和评价，而不需说明理由。比如通过审美感觉区分美和丑，通过历史感觉明白过去和现代的差异，知道对一个时代什么是可能的，什么是不可能的。可以说机敏不仅仅是一种感觉，更是一种认识方式，它提供了一种直接的知识，而不是在一般原则的基础上作出判断。机敏不是一种自然的感觉能力，而是必须在教化中被获得。教化意味着向他者、向其他更普遍的观点敞开自身，正是教化使人具有对他者的敏感性和开放性。精神科学的研究者必须具有受过教化的意识，并因此具备机敏。受到教化的意识具有一种普遍的感觉，即共通感，机敏感就是共通感的表现。共通感不仅是人存在的基本规定，而且也是精神科学的基础，"显然就有某种理由要把语文学—历史学的研究和精神科学的研究方式建立在这个共通感概念上。因为精神科学的对象、人的道德的和历史的存在，正如它们在人的行为和活动中所表现的，本身就是被共通感所根本规定的。所以基于共相东西的推理和证明是不充分的，凡是要依赖于具体情况。"①正因为精神科学所研究的对象——人的存在——由共通感所规定的，精神科学研究者在认识对象时必须依赖共通感，与对象进行交流沟通，获得真切的体会。正如在实践中具有共通感的人具有不同于抽象概念知识的实践知识，知道在特殊环境中去做什么，同样，精神科学研究者在认识人类的历史和生活时，不能依靠形而上学的抽象原则，而是要深入到对象的具体性中，从而获得具体的知识。人文主义的判断力概念与共通感相关，它不是把特殊归于一般的逻辑活动，而是根据共同感觉对个别事物进行内在地判断。精神科学就需要这样的判断力。精神科学中的判断不是根据抽象原则的推论，而是基于共同感觉之上并依赖于具体情况的理解，这类似于艺术家的直觉，体现了精神科学研究所必需的洞察和机敏。趣味作为一种精神的分辨力，能根据理想的整体的标准对个别事物进行评判，而这

---

① 《伽达默尔全集》(第1卷)，第28页。

个整体又不是作为抽象原则事先给定的,这类似于直觉而非推理。这种趣味经验是精神科学研究借以生存的东西,它保证了其特有的真理要求。

我们可以从人文主义传统中找到精神科学不同于理论科学的认识方式,这就是由教化、共通感、判断力和趣味等概念所揭示的具体的普遍性的认识方式。正如在前面已经谈到的,共通感、判断力和趣味实际上体现了实践智慧的作用,可见精神科学的活动与实践智慧密切相关。这是由精神科学的对象以及认识目标决定的。精神科学本来就是关于人的科学,而人是历史的、实践的存在者,因此精神科学本身就关系到人的实践问题。我们的精神科学研究不只是要科学地确定人类历史实践的事实,更重要的是从中获得对人的真理性的认识或启发,从而有助于我们自己的生存和发展,这就超出了科学方法论的范围。比如在历史学中虽然我们只能通过证据来确定历史事实的知识,但同时我们能够对历史产生某种更深刻的认识,如对历史发展的趋势、历史事件的意义以及人性的认识,这些知识是不能完全证明的,但仍然具有真理价值。伽达默尔强调"历史是与理论理性完全不同的真理源泉"。① 历史的实践领域不是受理性的一般规则支配的,而是或然性在其中起作用,对此我们需要不同于理论科学的认识方式。就此而言,亚里士多德的实践智慧对于精神科学的自我理解显得非常重要。在精神科学的研究中我们需要实践智慧,它能不应用方法就直接把握正确的东西。当然这并不否认在精神科学中方法论的必要性,不过它对于精神科学的真理要求是附属性的,而与实践智慧相关的东西才是决定性的。

我们可以发现,精神科学和实践哲学都有共同的基础,这就是包含着实践理性和实践知识的生活实践世界。正如实践哲学是相对于理论哲学,长期以来精神科学也相对于"理论科学"而被称为"道德科学"。可见实践哲学和精神科学关系密切。精神科学和实践哲学一样都面临着理论和实践的关系问题,这使得它们的理论特征都不同于自然科学。精神科学是要对人的历史及其流传物的意义进行理解。这种理解之所以可能就在于研究者参与到社会生活中,对人事具有一定的理解和体验,也就是说具有了由自身的

---

① 《伽达默尔全集》(第2卷),第28页。

历史性所规定的前见。精神科学不是为了获得客观性的认识,而是在于与历史流传物进行思维的沟通,这是一个视域融合的过程,在此过程中人们能够对社会人生获得某些真理性的认识,同时也传承了文化、延续了传统。总之精神科学是用来为人的自我理解服务的,它的研究对象"不是客观的世界,而是关于人自身及其创造的世界的知识,人在这个世界中积淀了这种知识。这类科学的目的不只是知识,而且是人的自我认识的能动的、不断的塑造"。① 可以说精神科学和实践哲学一样具有"参与"理想,他要求研究者与他的研究对象保持一种生动的联系,"'精神科学'中最关键的并不是客观性,而是与对象的先行关系。我想为该知识领域用'参与'理想…来补充由科学性道德设立的客观认识理想。在精神科学中参与正是其理论有无价值的根本标准。"②也正是在这个意义上,亚里士多德的实践哲学为精神科学提供了可据以参考的科学理论范式。

2. 哲学解释学范式

19 世纪的精神科学研究者虽然力图发展出一套不同于自然科学的方法论,但他们并没有摆脱科学主义精神的影响,自然科学的模式仍主宰了他们对精神科学的理解。然而精神科学的真理要求抵制科学方法的普遍化,这表明真正的精神科学超出了方法论范围。伽达默尔不大关注自然科学和精神科学的方法论对立。在他看来方法论争论掩盖了关键的东西,即人类的世界经验,它先于主体的认识行为和方法论规划,并使得现代科学成为可能。自然科学和精神科学的差异更重要的在于与人类的世界经验以及其中显现的真理相联系的方式。

19 世纪以来关于精神科学方法论的探讨逐渐归入"解释学"名下,而"说明"和"理解"分别代表了自然科学和精神科学的方法论。在伽达默尔看来,理解现象不只是精神科学方法论的问题,而是有关人类存在的问题。他的解释学虽然继承了狄尔泰等人对于精神科学的认识模式的研究,但又

---

① H.G.Gadamer, *Reason in the Age of Science*, p.146.
② 《伽达默尔全集》(第 2 卷),第 323 页。

不局限于科学认识方式,而是从存在论上扩展到人的世界经验和生活实践。他继承了海德格尔的观点,理解不只是主体的行为方式,从根本上说是此在的存在方式。从存在论意义上的理解概念出发,哲学解释学"标志着此在的根本运动性,这种运动性构成此在的有限性和历史性,因而也包括此在的全部世界经验"。① 理解运动是无所不包、无所不在的,遍及人类世界的一切方面,我们全部世界经验就是解释学经验。精神科学方法论所探讨理解问题从根本上属于人类的整个世界经验。可见理解和实践具有密切的关系,比如伽达默尔谈到"理解的实践处境"、"理解的实践经验"。在理解经验中起作用是人的历史性的实践活动,理解的历史性因而被伽达默尔提升为解释学的基本原则。另外实践所包含的实践知识就是实践的理解。如果说《真理与方法》是通过实践智慧所表达的实践知识来阐明理解的结构,那么同样伽达默尔所发展出的理解经验的理论也可用于实践知识。

由于理解和实践的密切关系,实践哲学的范式成为了哲学解释学所借鉴的理论范式。伽达默尔认为理解不是简单地记录有什么和说了什么,而是受我们的兴趣和问题的指导。理解如同行动一样是要冒风险的,而从来不是规则的应用。成功的理解意味着内在认知的增长,这种内在认知作为新的经验加入到我们经验结构中,因此它的确定性程度不像自然科学方法所达到的那么高,但这也意味着它以特殊的方式拓展人类的视野、经验和自我认识。理解的本质是一种交往过程,理解实际上是相互理解,这是通过人们参与到对话中实现的。由于人的历史性,理解始终是有限的,同时也是开放的,解释学经验呈现出一个效果历史过程。这种解释学经验也包含了人的实践智慧的作用。亚里士多德在论及实践智慧时就涉及理解概念,它和实践智慧一样都是与引起考虑的具体事物相关,不过理解只做判断,而实践智慧还发出命令。可见理解是实践智慧的一个方面或要素。在伽达默尔看来,"phronesis(实践智慧)及其相关的 synesis(理解)就是解释学的德性。"②哲学解释学植根于我们的解释学经验中。正如实践哲学不是告诉人们怎样

---

① 《伽达默尔全集》(第 2 卷),第 440 页。

② H.G.Gadamer, *Heidegger's Ways*,(trans.by John.W.Stanley),State University of New York Press,1994,p.141.

去实践,不是设计实践的方法和规则,而是对于实践生活的自我阐明,同样哲学解释学不是一种关于解释的程序和技术的学说,不是去规定人们应该怎样去进行理解,而是描述理解的过程,"从根本上讲,它只是描述当一种解释是令人信服的、成功的时候总是发生了什么。"①哲学解释学不追求确定性和体系性,它是开放的,同时也承认自己的条件性,当然它对理解的反思也在非技术的范导意义上有助于我们的理解。因此哲学解释学不赞同自然科学的客观性理想,而是赞同实践哲学的"参与"理想,这也是伽达默尔反对浪漫主义解释学的"重构说"而赞同黑格尔的"综合说"的原因。② 对于实践哲学和解释学理论特征的相似性,伽达默尔谈道:"实践哲学是哲学,这就是说,它是一种反思,并且是对人类生活形式所必须是什么的反思。在同样的意义上可以说哲学解释学也并非理解的艺术,而是理解艺术的理论。但这种种唤起意识的形式都来自实践,离开了实践就将是纯粹的虚无。"③实践哲学和哲学解释学都基于实践本身,它们不过是"唤起意识的形式"(Form von Bewusstmachung),也就是说它们的任务是描述或澄清我们实践的生活世界,使我们达到自觉,这个世界就是被我们理解和经验的世界。伽达默尔甚至认为:"'实践哲学'还不仅仅是'解释学'学科的纯粹方法论的范式。它还像它的实际根据。"④

基于实践哲学和解释学的密切关系,晚年的伽达默尔提出了"作为实践哲学的解释学"的观念。解释学是对于我们实践的生活世界的反思,通过这种自我理解可以唤醒人的实践智慧,以应对科学技术统治所造成的危机。在他看来这就是继承传统哲学的遗产。自古以来哲学一直追求对世界整体的认识,近代哲学面对着科学的挑战致力于调和形而上学传统和近代科学,直到黑格尔将哲学和科学综合为一个包罗万象的体系。随着这个体系的瓦解,科学时代的进程不可阻挡地开始了。科学时代不再把哲学传统的遗产包含在自己之内,哲学为了坚持其科学性越来越转向科学哲学即科

① H.G.Gadamer,*Reason in the Age of Science*,p.111.
② 参见何卫平:《通向解释学辩证法之途》,上海三联书店 2001 年版,第 10—37 页。
③ 《伽达默尔全集》(第 2 卷),第 23 页。
④ 《伽达默尔全集》(第 2 卷),第 500 页。

学的逻辑和认识论基础，人们甚至怀疑哲学已经死亡。不过人的理性仍然有一种自然倾向去追求超越科学视野的总体性的认识，这是哲学存在的内在动力。当然今天的哲学不可能再发挥它以往的全面综合的功能，用一种统一的世界图景把所有知识结合起来，而是需要把现代科学知识和历史传统遗留给我们的人的知识转入我们实践的意识中，通过这种综合以获得对人类的新的自我理解。哲学一直在服务于人的自我理解，哲学解释学也在从事这方面的工作，通过这种自我理解来唤醒我们的实践理性，捍卫人类的自由，这种自由在当前日益受到科学技术所导致的不断增长的自我异化的威胁。

当然，解释学的理解是在语言中进行的，语言和理解之间有着本质关联。语言是理解得以进行的普遍媒介，理解的范围等同于语言的范围，而这一范围实际上囊括了一切存在物，"语言是包容一切的。没有任何东西可以完全避开被言说，只要我们的意向活动指及某物，某物就无法避免被言说。正是由于理性的普遍性，我们的讲话能力才具有不倦的发展。"①伽达默尔把语言的普遍性上升到存在论的高度，认为世界就是在语言中展现的世界，我们是在语言中与世界照面。这一观点引起了不少人的批评，他们认为伽达默尔把世界的存在归结为语言，使语言成为决定一切因素，从而导致了语言唯心主义。比如哈贝马斯就认为权力和劳动体系就不属于语言范畴。伽达默尔认为以哈贝马斯为代表的观点实际上是对他的语言存在论思想的误解。他并不是说除语言外就没有其他的存在，他只是表明语言和现实并不能割裂开来，语言并不是附属于现实的意义世界，而是像镜子一样反映一切存在物，"没有一种社会现实，包括它所有的具体的力量，能够不使自己展示在一种用语言表达出来的意识内。……现实完全是在语言中发生的。"②我们知道20世纪语言问题成为哲学的中心问题，在伽达默尔看来这在很大程度上要归功于对生活世界的重新确认，语言始终属于人类生活领域。随着语言成为哲学的主题，古老的形而上学关于整体的问题似乎可以

---

① 《伽达默尔全集》(第2卷)，第152页。
② 伽达默尔：《哲学解释学》，夏镇平、宋健平译，上海译文出版社1984年版，第36页。

获得一个新的基础。语言不仅是一种工具或人的特殊能力,而且更是一种中介。我们作为社会存在者一开始就存在于这种中介中,而这种中介展示了我们生活于其中的整体性。指向整体的情况并不在科学符号系统的独白式谈话方式中发生,而是在围绕实事进行的对话交流中发生。在科学的方式中语言被既定的研究领域所决定,而在交谈的方式中语言不仅被使用也被塑造,在这里语言是灵活的。我们通过交谈的语言而生存于其中的世界架构,是由存在的事物构成的关联整体。科学所进行的对事物的分解和重建仅仅表现了一个说明和控制的特殊领域。这种说明和控制又在这种程度上被限制,因为存在的事物总是在抵制科学的客观化。哲学的探讨要超出科学的客观化领域,指向某种存在的基本秩序,这就需要通过日常的、对话的语言的引导。

通过语言的存在论转向,哲学解释学继承了传统哲学对于整体性的追求,不过这种追求不是通过体系的构造把相互矛盾的事物联结在一起,而是在多样的特殊性之间寻找平衡。这就涉及"对普遍的东西的具体化"的问题,而"对普遍的东西的具体化"属于解释学的基本经验,正如解释学的应用实践所表明的那样。伽达默尔赞同黑格尔的观点,即普遍和具体的辩证法是全部形而上学的总结。在他看来这一问题需要不断重新被思考,因为我们的世界经验呈现为一个永无止境的过程。哲学解释学基于人的历史性不承认无限的理智,也不追求最高的综合,而是承认黑格尔所批判的"恶的无限",处于不断探索的途中。它把普遍和具体或者一般和个别的辩证关系作为根本问题并且在此之上进行理论建构。亚里士多德的实践智慧概念对此也有所启发,正如伽达默尔所说:"我自己就曾试图超越近代科学理论和精神科学哲学的视域,把解释学问题扩展到人的基本语言性。最后,亚里士多德的合理性的德性,Phronesis(实践智慧),成为了解释学的基本德性。它对我来说成为了思想建构的模式。于是,在我看来,解释学这种应用理论,亦即一般和个别相联系的理论成为中心的哲学任务。"①

从逻辑上看,实践智慧所涉及的问题就是一般和个别的关系问题,这一

---

① 《伽达默尔全集》(第 2 卷),第 328 页。

问题确实是贯穿整个西方哲学史的中心问题。我们常说哲学是要透过现象看本质。现象是个别的、特殊的东西，而本质是一般的、普遍的东西。一般的、普遍的东西是需要通过抽象思维来认识的，那么它是独立实在的东西，还是只是抽象思维的产物？是否只有个别的、特殊的东西才是实在的？个别的、特殊的东西与普遍的、一般的东西之间的关系是什么？两者是否能沟通，如果能，如何沟通？由于普遍的东西是由思维来认识的，这一问题又涉及主客关系问题。对一般和个别的关系问题的不同解答产生了不同的哲学派别。古代柏拉图的理念论及亚里士多德对它的批判，就是围绕着这一问题进行的。中世纪因这一问题而有唯名论和唯实论之争。在近代哲学中唯理论突出了普遍、一般的一面，力图用普遍统摄个别，而经验论则突出了个别，力图从个别中发现普遍。经验论发展到怀疑论就否认两者可以沟通。20世纪的现象学力图以比传统更根本的方式打通个别和普遍，为此突出了"理智直观"的作用。现象学的本质不是抽象的、独立于现象的本质，而是与现象沟通起来、在现象中显现的本质。我们只能通过理智直观的方式从现象中直接捕捉到本质，从个别中直接看到普遍。这样在现象学就突破了二元对立（主客二元、现象本质二元），在直观中将个别和普遍沟通起来。①伽达默尔在阐发实践智慧时继承了现象学的这一基本倾向，不仅解答了实践哲学的基本问题即善的具体化问题，也解答了解释学的基本问题即应用问题，而且从一般的意义上解答了普遍东西的具体化这一基本哲学问题。古代柏拉图—亚里士多德的理念论及其批判，近代康德的判断力思想、黑格尔的辩证法思想，都对解决这一问题所有启发。正如伽达默尔所说："解释学的问题一般说来就是哲学的根本问题。和实践哲学一样，哲学解释学也超越了或是先验的反思或是经验—实用的知识这种二难选择。我最终懂得将其看做解释学之基本经验的东西，正是对普遍的东西的具体化这一伟大的主题。这样，我又一次与论述具体的普遍化的伟大的老师——黑格尔走到了一起。并非只有神学和法学才曾经并始终熟悉解释学的那种使出自远古时期的普遍东西具体化的任务。普遍法则是需要应用的，而法则的应用

---

① 参见张详龙：《现象学导论七讲》，中国人民大学出版社2011年版，第5—16页。

却又是没有法则的,如果一个人不能通过自己的洞察力而领域到这个道理的话,那么他也应能从康德的《判断力批判》及其继承者尤其是黑格尔那里学到。"①可见,虽然实践智慧最初是相对于理论智慧提出来的,但实践智慧的实行方式可以解答理论智慧提出的普遍东西的具体化这一问题。在这个意义上实践智慧为解释学成为一般的哲学奠定了基础。

第三节 实践智慧与修辞学的真理

对修辞学的思考是伽达默尔晚年发展哲学解释学的重要方向。在一些文章和谈话中,他多次谈到修辞学传统对于解释学的巨大影响。实际上,伽达默尔早年在弗莱堡研究古典语文学时,主要研究的就是修辞学家塞西罗和昆提利安的作品,这引起了他对于修辞学的兴趣。与此同时,他深入研究的古希腊哲学家,特别是柏拉图和亚里士多德,这两位修辞学理论的奠基者深深地影响了他的修辞学观。修辞学在西方具有悠久的历史,并且在传统的人文主义教育中占有重要地位。然而在现代文化中,修辞学未受到应有的重视。现代人一般认为,修辞学研究的是语言的审美的使用方式,关注于如何遣词造句、打动人心,与追求真理无关,甚至把修辞仅仅作为一种说服人的技术,乃至等同于诡辩技巧。通过对古代修辞学的研究,伽达默尔发现修辞学其实具有更深刻的哲学意义。修辞学是建立在人的说话能力上的,正如解释学是建立在人的理解能力之上的,因此修辞学从根本上来说是有关以语言交流为中介的人类生活的哲学。而且修辞学传统发展了对于实践事务的说服论证,而不只是诉诸人的非理性的情感,因此修辞学属于人类合理考虑的领域,与人类对于实践真理的追求密切相关。古代修辞学实际上突出了修辞学不同于科学的认识方式及真理性。伽达默尔发展哲学解释学的主要意图就是要维护超越现代科学方法论的真理,修辞学传统给予了他很大的启发。在现代社会,面对着科学技术理性对实践领域的入侵,修辞学对于维护实践合理性也发挥着积极作用。

---

① 伽达默尔:《科学时代的理性》,薛华等译,国际文化出版社 1988 年版,第 43 页。

1. 修辞学与解释学的关系

传统上修辞学被视为关于说话技巧的学问。在古希腊语中，表示修辞的是 rhētorikē，它由表示"说话"的 rhēo 和表示"……的艺术"的 ikē 构成。这个词首次出现在柏拉图的《高尔吉亚篇》中。不过希腊人的修辞实践早在城邦诞生之初就开始了。在公民大会和议事会议上，政治家们通过当众发表演说来影响政治决策，在法庭审判中当事人通过辩论争取有利于自己的判决。善于言辞在当时是一种令人羡慕的能力，甚至被视为神所赐予的礼物。修辞在公共事务中发挥着重大作用，这是修辞学在古希腊得到发展的现实基础。对于修辞技艺的思考和总结大约出现在公元前 5 世纪，据说西西里人科拉克斯最早写下了概括辩论规则的《修辞术》。稍后出现的智者如普罗泰戈拉、高尔吉亚等多以传授修辞技艺为业，他们对于修辞学的发展作出了重要贡献。不过在伽达默尔看来，直到柏拉图，修辞学才奠定了基础，因为柏拉图首次从哲学的高度揭示了修辞的本质，而亚里士多德建立的修辞学理论不过是对柏拉图提出的纲领的发展。

在柏拉图和亚里士多德那里，修辞学并非仅仅是关于言谈和说服的技巧的理论。他们都对人持有这样的定义：人是具有逻各斯的动物。受海德格尔的影响，伽达默尔把逻各斯解释为语言。这个定义表明，拥有语言是人的存在的基本特征，因为说话是人的一种天生的能力，对于这种能力的运用无须任何理论和方法的反思。解释学长期以来致力于总结理解的方法论规则，不过伽达默尔认为理解能力是人的基本素质，对它的运用并不依赖对于规则的明确意识，这和修辞学类似。"修辞学和解释学就在某一点上具有深刻的相似性：说话能力和理解能力一样，都是人的自然能力，它们都无须有意识地运用艺术规则就能完整地形成，只要把自然的天赋与正确的培养和联系结合起来。"①修辞学和解释学是建立在每个人在某种程度上都具有的自然能力——说话的能力和理解能力——之上的。理解的规则和说话的规则不过是人们从理解和说话的实践中总结出来的，是一种理论抽象。因

---

① 《伽达默尔全集》（第 2 卷），第 280 页。

此,方法论只是修辞学和解释学的一个方面,更深层次的、真正意义上的修辞学和解释学是定位于存在论的,尤其是关于人的存在的学说即生存论。伽达默尔的哲学解释学继承了海德格尔的观点,把理解作为人的生存论环节;同样对于柏拉图—亚里士多德的修辞学,他也从生存论角度来看待:"这种修辞学与其说是一种关于讲话艺术的技艺学,毋宁说是一种由讲话所规定的人类生活的哲学。"①根据这种生存论视角,说话活动和理解活动都不是偶然的行为,而是人之为人的活动,是人的存在方式。说话的艺术和理解的艺术基本上是人的自然能力,并不是只有专家才具备;即使需要运用特殊的技巧手段,这种有意识地应用规则始终只是从属性的。修辞学和解释学不是要制定规则以指导实践,而只是获得一种理论意识,即对人的这种自然能力的确认,或者说对于说话和理解的存在方式给出哲学的说明。

实际上,对于修辞学的存在论定向在伽达默尔的老师海德格尔那里就已经表现出来了。早期海德格尔对亚里士多德的阐释已经涉及修辞学的内容。在1924年的讲座《亚里士多德哲学的基本概念》中,海德格尔根据自己的存在论思想对亚里士多德的修辞学进行了解读,并且把修辞学和解释学联系起来。他说:"修辞学只不过是此在的自我阐明在其中得以清楚地实行的学科。修辞学只不过是具体此在的阐明,此在本身的解释学。这就是亚里士多德意义上的修辞学"②。我们可以发现20世纪修辞学的发展具有一种存在论倾向,即从人的存在方式来理解修辞的地位和作用。这样修辞学探讨的是以符号象征为中介的整个人类生活,几乎涵盖了人文学科的所有领域。可见海德格尔的修辞学思想具有很大的超前性,不过由于这些思想是在讲座中阐发的,而讲稿一直没有出版,也未翻译成英文,故长期不为人所知。正如有学者指出的,"在整个20世纪后半叶,修辞学家们对于修辞理论的改造是处在海德格尔的激进的存在论冲动的影响之下,而且在21世纪发现,海德格尔已经预示了并在某些方面超越了他们的应用,实际

---

① 《伽达默尔全集》(第2卷),第305页。

② Martin Heidegger, *Gesamtausgabe Band 18: Grundbegriffe der Aristotelischen Philosophie*, Frankfurt am Main: Vittorio Klostermann, 2002, S.110.

上海德格尔在《存在与时间》之前就已经做到了这一点。"①伽达默尔早年受教于海德格尔,深受其影响,他和海德格尔一样抛弃了狭隘的修辞学观念(仅作为传达的艺术或说服的技巧),而认为修辞学要探讨人们通过说话交流达到对事情的共同理解的过程,这也是他的哲学解释学的主题②。

除了海德格尔的影响之外,通过对修辞学史的研究,伽达默尔认识到了修辞学和解释学的密切联系。他承认,在古代产生更大影响的不是亚里士多德式的哲学修辞学,而是技艺性的修辞学。同样,古代的解释学也主要是作为理解的技艺学。在历史的发展中,它们既有联系,又有区别。解释学虽然与理解说话相关,但主要是理解文字记载的历史流传物;与此相反,修辞学虽然也涉及写作技巧和方法,但它在讲话中才得到真正实现。古代的修辞学具有政治功能,关注于直接激起效果的作用。讲话者直接面对听众,他要考虑到听众的具体情况,因而在讲话和理解之间具有一种直接的关系。对书写下来的东西进行理解则远离了它的作者及其意图,因此,把握文本的意义需要理解者的创造活动。对于现代文明而言,修辞学的主题不同于古代修辞学的主题,古老的说话的艺术被转变为写作和阅读的艺术,这是有其历史原因的。自罗马共和国终结以来,修辞学就丧失了其在政治中的地位,而在中世纪则是教会的学院文化的一部分。近代对古典文化的重新发现,以及印刷术的发明和伴随着宗教改革的阅读和写作范围的扩展,导致了默

---

① John Arthos, "The Hermeneutic Version of the Rhetorical Turn, or Heidegger and Gadamer in the Recuperation of a Humanist Rhetoric", in *Philosophy Today*; 2007; 51, ProQest Research Library, p.70.

② 在一次访谈中("Heidegger as Rhetor: Hans-Georg Gadamer Interviewed", in *Heidegger and Rhetoric*, Edited by Daniel M. Gross and Ansgar Kemmann, State University of New York Press, 2005, pp.47-64),伽达默尔谈到海德格尔早期的亚里士多德阐释对他的巨大影响,比如把逻各斯和说话联系起来以及对实践智慧的阐释。至于修辞学思想,伽达默尔倒并不认为直接受海德格尔的影响,而是受益于自己的语文学学习。他回忆起在弗莱堡时曾在 Lommatzsch 教授的指导下学习语文学,特别是雅典和罗马的修辞学。这种修辞艺术在他研究的柏拉图对话中得到了具体体现。虽然伽达默尔也参加了海德格尔的 1924 年讲座,不过他承认,海德格尔关注的主题——激情学说(亚里士多德修辞学的一个方面),他在当时并不能理解。他认为,海德格尔取得的发展不同于自己通过语文学学习缓慢积累的东西。不过海德格尔的影响无疑是存在的,这体现在存在论的思考方式上。

读文化的产生,在这种文化中说话被置于次要地位。因此解释学逐渐取代了修辞学的地位,同时也继承了古代修辞学传统的遗产。修辞学向解释学转变的一个关键人物是宗教改革家梅兰西顿。梅兰西顿在其修辞学讲座中,从组织说话的修辞学问题转向理解书写结构的解释学问题。在他之后,维柯也将修辞学传统运用于古典文本的阅读中。在施莱尔马赫看来,修辞学是解释学的对应面,修辞学所建立的东西正是解释学理解的东西。"哪里讲话是艺术,哪里理解也是艺术。所有讲话和所有文本基本上都涉及理解的技艺,即涉及解释学。这就解释了修辞学(美学的一个分支)和解释的相属关系:每一种理解活动,按照施莱尔马赫,都是某种讲话活动的回返(Umkehrung),即对一种构造的重构。因此,解释学相应地也是修辞学和诗学的一种回返。"[1]理解者可以把文本看成是一种作者的说语,通过借鉴修辞学的说话艺术就可以重构作者的活动,从而把握文本的意义。因此近代解释学提出的方法论规则和概念词汇大部分取自古代修辞学,比如著名的整体与部分的解释学循环,就源于古代修辞学。

如果说修辞学史的研究使伽达默尔意识到在方法论层面上修辞学和解释学的共属关系,那么在海德格尔的影响下,他进一步将这种共属关系扩展到存在论层面。他和海德格尔一样,不再把修辞学和解释学作为说话和理解的技艺之学,而是把它们转变为对人和事物的存在的阐明。说话和理解在其中发生的媒介就是语言。在伽达默尔看来,语言的生命在于说话,说话是为了达到相互理解,而理解使得说话成为可能。说话和理解都是一种语言过程,"语言正是谈话双方进行相互了解并对某事取得一致意见的核心"[2]。修辞学和解释学的存在论化最终可归结为一种语言存在论。伽达默尔在《真理与方法》的第三部分详悉论述了以语言为主线的解释学的存在论转向,这鲜明地体现在他的"一切能被理解的存在就是语言"的著名论断中。在他看来语言是无所不包、涵盖一切的,一切事物的存在都要在语言中得以显现,因为语言是理解的普遍媒介,同时语言又在说话中修辞性地实

---

① 《伽达默尔全集》(第1卷),第192页。
② 《伽达默尔全集》(第1卷),第387页。

现和发展自身。"人类语言性的修辞学方面和解释学方面就是如此完全地渗透在一起。"①实际上我们可以把理解能力和修辞能力可以看成是人的语言能力的两个方面,伽达默尔甚至认为修辞能力和理解能力是相同的能力。通过语言的存在论,伽达默尔强调解释学和修辞学的普遍性,这种普遍性实际上是语言的普遍性的体现,"显然,讲话的能力和理解的能力具有同样的广度和普遍性。对于一切我们都可以讲话,而对于人们所讲的一切我们又都应该理解"②。

2. 修辞学与实践哲学的关系

修辞学自古以来就和实践哲学有着密切的联系。亚里士多德是实践哲学的创始人,他把实践哲学主要分为伦理学和政治学。在古希腊,修辞术被运用于公共事务的演说或法庭的辩论,成为了政治生活的重要组成部分,因而亚里士多德把修辞术纳入实践哲学的范围,他说"修辞术就像是辩证法和伦理学说的分支,后者可以被恰如其分地称作政治学。所以,修辞术也可以纳入政治学的框架。"(1356a25-26)

早期海德格尔在对亚里士多德的阐释中就注意到修辞学和实践哲学的关系。我们知道,亚里士多德对于人有两个著名定义:人是有逻各斯的动物,以及人是政治的动物。在海德格尔看来,这两个定义表达了人的两种存在方式:说话的存在(Sprechendsein)和相互共在(Miteinandersein)。这两种存在方式是本源地同一的。说话作为人的存在方式源于人的共同生活,同时人在说话中建立起相互的关系以及对世界的共同拥有,因此人的相互共在是在相互言说中的共在。"如果说逻各斯构建了世界的共同拥有,那么相互共在的规定在逻各斯中构建自身。'有逻各斯的动物'的规定,必然同时在自身中包含着'政治动物'的规定。"③

伽达默尔接受了亚里士多德—海德格尔对人的基本看法,因而他的修

---

① 《伽达默尔全集》(第 2 卷),第 238 页。

② 《伽达默尔全集》(第 2 卷),第 305 页。

③ Martin Heidegger, *Gesamtausgabe Band* 18: *Grundbegriffe der Aristotelischen Philosophie*, Frankfurt am Main: Vittorio Klostermann, 2002, S.56.

辞观依据的是人的社会性和语言性的哲学视角。从他看来,社会生活离不开人们相互之间的谈话和理解,而这种语言过程并非总是逻辑地推论和证明,这表明人类的语言使用离不开修辞因素。由于人类的实践活动要以语言为中介才能实行和显现,因此修辞学涵盖了人类实践的全部范围:"它包括所有以讲话能力为基础的交往形式,而且是联系人类社会的纽带。如果没有相互的讲话,没有相互的理解,没有非逻辑推论的论证的相互理解,就不可能有人类社会。"①伽达默尔继承了海德格尔的基本立场,从生存论的角度来看待修辞学,将其作为对人的存在的一种思考,而不仅仅作为一门技艺之学。"这种修辞学与其说是一种关于讲话艺术的技艺学,毋宁说是一种由讲话所规定的人类生活的哲学。"②

在伽达默尔看来,修辞学和解释学都是以实践为基础,因此都不能成为自然科学意义上的严格的科学。实践的领域不是永恒的、必然性的领域,而是或然性的领域。亚里士多德正是根据必然性和或然性的领域而划分了理论哲学和实践哲学。由于实践是发展变化的,实践的事物总是能成为其他的状态,对实践领域的考虑就不是通过必然的逻辑证明,而是通过令人信服的论证。"这是解释学和修辞学分享的领域:令人信服的论证的领域(而非逻辑强制性领域)。它是实践和一般人性的领域,它的活动范围并不是在人们必须无争论地服从的'铁一般的推论'的力量发生作用的领域,也不是在解放性的反思确定其'反事实的同意'的地方,而是在通过理性的考虑使争议点得到决定的领域。"③古代修辞学的一个重要贡献就是发展了修辞论证,尤其在亚里士多德的修辞学中。修辞论证区别于科学的证明。科学证明是从真实的初始原理出发进行演绎,其结论是必然真实的。修辞论证属于说服论证,论证的前提往往包含着或然性的命题,其结论并不必然可靠,但由于在内容上论据足够支持结论,因此可以使我们感到结论显而易见是真实的。用现代逻辑学的眼光看,修辞论证使用的是非演绎推理,推理的有效性不在于推理的形式结构,而在于前提和结论之间的内容关联。它不能

---

① 《伽达默尔全集》(第2卷),第320页。
② 《伽达默尔全集》(第2卷),第305页。
③ 《伽达默尔全集》(第2卷),第466—467页。

证明或证实结论,而只能支持结论。在公共生活中(如在法庭辩论和政治辩论中),论说者往往运用修辞论证来说服他人接受自己的观点。伽达默尔还谈道,我们在对话经验中感受到语言从不同方面揭示存在,这对应于修辞论证,"使用修辞论证并不确保一个人达到一种强制性的结论,但并不因此就没有意义或没有说服的力量和真理要求。所有话语都是这样的:它所意指的事物可以从不同方面显示出来,因此允许以不同方式被重复。这种推论方式体现在强有力的说服方式中,而没有成为一种强制性的证明。"①的确,亚里士多德在论述修辞论证时,详细地分析了如何从不同的角度、方式进行论证,展现了修辞论证的开放性和灵活性。这与我们的对话经验有一致之处,即两者都是从不同的方面揭示事物,而且结论并非必然强制性的。

修辞学的论证方法与它论证的事物相关,这种事物用希腊文表示是 eikos,即很可能的事物、似真的东西。它并没有绝对的确定性,因此不能像数学那样得到证明,但足以让人信以为真。伽达默尔认为,作为说服的艺术,修辞学不能证明任何东西,修辞学所使用的论据是令人确信的,但不是逻辑上强制性的论据。类似地,我们对事物的理解也不是通过证明,但我们可以通过一些具有说服力的论据来表明理解的正确性。解释学和修辞学都涉及可能的事物和说服论证,"具有说服力的论辩领域(而并非具有逻辑强制性的领域)就是解释学和修辞学所共有的领域"②说服人相信的东西虽然不能得到证明,但却让人感到它显而易见地是真实的。这表明修辞学和解释学都涉及真理,这种真理不同于科学理论的可证明的必然真理,而是可以通过论辩说服的或然性的真理,归根到底它是实践的真理。伽达默尔说道:"对于理解所作的理论思考除了赞同修辞学的观点还能赞同哪种观点呢? 修辞学自古以来就是一种真理要求的唯一辩护者,它相对于科学的证明要求和确定性要求捍卫了或然的东西(Wahrscheinliche),很可能的、似真的东西(eikos,verisimile)以及对普通理性而言明显的东西(Einleuchtende)。无须

---

① Hans-Georg Gadamer, *The Gadamer Reader:A Bouquet of the Later Wrings*, Edited by Richard E.Palmer, Northwestern University Press,2007,p.417.

② 《伽达默尔全集》(第 2 卷),第 273 页。

证明的确信和明白显然既是理解和解释的目的和尺度,也是讲话艺术和说服艺术的目标和尺度。"①无论在修辞学经验还是解释学经验中,都有明显的东西在起作用,明显的东西是似真的、很可能的东西,但却无法得到证明,不过并不因此而丧失其真理性。伽达默尔继承了海德格尔的思想,从古希腊 aletheia(去蔽)来理解真理的本源涵义,强调科学真理的衍生性。西方历史上对于真理概念的使用是非常广泛的,只是受到现代科学主义影响,人们才会把真理概念限制在科学的证明和确定性上。伽达默尔批判科学主义真理观的狭隘化,他试图从人文主义传统中发掘超越科学方法论的真理概念,而解释学和修辞学都属于这样的传统。"解释学和修辞学都共同具有限制科学理论的真理概念和维护真理概念独立自主权利的作用。"②

通过把修辞学、解释学和实践哲学融合起来,伽达默尔力图为实践合理性的自主性作辩护。解释学和修辞学所涉及的都是实践领域,实践的事情并不服从强制性的逻辑推论,对于实践生活的交流和理解带有很大的不确定性,这是由实践内容的性质决定的,但并不因此就不能合理性地进行。解释学和修辞学所发展的理解艺术和讲话艺术,都强调通过或然性的论据和非严格的论证来支持自己的观点,这表明对于实践事务是可以进行合理考虑,达成共识,并作出正确的决定的。伽达默尔对解释学和修辞学的真理性的辩护,实际上也指向了这种实践的合理性。显然,实践的合理性不同于科学的合理性,而是实践智慧概念(phronesis)标示的合理性。

3. 修辞学中的实践智慧

伽达默尔看来,亚里士多德的实践哲学是建立在对柏拉图的善的理念的批判之上的,这就体现在实践智慧把抽象的善具体化在特殊处境中,从而形成真正的实践的善,因为实践的善就是人们在具体处境中遭遇的善,而并非抽象的理念。修辞学同样有着具体化的任务,它要求人们一方面要有关于实践事物的真实知识,另一方面又要针对具体的人、具体的处境把知识传

---

① 《伽达默尔全集》(第 2 卷),第 236 页。
② 《伽达默尔全集》(第 2 卷),第 431 页。

达出来,进行说服作用。因此在修辞学中对于时机(kairos)的考虑是非常重要的。"谁是真正的讲话能手,谁就会把他要说服人家相信的东西当做善和正确的东西加以认识并对之加以坚持。但这种善的知识和讲话艺术的能力并非指向一种普遍的'善'的知识,而是人们此时此地必须用来说服别人相信的东西,以及我们如何行动和面对谁我们这样做的知识。"①因此,我们的修辞活动需要实践智慧,也可以说实践智慧要在修辞活动中体现出来。修辞学所探讨的东西,比如发现论据、造成对于可信事物的感觉,都离不开实践智慧的作用。

伽达默尔发现,亚里士多德的修辞学和实践知识的范围是相一致的。他的伦理学实际上是修辞学的发展,因为构成修辞学基础的观念在他的伦理学中得到进一步展开,比如通过谈话的真正交往、对他人的理解、同情和尊重等,这些观念都与实践智慧有关。"修辞学是起点。整个伦理学就是修辞学,而且实践智慧就是修辞这种观念已经出现在亚里士多德那里。实践智慧不能用科学概念如数学来衡量;它是某种不同的东西——它是修辞。"②"伦理学是修辞学,它是修辞的善。"③在伽达默尔看来,修辞学和伦理学的学科划分只是纯粹思想中的分类,而在现实经验中它们是交织在一起的。两者都属于人类交流和相互理解的领域,并且都离不开实践智慧。

通过把实践智慧和修辞联系起来,伽达默尔表明修辞不仅具有非科学的论证及其真理标准,而且还有伦理标准。实践智慧不仅让我们找到恰当的方式进行论证说服,而且使我们为了善的目的进行说服,这正是真正的修辞区别于诡辩的地方。在修辞活动中,我们要向他人传达我们认为真实而又不能证明的观点,而不是试图说服别人相信我们自己都不相信的东西。要找到恰当的方式说服别人,就要求我们把自己置于他者的位置上,同情和体谅他人,充分考虑他人的观点。所以在伽达默尔看来,修辞活动要以善良

---

① 《伽达默尔全集》(第2卷),第306页。

② Hans-Georg Gadamer, *A Century of Philosophy: A conversation with Riccardo Dottori*, Translated by Rod Coltman with Sigrid Koepke, The Continuum International Publishing Group, 2003, p.53.

③ Hans-Georg Gadamer, *A Century of Philosophy: A conversation with Riccardo Dottori*, p.58.

意志为前提,"善良意志意味着不要那么偏颇反对他人"。① 修辞是要达到真正的理解和交流,从而构成真实的一致。如果只是为了自己的目的而欺骗、利用别人,那就不是真正的修辞。修辞作为谈话的艺术"是鼓舞灵魂的爱(eros)的力量,或者说是使我们一致和相互理解的实践智慧"。② 在亚里士多德那里,实践智慧不同于狡猾,狡猾是为了恶的目的而能迅速找到恰当手段的能力,而实践智慧总是针对善的目的寻找恰当手段。伽达默尔认为,那些想控制和支配一切的人具有的不是实践智慧而是狡猾,这样的人可能滥用修辞艺术,将其变成一种诡辩,即只是为了自己的利益去说服别人而不考虑他者的观点和利益,或者纯粹是为了赢得与他者争论的话语游戏,这体现了与善良意志不同的权力意志。由于诡辩不是为了善的目的,诡辩者并不在乎所说的是否是真实的。相反,修辞学具有寻找和论证真理的任务,"在整个修辞学后面的东西不是权力,而是达成理解和真理。在这里存在着与智者的区分,后者完全排除了真理。"③伽达默尔表明,真正的修辞学具有伦理要求而不只是为了说服,这就要求修辞学以追求真理为要务,而不是为了利益和权力混淆是非、颠倒黑白。修辞学应该达到真和善的统一。

伽达默尔在其实践哲学中阐明了实践智慧所体现的实践合理性。在他看来,只有从对话模式出发,在不同的利益、力量和信念中建立起共同性,才能实现实践合理性,而构成共同的信念离不开修辞。我们必须通过修辞说服别人相信对于社会整体而言什么是好的、什么是坏的;通过修辞区分虚假的理由和强有力的理由。"政治要求理性把利益导向意志的构成,而一切社会和政治的意志表达都依赖于通过修辞构成共同信念。这就包含着人们总必须顾及正确对待对立信念的可能性,不管这种信念存在于个人抑或社会领域。我认为这点也属于理性这个概念。"④伽达默尔认为,在实践合理性领域,科学的证明和逻辑推理是无能为力的。实践合理性只能表现为依靠修辞方式达成共识,它并不具有科学的确定性,而是尊重差异性的基础上

---

① Hans-Georg Gadamer, *A Century of Philosophy: A conversation with Riccardo Dottori*, p.58.
② Hans-Georg Gadamer, *A Century of Philosophy: A conversation with Riccardo Dottori*, p.62.
③ Hans-Georg Gadamer, *A Century of Philosophy: A conversation with Riccardo Dottori*, p.63.
④ 《伽达默尔全集》(第2卷),第275页。

寻求的共同性。但是在科学主义时代，人们迷信专家政治，希望用科学的理性统一筹划实践生活，将实践作为科学的应用，这就造成现代技术、社会管理组织、工业体系对人的操纵和控制，在这种生活处境中，修辞论证的作用被贬低。然而科学理性的统治造成的却是现代社会的各种异化现象和生存危机，从实践理性的角度来看恰恰是非理性的。修辞学切合实践的合理性，它在人类历史中一直发挥着重要的作用，虽然在现代社会受到科学主义的威胁，"修辞学论证方式的合理性现在是并且将一直是一种比科学的确定性更强有力的社会规定因素"。① 伽达默尔以修辞学的名义来反对科学合理性对于实践领域的入侵，这并不意味着反对现代科学及其技术应用，而是要求把科学的合理性纳入到实践合理性中，实现人类的良善生活。在他看来，这是现代文明面临的最大问题。

---

① 《伽达默尔全集》（第 2 卷），第 499 页。

结　语

　　西方有着悠久的实践哲学传统。人是实践的存在者,关于人事的哲学反思在广义上都归之于实践哲学。但直到亚里士多德才克服理论哲学和实践哲学相混杂的状态,把实践哲学作为独立的知识部门标示出来,就此而言亚里士多德是实践哲学的创始人。不过自亚里士多德以来,西方的知识传统中理论哲学特别是其中的形而上学一直被称为"第一哲学",实践哲学总是处于附属地位。随着现代科学技术的发展,实践哲学传统一直受到科学主义思潮的压制,甚至成为现代的科学概念的牺牲品,比如 19 世纪的密尔把整个实践哲学归入不精确的科学之列。只是在人文主义传统中实践哲学还保存着生命力。海德格尔表明形而上学终结于我们技术时代,科学技术的本质可以追溯到古代的存在论,就此而言当代科学技术的统治是理论哲学统治的延续。当海德格尔批判形而上学遗忘了存在,而希望通过存在之思来克服当代的虚无主义时,他仍然是以某种"理论主义"的态度来对待实践问题。伽达默尔则立足于人文主义传统重新发掘古代的实践哲学,以此寻求克服当代虚无主义的途径。他对实践智慧的阐发就是为了凸显不同于理论知识的实践知识模式和真正实践的存在方式,从而维护人的实践自由和实践合理性,这标示了科学技术理性的限度。除了亚里士多德以外,伽达默尔还借鉴了其他的理论资源,如柏拉图、黑格尔、海德格尔等,即使对于康德也不是采取对立的态度。这表明伽达默尔的实践哲学植根于西方实践哲学传统中,同时又和哲学解释学思想结合在一起,具有自己鲜明的特点。就其理论倾向而言,伽达默尔跟随海德格尔对先验主体性的批判,把历史性维度贯穿于他所有的理论中,这继承了历史主义的遗产以及海德格尔对人的存在的历史性分析。同时他也吸收了黑格尔的历史合理性的思想,致力于把历史主义和理性主义相结合,力图避免相对主义和客观主义的二元困境。此外他把个体的自由和实体的秩序结合起来,强调共同体的生活以及对话、团结和参与的理想,以此反对现代生活中的主观主义倾向。这些特点在他对实践智慧的分析和阐发中都体现了出来。

从 20 世纪的哲学发展来看,伽达默尔的实践哲学总体上可以说继承了现象学思潮特别是海德格尔对现代以自我意识为基础的主体哲学和科学主义的批判,当然它也表现出一定的局限性。首先,伽达默尔对科学技术本质的看法基本上继承了海德格尔,认为科学主义是西方形而上学的结果。这种对科学主义的批判实际上还停留于抽象的思想观念的批判上。其实科学主义及其造成的生存危机和现代资本主义生产方式和社会关系密不可分割,伽达默尔恰恰缺少现实经济生活和具体政治形态的分析,就此而言马克思主义可以弥补伽达默尔的不足。其次,伽达默尔重视传统的连续性,强调传统对于人们道德形态的塑造作用以及传统价值观念对于现代技术文明和道德主观主义的抵制。这种倾向谈化了理性的批判。如果说伽达默尔更重视“过去”,寻找生存之根,那么启蒙思想则更强调“未来”,它对于批判社会不公正、消除虚假共识和根深蒂固的偏见陋习具有积极意义。在我们这个时代,启蒙本身也可以成为一种传统。最后,伽达默尔提倡通过对话进行相互理解和沟通,在商谈中达成共识,并强调人类的友爱和团结的价值,他的实践哲学实质上是一种对话伦理学。就此而言伽达默尔和当代哲学反对理性的独白,强调主体间性、商谈伦理和交往理性的倾向是一致的。在全球化的今天,它对于处理国际政治和不同文明共存的问题,以及建立一个平等友爱的世界,实现人类的团结等方面都具有启发意义。但这种理论倾向带有很强的乌托邦色彩。实际上人们不能达成共识有时并不在于人们不愿意对话,或者不遵守平等、真诚等对话原则,而在于现实的利益、政治经济结构、民族文化、基本价值信仰等方面的分歧和矛盾,这并不是对话能完全解决的。人们所面临着冲突、分歧和困境具有不可消除性。经历了充满苦难的 20 世纪的伽达默尔显然过于乐观或者说只是在坚持着一种希望和理想。

可见,伽达默尔的实践哲学虽然体现了一位人文知识分子对当代人类生存处境的忧虑不安和现实关怀,但由于它并不致力于对社会结构、劳动、权力、经济等基本要素分析,在涉及实践问题时显得有些空洞,正如伯恩斯坦所说"没有对于现代科学技术、社会结构和动力的理论和说明,实践就很可能成为无效的、单纯抽象的东西"。① 同样它也无法帮助我们解决现实社会政治问题,当我们面对实践的各种问题时只有求助于"实践智慧",相信实践智慧能启示出真理,这显得有些苍白无力的。

当然也许是我们过高地估计了哲学的作用。对于伽达默尔来说哲学不可能指导我们解决现实问题,更不可能力挽狂澜,改变时代趋势,提出这种要求是不合适的。正如他所强调的,实践哲学作为一种理论,只能起到"唤醒意识"的作用,这就如黑格尔所说的,通过理性的自我认识达到一种自觉,而这种自觉从长远来看也能对现实发挥积极作用。实践哲学并不需要直接应用于现实,这里的关键在于学会发现问题,并且不断地继续提问。其实无论现实状况如何,无论人们现实的劳动方式、政治组织、经济结构等会演变成什么样,人都有一种内在的要求去反省人类的命运,关切人类的自由、幸福、团结等等有关"善"的问题。哲学就是遵循着人所特有的"认识你自己"的要求,通过这种自我认识去发现人的生存的合理性,引导人去追求"善"的生活,因为在这里寄托着人的生存的意义所在。就此而言,实践哲学以及实践智慧问题或许可以成为沟通中西马的一个桥梁。

作为马克思主义的创始人,马克思把实践置于思想的中心,他的哲学可以说就是一种实践哲学。不同于传统实践哲学,马克思将生产劳动作为最基本的实践,并将其看做是人类交往和道德实践的基础。虽然马克思没有阐发实践智慧概念,但他对于实践问题的探讨充分体现出对实践合理性的追求。面对着资本主义的政治经济体系对人造成的异化,马克思力图批判和改造这一现实,建立一个更合理的社会制度。他对实践合理性的追求较少涉及个人品德,更多涉及的是社会制度,特别是把经济制度的合理性作为实践合理性的基础。马克思力图实现人的自由全面发展,使人类过上"幸福"的生活,但他突破了传统实践哲学较狭隘的伦理—政治视域,从现实的

---

① 伯恩斯坦:《超越客观主义和相对主义》,郭小平等译,光明日报出版社 1992 年版,第202 页。

经济问题入手来寻找实现这一目标的合理途径,并且表达出了把促进经济进步的科学技术发展纳入到实践合理性中的思想。马克思也强调实践合理性的具体性,这表现为反对教条化地应用理论去改造现实,而是把理论作为实践的指导性原则,认为运用理论时要结合实际情况才能作出的合理决定。总体上看,马克思为实践合理性奠定了历史唯物主义的基础,这既是对西方实践哲学的革命性突破,也是对它的继承和发展。①

　　中国哲学可以说是以实践哲学为显著特色。虽然中国哲学有形而上学的天道观,但天人合一的观念使中国哲人倾向于将天道落实于生活实践中,认识和履行"人道"成为关注的中心。作为中国哲学之代表的儒家思想和西方古代的实践哲学有很大的相似性,都以研究德性问题为中心,并且以德性标准规范政治生活。儒家和亚里士多德主义一样强调中道,并以之作为德性与实践的标准,而这种中道又是动态化的,要根据当下的时机来决定,所谓"君子而时中",孔子也被称为"圣之时者"。德性的规定只是抽象图式,需要在实践中具体化,道也不是固定不变的教条,而是需要在具体境遇中随处体会。这种体用不二、即事即理的立场,颇类似于亚里士多德所强调的善的理念的具体化。在儒家看来,对道的践履有人性上的根据,即人的仁心或善性。西方实践哲学则突出人的实践理性。实践理性不同于认知性的理论理性、计算性的工具理性,同时也并不脱离非理性的情感、欲望,而是保持恰当的距离来调节它们,其优越的德性就是实践智慧。儒家所说的仁心或善性正是由这种实践理性贯注的道德本性,它能够以"智的直觉"的方式随处顺理得中,因而包含了实践智慧的作用。不过宋明理学以及当代新儒家夸大了人的道德本性的先验性,忽视了它的社会性和后天教化,也夸大了它的作用,将其看成生命之源,一切文化创造的根本,因而有一种泛道德化的倾向。总体而言,儒家思想以及受其影响的中华文化所具有的持中调和的倾向、圆而神的精神、极高明而道中庸的境界,都表明了中国人对于实践合理性有自己的认识,而这种认识与古代西方实践哲学有很多相通之处,这从根本上反映了人类的同心同理。当然不可否认由于各自文化的特点,它

---

①　参看拙文:《马克思与实践智慧》,载《马克思主义与现实》2013 年第 3 期。

们在对实践合理性的具体认识上存在很多差异。

在现代社会,科学的进步、理性批判精神的弘扬使得传统哲学中作为第一哲学的形而上学陷入重重危机中,至今仍未能获得有效的、普遍认可的重建。实践哲学的地位因此显得更为突出,它对于维系人类的精神价值,促进人文教化,克服虚无主义发挥着巨大作用。实践哲学在今天甚至可以成为第一哲学,这不仅因为对实践生活的关心是人类的首要关心,而且现代西方哲学的实践转向表明理论哲学或科学必须要从实践生活出发才能得到解释。理论世界是一个派生的世界,它要从实践的生活世界中获得其定向和意义。对于理论哲学或科学的价值和意义的思考需要实践哲学。因此,今天当我们谈到哲学就是爱智慧时,这种智慧已不再是传统意义上那种对无所不包的真理的认识和领悟,而是一种实践智慧。人类需要不断回顾传统,在与传统经典的对话中学习古人的实践智慧,并且要在新的历史条件下,面对时代提出的问题,努力去发展实践智慧。在这方面,伽达默尔的哲学解释学给予了我们有益的启示。

主要参考文献

一、中文文献

[美]芭芭拉·赫尔曼:《道德判断的实践》,陈虎平译,东方出版社 2006 年版。

北京大学哲学系外国哲学史教研室编译:《古希腊罗马哲学》,商务印书馆 1982 年版。

[美]伯格:《尼各马可伦理学义疏——亚里士多德与苏格拉底的对话》,柯小刚译,华夏出版社 2011 年版。

[美]伯恩斯坦:《超越客观主义和相对主义》,郭小平等译,光明日报出版社 1992 年版。

[古希腊]柏拉图:《柏拉图全集》,王晓朝译,人民出版社 2003 年版。

[加]查尔斯·泰勒:《现代性之隐忧》,程炼译,中央编译出版社 2001 年版。

陈嘉映:《海德格尔哲学概论》,三联书店 1995 年版。

邓晓芒:《康德哲学讲演录》,广西师范大学出版社 2005 年版。

——《邓晓芒讲黑格尔》,北京大学出版社 2006 年版。

——《康德哲学诸问题》,三联书店 2006 年版。

——《康德〈道德形而上学奠基〉句读》,人民出版社 2012 年版。

[英]菲利普·汉森:《历史、政治与公民权:阿伦特传》,刘佳林译,江苏人民出版社 2004 年版。

[美]弗兰克纳:《伦理学》,关键译,三联书店 1987 年版。

[德]弗尔斯纳:《纯粹道德学说与人类学——对康德先天有效的普遍实践法则的批判思考》,邓安庆译,《世界哲学》2005 年第 1 期。

[德]伽达默尔:《哲学解释学》,夏镇平、宋健平译,上海译文出版社 1984 年版。

——《科学时代的理性》,薛华等译,国际文化出版公司 1988 年版。

——《赞美理论——伽达默尔选集》,夏镇平译,上海三联书店 1988 年版。

——《伽达默尔集》,严平编选,上海远东出版社 2003 年版。

——《哲学生涯——我的回顾》,陈春文译,商务印书馆 2003 年版。

——《诠释学 I——真理与方法》,洪汉鼎译,商务印书馆 2007 年版。

——《诠释学 II——真理与方法》,洪汉鼎译,商务印书馆 2007 年版。

——《解释学 美学 实践哲学——伽达默尔与杜特对谈录》,金惠敏译,商务印书馆 2005 年版。

高国希:《当代西方的德性伦理学运动》,《哲学动态》2004 年第 5 期。

[德]冈特·绍伊博尔德:《海德格尔分析新时代的技术》,宋祖良译,中国社会科学出版社 1993 年版。

龚群:《回归共同体主义与拯救德性》,《哲学动态》1998 年第 6 期。

[德]海德格尔:《海德格尔选集》,孙周兴选编,上海三联书店 1996 年版。

——《形而上学导论》,熊伟、王庆节译,商务印书馆 1996 年版。

——《存在与时间》,陈嘉映、王庆节译,熊伟校,三联书店 1999 年版。

——《路标》,孙周兴译,商务印书馆 2000 年版。

——《面向思的事情》,陈小文、孙周兴译,商务印书馆 2005 年版。

——《演讲与论文集》,孙周兴译,三联书店 2005 年版。

韩水法:《康德传》,河北人民出版社 1997 年版。

[美]汉娜·阿伦特:《人的境况》,王寅丽译,上海人民出版社 2009 年版。

何卫平:《通向解释学辩证法之途——伽达默尔哲学思想研究》,上海三联书店 2001 年版。

——《解释学之维:问题与研究》,人民出版社 2009 年版。

——《解释学与伦理学:关于伽达默尔实践哲学的核心》,《哲学研究》2000 年第 12 期。

[德]黑格尔:《哲学史讲演录》(第 2 卷),贺麟等译,商务印书馆 1960 年版。

——《小逻辑》,贺麟译,商务印书馆 1980 年版。

——《精神现象学》(上、下),贺麟、王玖兴等译,商务印书馆 1979 年版。

——《法哲学原理》,范扬、张企泰译,商务印书馆 1961 年版。

[英]亨利·西季威克:《伦理学方法》,廖申白译,中国社会科学出版社 1993 年版。

洪汉鼎:《理解的真理——解读伽达默尔〈真理与方法〉》,山东人民出版社 2001 年版。

——《诠释学——它的历史和当代发展》,人民出版社 2001 年版。

[加]金里卡:《自由主义、社群与文化》,应奇等译,上海世纪出版集团 2005 年版。

[德]康德:《道德形而上学奠基》,杨云飞译,邓晓芒校,人民出版社 2013 年版。

——《纯粹理性批判》,邓晓芒译,杨祖陶校,人民出版社 2004 年版。

——《判断力批判》,邓晓芒译,杨祖陶校,人民出版社 2002 年版。

——《实践理性批判》,邓晓芒译,杨祖陶校,人民出版社 2003 年版。

——《康德文集》,郑保华主编,改革出版社 1997 年版

——《康德著作全集》(第 6 卷),李秋零主编,中国人民大学出版社 2007 年版。

——《康德著作全集》(第 8 卷),李秋零主编,中国人民大学出版社 2010 年版。

——《康德著作全集》(第 9 卷),李秋零主编,中国人民大学出版社 2010 年版。

李泽厚:《批判哲学的批判》,人民出版社 1984 年版。

李义天:《美德伦理学与道德多样性》,中央编译出版社 2012 年版。

[美]理查德·沃林:《存在的政治——海德格尔的政治思想》,周宪、王志宏译,商务印书馆 2000 年版。

[美]列奥·施特劳斯、约瑟夫·克罗波西主编:《政治哲学史》(上、下),李天然等译,河北人民出版社 1993 年版。

刘宇:《实践智慧的概念史研究》,重庆出版社 2013 年版。

[英]W.D.罗斯:《亚里士多德》,王路译,张家龙校,商务印书馆 1997 年版。

罗国杰、宋希仁:《西方伦理思想史》,中国人民大学出版社 1988 年版。

[美]玛莎·纳斯鲍姆:《善的脆弱性》,徐向东、陆萌译,译林出版社 2007 年版。

[美]麦金太尔:《谁之正义? 何种合理性?》,万俊人等译,当代中国出版社 1996 年版。

——《伦理学简史》,龚群译,商务印书馆 2003 年版。

——《追寻美德》,宋继杰译,译林出版社 2003 年版。

[英]迈克尔·H.莱斯诺夫:《二十世纪的政治哲学家》,商务印书馆 1999 年版。

倪梁康:《现象学及其效应》,三联书店 1994 年版。

——《胡塞尔现象学概念通释》,三联书店 1999 年版。

——《自识与反思》,商务印书馆 2002 年版。

尼古拉斯·布宁、余纪元编著:《西方哲学英汉对照辞典》,人民出版社 2001 年版。

聂敏里选译:《20 世纪亚里士多德研究文选》,华东师范大学出版社 2010 年版。

[美]帕特里夏·奥坦伯德·约翰逊:《伽达默尔》,何卫平译,中华书局 2003 年版。

[英]乔纳逊·伯内斯:《亚里士多德》,余继元译,中国社会科学出版社 1989 年版。

[古希腊]色诺芬:《回忆苏格拉底》,吴永泉译,商务印书馆 1986 年版。

[英]史蒂芬·缪哈尔、亚当·斯威夫特:《自由主义者和社群主义者》,孙晓春译,吉林人民出版社 2008 年版。

[美]汤姆·L.比彻姆:《哲学的伦理学》,雷克勤等译,中国社会科学出版社 1993年版。

汪子嵩等:《希腊哲学史》(第 1 卷),人民出版社 1997 年版。

——《希腊哲学史》(第 2 卷),人民出版社 1993 年版。

——《希腊哲学史》(第 3 卷),人民出版社 2003 年版。

[古希腊]亚里士多德:《亚里士多德全集》,中国人民大学出版社 1999 年版。

——《政治学》,吴寿彭译,商务印书馆 1965 年版。

——《尼各马克伦理学》,廖申白译注,商务印书馆 2003 年版。

维尔纳·耶格尔:《亚里士多德:发展史纲要》,朱清华译,人民出版社 2013 年版。

严平:《走向解释学的真理——伽达默尔哲学述评》,东方出版社 1998 年版。

杨云飞:《定言命令研究》,武汉大学哲学学院博士论文,2006 年。

[美]约瑟夫·科克尔曼斯:《海德格尔的〈存在与时间〉》,商务印书馆 2003 年版。

余纪元:《亚里士多德伦理学》,中国人民大学出版社 2011 年版。

张能为:《理解的实践——伽达默尔实践哲学研究》,人民出版社 2002 年版。

张祥龙:《现象学导论七讲》,中国人民大学出版社 2011 年版。

周辅成编:《西方伦理学名著选辑》(上、下卷),商务印书馆 1964 年版。

二、英文文献

Banham, Gary(2003), *Kant's Practical Philosophy*, Palgrave Macmillan.

Beck, Lewis White (1960), *A Commentary on Kant's Critique of Practical Reason*, Chicago: University of Chicago Press.

Burn, Johen van(1994), *The Yong Heidegger*, Indiana University Press.

Cooper, John M.(1986), *Reason and Human Good in Aristotle*, Hackett Publishing Company Indianapolis.

Crisp, Roger and Michael Slote(eds.)(1997), *Virtue Ethics*, Oxford University Press.

Devettere, Raymond J.(2002), *Introduction to Virtue Ethics*, Georgetown University Press.

Dostal Robert J.(ed.)(2002), *The Cambridge Companion to Gadamer*, Cambridge University Press.

Engberg-Pedersen, Troels (1983), *Aristotle's theory of moral insight*, Oxford University Press.

Engstrom, Stephen and Jennifer Whiting(ed.) (1996), *Aristotle Kant and the Stoics*, Cambridge University Press.

Foster, Matthew (1991), *Gadamer and Practical Philosophy*, Atlanta Georgia Scholars Press.

Gadamer, Hans-George (1976), *Philosophical Hermeneutics*, (trans. and ed. By David E. Linge), University of Chlifornia Press.

——(1981), *Reason in the Age of Science*, (trans. By Frederick G. Lawrence), The MIT Press.

——(1986), *The Idea of the Good in Platonic-Aristotelian Philosophy*, (trans. By P. Christopher Smith), Yale University Press.

——(1991), *Plato's Dialectical Ethics*, (tran. By Robert M. Wallace), Yale University Press.

——(1992), *H-G. Gadamer on Education, Poetry, and History*, (ed. By D. Misgeld and G. Nicholson), State University of New York Press.

——(1994), *Heidegger's Ways*, (trans. by John. W. Stanley), State University of New York Press.

——(1996), *The Enigma of Health*, (trans. By Jason Gaiger and Nichlas Walker), Polity Press.

——(1998), *Praise of Theory*, (trans. By Chris Dawson), Yale University Press.

——(1999), *Hermeneutics religion and ethics*, (trans. By Joel Weinsheimer), Yale University Press.

——(2000), *Truth and Method*, (trans. and revised By Joel Weinsheimer and Donald G. Marshall), The Contimuum Publishing Company.

——(2001), *Gadamer in Conversation: Reflections and commentary*, (ed. and trans. By Richard E. Palmer), Yale University Press.

——(2003) *A Century of Philosophy: A conversation with Riccardo Dottori*, (Trans. by Rod Coltman with Sigrid Koepke), The Continuum International Publishing Group.

——(2007) *The Gadamer Reader: A Bouquet of the Later Wrings*, Edited by Richard E. Palmer, Northwestern University Press.

Gregor, Mary(1963), *The Laws of Freedom*, Oxford: Basil Blackwell.

Grondin, Jean(1994), *Introduction to Philosophical Hermeneutics*, (trans. By Joel Weinsheimer), Yale University Press.

——(2003), *Hans-Georg Gadamer: A Biography*, (tran. By JoelWeinsheimer), Yale University Press.

Gross, Daniel M.and Ansgar Kemmann(eds.) (2005), *Heidegger and Rhetoric*, State University of New York Press.

Guthrie, W.K.C. (1981), *A History of Greek Philosophy*, *Volum VI*, Cambridge University Press.

Guyer, Paul(2006), *Kant*, Routledge.

——(2007), *Kant's Groundwork for The Metaphysics of Morals: A Reader's Guide*, Continuum International Publishing Group.

Heidegger, Martin (1997), *Plato's Sophist*, (trans. By Richard Rojcewicz and André Schuwer), Indianapolis: Indiana University Press.

Hollinger Robert(ed.) (1985), *Hermeneutics and Praxis*, University of Notre Dame Press.

Hughes, Gerard J.(2001), *Aristotel on Ethics*, London and New York, Routlege.

Hursthouse, Rosalind(1999), *On Virtue Ethics*, New York: Oxford University Press.

Jaeger, Werner(1986), *Paideia: The Ideals of Greek Culture*, *Volume I*, (trans. by Gilbert Highet), Oxford University Press.

Kant, Immanuel (1996), *Practical Philosophy*, (trans. & ed. By Mary J. Gregor), Cambridge University Press.

——(1997) *Lectures on Ethics*, (ed.By Peter Heath and J.B Schneewind, trans. By Peter Heath), Cambridge University Press.

Lewis Edwin Hahn (ed.) (1997), *The philosophy of Hans-Georg Gadamer*, Open Court Publishing Company.

Louden, Robert B.(2000), *Kant's Impure Ethics*, Oxford University Press.

Macann, Christopher (ed.) (1992), *Martin Heidegger: Critical Assessments*, *Vol II*, Routledge: London and New York.

O'Neill, Onora(1975), *Acting on Principle*, Columbia University Press.

Onians, Richard Broxton(1954), *The Origins of European Thought: About the Body*, *the Mind*, *the Soul*, *the World*, *Time and Fate*, Cambridge University Press.

Pakaluk, Michael(2005), *Aristotle's Nicomachean Ethics*, Cambridge University Press.

Paton, H.J.(1971), *The Categorical Imperative*, University of Pennsylvania Press.

Sadler, Ted(1996), *Heidegger and Aristotel*, The Athlone Press.

Schmidt, Lawrence K. (ed.) (1995), *The Specter of Relativism*, Northwestern University Press.

Sherman, Nancy(1997), *Making a Necessity of Virtue: Aristotle and Kant on Virtue*, Cambridge University Press.

——(ed.) (1999), *Aristotle's Ethics—Critical Essays*, Rowman&Littlefield Publishers.

Smith, Christopher P. (1991), *Hermeneutics and Human Finitude*, Fordham University Press.

Statman, Daniel(ed.) (1997), *Virtue Ethics*, Georgetown University Press.

Sullivan, Robert R. (1980), *Political Hermeneutics*, The Pennsylvania State University Press.

Sussman, David G. (2001), *The Idea of Humanity: Anthropogy and Anthroponomy in Kant's Ethics*, Routlege.

Taminiaux, Jackques(1991), *Heidegger and the Project of Fundamental Ontology* (trans.& ed.By Michael Gendre), State University of New York Press.

Timmons, Mark(ed.) (2002), *Kant's Metaphysics of Morals*, Oxford University Press.

Wallach, JohnR., Contemporary Aristotelianism, in *Political Theory*, Vol.20, No.4. (Nov., 1992).

Warnke, Georgia(1987), *Gadamer: Hemeneutics Tradition and Reason*, Polity Press.

Weinsheimer, Joel C. (1985), *Gadamer's Hermeneutics*, Yale University Press.

Wood, Allen W. (1999), *Kant's Ethical Thought*, Cambrige University Press.

三、德文文献

Gadamer, Hans-George, *Gesammelte Werke* (Band1-10), Tubingen: Mohr Siebeck.

Heidegger, Martin(1977), *Gesamtausgabe Band 2: Sein Und Zeit*, Frankfurt am Main: Vittorio Klostermann.

——(1992), *Gesamtausgabe Band 19: Platon: Sophistes*, Frankfurt am Main: Vittorio Klostermann.

——(1995), *Gesamtausgabe Band 63: Ontologie: Hermeneutik Der Faktizität*, Frankfurt am Main：Vittorio Klostermann.

——(2002) *Gesamtausgabe Band* 18：*Grundbegriffe der Aristotelischen Philosophie* ,Frankfurt am Main：Vittorio Klostermann.

Kant Immanuel(1993) , *Kritik der Reinen Vernunft* ,Hamberg；Felix Meiner Verlag.

——(1999) , *Grundlegung zur Metaphysik der Sitten* ,Hamberg：Felix Meiner Verlag.

——(1974) , *Kritik der Praktischen Vernunft* ,Hamberg；Felix Meiner Verlag.

——(1966) , *Metaphysik der Sitten* ,Hamberg：Felix Meiner Verlag.

责任编辑:洪　琼
版式设计:顾杰珍

图书在版编目(CIP)数据

实践智慧与解释学/邵　华　著. -北京:人民出版社,2015.10
(解释学论丛/何卫平　主编)
ISBN 978－7－01－015264－6

Ⅰ.①实…　Ⅱ.①邵…　Ⅲ.①实践-研究②阐释学-研究
　Ⅳ.①B017②D089.2

中国版本图书馆 CIP 数据核字(2015)第 226116 号

实践智慧与解释学
SHIJIAN ZHIHUI YU JIESHIXUE

邵华　著

人民出版社 出版发行
(100706　北京市东城区隆福寺街 99 号)

北京汇林印务有限公司印刷　新华书店经销

2015 年 10 月第 1 版　2015 年 10 月北京第 1 次印刷
开本:710 毫米×1000 毫米 1/16　印张:17.25
字数:260 千字　印数:0,001-1,500 册
ISBN 978－7－01－015264－6　定价:54.00 元

邮购地址 100706　北京市东城区隆福寺街 99 号
人民东方图书销售中心　电话 (010)65250042　65289539